Andreas B. Kucher

Conglomerate Valuation

Eine Untersuchung von DCF-, EVA-, CVA-, CFROI-Methoden und Multiples in verschiedenen Branchen

PETER LANG
Europäischer Verlag der Wissenschaften

Die Deutsche Bibliothek - CIP-Einheitsaufnahme

Kucher, Andreas B.:

Conglomerate Valuation : eine Untersuchung von DCF-, EVA-, CVA-, CFROI-Methoden und Multiples in verschiedenen Branchen / Andreas B. Kucher. - Frankfurt am Main ; Berlin ; Bern ; Bruxelles ; New York ; Oxford ; Wien : Lang, 2000
(Europäische Hochschulschriften : Reihe 5, Volks- und Betriebswirtschaft ; Bd. 2588)
ISBN 3-631-36049-5

ISSN 0531-7339
ISBN 3-631-36049-5

Geleitwort

Mit der wertorientierten Unternehmensführung hat sich in den letzten Jahren eine Unternehmensführungskonzeption weithin etabliert, bei der die Steigerung des Unternehmenswertes, ausgedrückt durch den Eigentümerwert bzw. den Marktwert des Eigenkapitals das zentrale Leitmotiv unternehmerischer Entscheidungen ist. Damit verbunden werden Unternehmen wesentlich intensiver als in der Vergangenheit auf der Grundlage von Zielgrößen gesteuert und bewertet, die denen der Eigentümer bzw. der Anteilseigner entsprechen. Auf der instrumentellen Ebene kommt dabei spezifischen (quantitativen) Methoden der Unternehmenssteuerung und -bewertung wie bspw. Discounted Cash-Flow (DCF), Economic Value Added (EVA) oder Cash-Flow Return on Investment (CFROI) große Bedeutung zu: Denn ihre Anwendung dient dazu, diese anteilseignerorientierten Werte und Performancegrößen als Grundlage für Steuerungs- und Bewertungsentscheidungen zu ermitteln.

Die Arbeit von Herrn Kucher setzt an der Fragestellung an, ob die Auswahl und die Anwendung einer dieser Methoden insbesondere im Kontext breit diversifizierter Unternehmen mit einer großen Anzahl von Geschäftsbereichen, also bei Konglomeraten, besondere Aufmerksamkeit verdient oder - im Extremfall - gar zu kurz greift. Bekannt und eingängig ist diesbezüglich zunächst, daß die Ermittlung und Vorgabe pauschaler Performancegrößen für die einzelnen Geschäftsbereiche das vielfach sehr heterogene Branchen- und Wettbewerbsumfeld vernachlässigen, in dem die einzelnen Geschäftsbereiche tätig sind. In umfangreichen Sensitivitätsanalysen weist Herr Kucher darüber hinaus nach, daß die den Unternehmenswert bestimmenden Inputgrößen (Werttreiber) verschiedener Methoden sowohl in Abhängigkeit von der Branche als auch von den angewandten Methoden unterschiedlich sensitiv reagieren. Da insofern die undifferenzierte Anwendung dieser Methoden in Konglomeraten die latente Gefahr strategischer Fehlentscheidungen in sich birgt, werden darauf aufbauend ausgewählte Methodenanpassungen und -empfehlungen für spezifische Branchen- und Wettbewerbsumfelder von Unternehmen und Geschäftsbereichen abgeleitet.

Die von Herrn Kucher behandelte Fragestellung ist in der deutschen Literatur bislang nur wenig diskutiert. Deshalb sind ihre Ergebnisse im Kontext einer „Conglomerate Valuation“ nicht nur aus wissenschaflicher Sicht von Interesse, sondern auch für die Praxis von Relevanz. Bemerkenswert ist dabei insbesondere, daß es sich bei der Arbeit von Herrn Kucher um eine an meinem Lehrstuhl angefertigte Diplomarbeit handelt.

Mannheim, Dezember 1999

Gösta B. Ihde

Vorwort des Autors

Das vorliegende Buch behandelt einen in der Literatur bisher wenig beachteten Vergleich marktwertorientierter, quantitativer Methoden zur Bewertung- und Steuerung von Konglomeraten. Shareholder-Value-orientierte Methoden, insbesondere DCF-, EVA-, CVA-, CFROI-Methoden sowie Multiples wurden in verschiedenen Branchenumfeldern untersucht und eine Aussage über die Anwendbarkeit der Methoden in den Branchen Automobile, Finanzdienstleister, Computer-Software, Telekommunikation, Pharma und Versorger getroffen. Die Arbeit verbindet den theoretisch-finanzmathematischen Hintergrund der Bewertungs- und Steuerungsmethoden mit einer praktischen Untersuchung der Methoden bezüglich verschiedener Branchenumfelder breit diversifizierter Konglomerate wie bspw. General Electric.

Durch den aktuellen Bezug des Themas zu den Bereichen Corporate Finance, Unternehmensbewertung und Strategisches Management ist dieses Buch an eine breite Leserschaft gerichtet. In der derzeitigen M&A-Welle, die getrieben wird von einem niedrigen Zinsniveau und einem Überschuß an Finanzkapital, sind nicht nur Manager daran interessiert, ihre Kernportfolios wertorientiert, im Sinne einer angemessenen Verzinsung für ihre Aktionäre zu steuern, auch Managementberater, Investmentbanker, Wirtschaftsprüfer, Analysten und Anleger verlangen aus Transparenzgründen eine Bewertung nach der tatsächlichen Vermögens-, Finanz- und Ertragslage. Vor allem im deutschsprachigen und kontinentaleuropäischen Raum ist im strategischen Management hier noch Nachholbedarf vorhanden - besonders vor dem Hintergrund zunehmender Delegation privater Ersparnisse an professionelle Kapitalanleger (Stichwort: Altersvorsorgefonds), die unter erhöhtem Performancedruck den Wettbewerb um internationales Anlagekapital erhöhen.

Mein Dank gilt Herrn Dr. Daniel Wolf von der Universität Mannheim, der die Arbeit mit hilfreicher Kritik und fachlichen Anregungen begleitet hat sowie Herrn Prof. Dr. Gösta B. Ihde für die Verfassung des Geleitwortes. Für konstruktive Diskussionen möchte ich mich insbesondere bei meinen Kommilitonen und Arbeitskollegen bedanken, insbesondere bei Oliver Kneschewitz, Daniel Iglesias, Maik Hammerschmidt, Hanna Lehmann und Britta Scheiber. Mein besonderer Dank gilt meinen Eltern, die mich während des gesamten Studiums unterstützt haben.

Frankfurt am Main, Dezember 1999 Andreas B. Kucher

Inhaltsverzeichnis

Darstellungsverzeichnis

Abkürzungsverzeichnis

5YA	Five Year Average
AICPA	American Institute of Certified Public Accountants
Anm.	Anmerkung
Abschn.	Abschnitt
AG	Aktiengesellschaft
APB	Accounting Principles Board
APT	Arbitrage Pricing Theory
APV	Adjusted Present Value
Aufl.	Auflage
ausl.	ausländisch(e)
Bd.	Band
BWL	Betriebswirtschaftslehre
CAGR	Compounded Annual Growth Rate
CAP	Competitive Advantage Period
Capex	Capital expenditure
c.p.	ceteris paribus
CFROI	Cash Flow Return on Investment
CV	Continuing Value
CVA	Cash Value Added
CVAI	Cash Value Added Index
Corp.	Corporation
DCF	Discounted Cash Flow
DDM	Dividend Discount Model
DPS	Dividend per Share
DRSC	Deutsches Rechnungslegungs Standards Committee
DVFA/SG	Deutsche Vereinigung für Finanzanalyse /Schmalenbachgesellschaft
EBIT	Earnings Before Interest and Taxes
EBITDA	Earnings Before Interest, Taxes, Depreciation and Amortization
Ed.	Editor, Edition
EPS	Earnings per share
EStG	Einkommmenssteuergesetz
erw.	erweiterte
EV	Enterprise Value
EVA	Economic Value Added
F&E	Forschung und Entwicklung
FIFO	First in, first out
FCF	Free Cash Flow
FTE	Flow to Equity
FWC AB	Fredrik Weissenrieder Consulting AB

GAAP	General Accepted Accounting Principles
GE	General Electric
GewStG	Gewerbesteuergesetz
GCF	Gross Cash Flow
GOA	Gross Operating Assets
HGB	Handelsgesetzbuch
Hrsg.	Herausgeber
IAS	International Accounting Standards
IASC	International Accounting Standards Board
IC	Invested Capital
IE	Informationseffizienz
inkl.	inklusive
inl.	inländisch(e)
IR	Investor Relations
Jg.	Jahrgang
KöStG	Körperschaftssteuergesetz
LIFO	Last in, first out
M&A	Mergers and Acquisitions
Mio.	Millionen
Mgmt.	Management
Mrd.	Milliarden
NASDAQ	National Associaton of Securities Dealers Automated Quotations System
NDA	Non-depreciating Assets
N.J.	New Jersey
NOPAT	Net Operating Profit After Taxes
NOPLAT	Net Operating Profit Less Adjusted Taxes
NS	Net Sales
NSI	Non Strategic Investment
NWC	Net Working Capital
NYSE	New York Stock Exchange
OCF	Operating Cash Flow
OCFD	Operating Cash Flow Demand
OL	Operating Leverage
OPM	Operating Profit Margin
o.V.	ohne Verfasser
p.a.	per annum
Par.	Paragraph
P/B-Ratio	Price Book Ratio
P/CF-Ratio	Price Cash Flow Ratio
P/E-Ratio	Price Earnings Ratio
PM	Profit Margin
PR	Payout Ratio
P/S-Ratio	Price Sales Ratio

PV	Present Value
rev.	revised
ROCE	Return on Capital Employed
ROE	Return on Equity
ROI	Return on Investment
ROIC	Return on Invested Capital
ROS	Return on Sales
sd	standard deviation
SFAS	Statement of Financial Accounting Standards
SFAC	Statement of Financial Accounting Concepts
SG&A	Selling, General and Administrative
SHV	Shareholder Value
SIC	Standard Industrial Classification System
sog.	sogenannte
R&D	Research and Development
TCF	Total Cash Flow
TO	Turnover
TS	Tax Shield
US	United States
überarb.	überarbeitete
VBM	Value Based Management
vgl.	vergleiche
VROI	Value Return on Investment
vs.	versus
wacc	weighted average cost of capital
$wacc_R$	real weighted average cost of capital
ZfbF	Zeitschrift für betriebswirtschaftliche Forschung

Symbolverzeichnis

a	Ausprägung der Proxy-Variable
au	Ausschüttungsgrad
B	Branche
$b_{n,i}$	Relative Branchenausprägung des Value-Driver–Proxies n in Branche i
C	investiertes Gesamtkapital
C_0	Preis des Calls in Zeitpunkt 0
cov_{ij}	Kovarianz von i und j
D	Buchwert des Fremdkapitals
d	Veränderung
D^M	Marktwert des Fremdkapitals
E	Buchwert des Eigenkapitals
E(.)	Erwartungswertoperator
E^M	Marktwert des Eigenkapitals
g	Wachstumsrate
g_n	Dividendenwachstumsrate
g_{NS}	Umsatzwachstumsrate
GA	Gewinnausschüttung nach Steuern
H	Hebesatz
I	Investitionsausgaben
i	Anlageindex
j	Anlageindex
k	Anzahl der Fundamentalfaktoren
L	Modell
M	Branchenmultiplikator
$m_{D\&A}$	D&A Margin
m_{NWC}	NWC Margin
m_{Capex}	Capex Margin
N	Zählervariable (Gesamtanzahl)
N(h)	Fläche unter der Standardnormalverteilungsdichtefunktion von $-\infty$ bis h
n	Zählervariable
n_{Capex}	Netto-Investitionsrate in Capex
n_{NWC}	Netto-Investitionsrate in NWC
P	Preis, Aktienkurs
p	Portefeuille
R_{Fj}	Portfoliorendite das vom j-ten Faktor abhängt
R_i	Rendite der Anlage i
R_f	risikoloser Zinssatz
R_M	Rendite des Marktportefeuilles

R_p	Portefeuillerendite
r_A	Gesamtkapitalkosten
r_D	Fremdkapitalkosten
r_E	Eigenkapitalkosten
r_{NS}	Umsatzrentabilität
S_0	Kurs der Aktie Akite in Zeitpunkt 0
$\mathrm{SOI}^{\mathrm{M}}$	Marktwert des nicht-betriebsnotwendigen Vermögens
T	Zeithorizont, Restlaufzeit
t	Zeitindex
t_{DE}	Steuerkorrekturfaktor des deutschen Tax Shield
t_{GE}	Gewerbeertragssteuersatz
t_{KO}	Körperschaftsteuersatz Tarifbelastung
V	Buchwert des Gesamtkapitals
V^M	Marktwert des Gesamtkapitals
var_i	Varianz von i
X	Basispreis für die Ausübung der Option
x_i	relatives Gewicht der Anlage i im Portefeuille
ø	durchschnittliche(r)
$\hat{\beta}$	Regressiv geschätzter Beta-Faktor
$\hat{c}$	Gewinnwachstumsrate
$\overline{\mathrm{cov}}$	Durchschnittliche Kovarianz
$\overline{\mu}_i$	Mittelwert der erwarteten Renditeausprägung der Anlage i
$\overline{\sigma}^2$	Durchschnittliche Varianz
α_i	Alpha der Anlage i
β_i	Beta-Faktor der Anlage i
β_l	Beta-Faktor des verschuldeten Unternehmens
β_u	Beta-Faktor des unverschuldeten Unternehmens
$\delta_{L,i}$	Modellsensitivität von Modell L in Branche i
	Regressionsparameter
Δ	Veränderung
μ_i	Erwartungswert der Rendite der Anlage i
	Inflationsrate
θ	Durchschnittliche Investitionsrendite
ρ_{ij}	Korrelationskoeffizient von i und j
σ_i	Standardabweichung der Rendite der Anlage I
σ_p^2	Varianz der Rendite des Portefeuilles
τ	Grenzsteuersatz des Unternehmens
τ_a	adjustierter Grenzsteuersatz des Unternehmens
ω_n	Sensitivitätsgrad des Value Drivers

1 PROBLEMSTELLUNG UND ZIEL DER UNTERSUCHUNG

1.1 AKTUELLER ANLASS DER UNTERSUCHUNG

Das US-Wirtschaftsmagazin *FORTUNE* tituliert das Jahr 1998 als "The year of the Megamerger".[1] In diesem Jahr fanden acht der zehn größten Unternehmenszusammenschlüsse aller Zeiten statt.[2] Insgesamt wurden laut dem Institut *MERGERSTAT* weltweit 7.758 Transaktionen mit einem Gesamtvolumen von rund 1,2 Billionen US-Dollar beschlossen, in denen amerikanische Unternehmen involviert waren. Das ist ein Anstieg um 81 % gegenüber 1997, beziehungsweise um 576 % gegenüber 1993 und 2.590 % gegenüber 1980.[3] Das gesamte weltweite M&A-Volumen betrug 1998 2,6 Billionen US-Dollar.[4] Im Jahre 1999 erreichte die Konzentrationswelle, die vor allem USA und Europa überschwappte, weitere Höchststände. "Megadeals" wie Vodafone/Mannesmann, MCI Worldcom/Sprint oder Pfizer/Warner-Lambert trugen zu einem gesamten Transaktionsvolumen von 2,9 Billionen US-Dollar bei, was einem Anstieg von 30 % gegenüber dem Vorjahr entspricht; und ein Ende im Jahr 2000 ist nicht in Sicht.[5]

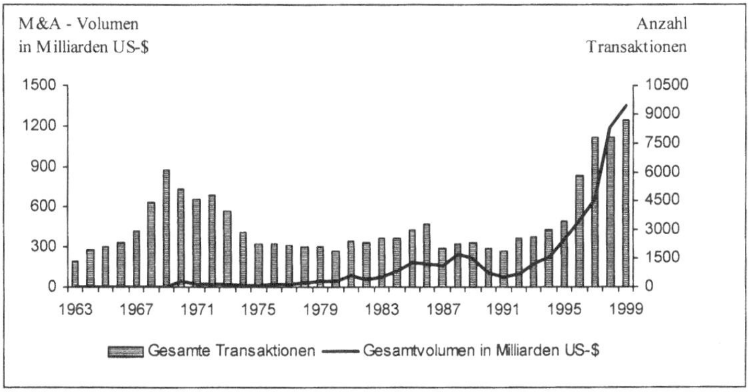

***Darstellung 1**: Weltweite M&A – Aktivität amerikanischer Unternehmen*

1 Colvin, G., Megamerger, 1999, S. 24.

2 Vgl. Colvin, G., Megamerger, 1999, S. 24-25.

3 Vgl. o.V., M&A Activity, 1999. Das aggregierte Gesamtvolumen berechnet sich nach der Anzahl der beschlossenen Transaktionen, bei denen ein Preis veröffentlicht wurde, multiliziert mit dem gezahlten Preis an die Zielaktionäre.

4 Vgl. Credit Suisse First Boston, M&A Update, 1998, S. 1.

5 "Announced Deals", Stand 15.12.1999. Vgl. o.V., Securities Data, 1999.

Die momentane Fusionswelle unterscheidet sich von den bisher in diesem Jahrhundert in den USA erfolgten: In der ersten Fusionswelle (um die Jahrhundertwende) und der zweiten (Ende der zwanziger Jahre) handelte es sich um überwiegend horizontale Zusammenschlüsse in derselben Branche.[6] Die Welle der sechziger Jahre (dritte Welle) war gekennzeichnet durch laterale Zusammenschlüsse, in der sich Firmen unterschiedlicher Branchen und Geschäftsfelder verbanden.[7] Empirische Untersuchungen ergaben, dass während dieser Konglomerationswelle[8] eine Wertvernichtung stattfand und langfristig keine Wettbewerbsvorteile geschaffen wurden.[9] Es folgte deshalb in den achtziger Jahren eine Dekonglomerationswelle (vierte M&A-Welle) in der *Corporate Raiders* große, ineffiziente Konglomerate mit überwiegend Fremdkapital *durch Leveraged Buyouts (LBO)* aufkauften, wertschaffende Kerngeschäftsbereiche behielten und gegenstandsfremde Bereiche verkauften.[10] Die Summe der Verkaufserlöse aller Geschäftsbereiche war dabei größer als der Unternehmenswert des Konglomerats (*diversification discount, conglomerate discount*).[11]

Die Anfang der neunziger Jahre begonnene und derzeit noch anhaltende fünfte M&A-Welle wird getrieben von einem weltweit niedrigen Zinsniveau und einem Überschuss an Finanzkapital, ausgelöst durch die Kombination von Informationstechnologie, Globalisierung, Deregulierung, Privatisierung und einem Abbau von Handelsbarrieren, verstärkt durch Überkapazitäten in dem meisten Industriesektoren, einem hartem Preiswettbewerb und einem Rückfluss des Kapitals in den Aktienmarkt.[12] Darüber hinaus fordern in einer schnelllebigen Wirtschaft Aktionäre eine den Risiken angemessene Verzinsung ihres investierten Kapitals. Die Eigenentwicklung im Unternehmen hält mit den verkürzten Produktlebenszyklen oft nicht mehr Schritt mit der Folge, dass Konglomerate ihre Kernportfolios schneller und tiefgreifender verändern als in früheren Jahren. General Electric und Monsanto machen es vor und als "Venture Capitalists of the Industry" gelten diese als Trendsetter in den USA.[13] Für ein Portfoliomanagement mit kurzen Zeithorizonten in einem fusionsgetriebenen Unternehmensumfeld mit konsolidierenden Branchen ist deshalb ein effizientes, wertori-

---

6 Vgl. Nelson, R., Movements, 1959, S. 164.

7 Vgl. Borschberg, E., Diversifikation, 1969, S. 190.

8 Zur Definition des Konglomerats siehe *Kapitel 2.2.*

9 Rumelt, R., Structure, 1974; Ravenscraft, D./Scherer, F.M., Sell-offs, 1987; Kaplan, S./Weisbach, S., Divestitures, 1992, S. 107-38.

10 Vgl. Bühner, R., Management-Wert-Konzept, 1990, S. 69-70; Bhagat, S./Schleifer, A./Vishny, W., Hostile, 1990, S. 1-72.

11 Vgl. Servaes, H., Conglomerate, 1996, S. 1201-1225.

12 Vgl. Colvin, G., Megamerger, 1999. Aktien machten 1998 67% des Transaktionswertes aus, 1988 waren es 7%.

13 Vgl. Bohne, A., Konglomerate, 1998.

entiertes Management vonnöten, das Ressourcen in solche Geschäftsbereiche lenkt, die Werte schaffen.

1.2 ZIEL DER ARBEIT

In der Managementpraxis der 80er und 90er Jahre hat sich das wertorientierte Management (Value Based Management) in der Unternehmensführung durchgesetzt.[14] Als Instrument der Strategieplanung im strategischen Controlling ist es Teil des strategischen Managements, welches die Planung, Steuerung und Koordination der Unternehmensentwicklung mit dem Hauptziel einer langfristigen Existenz- und Erfolgssicherung anstrebt (siehe *Darstellung 2*).[15] Der von *Rappaport* im Jahre 1986 entwickelte Shareholder-Value-Ansatz stellt im Rahmen des Value Based Management den Eigentümerwert in den Mittelpunkt unternehmerischer Entscheidungen, der auf diese Weise einen Beitrag zur langfristigen Überlebenssicherung von Unternehmen leistet.[16] Ausgangspunkt ist es, über die Schaffung von Wettbewerbsvorteilen Renditen auf das investierte Kapital zu erzielen, die über der durchschnittlichen Marktrendite von alternativen (sprich: risikogleichen) Anlagen am Kapitalmarkt liegen und somit den Marktwert des Eigenkapitals steigern. Der Aktionär als Eigenkapitalgeber und Investor soll dadurch sein Vermögen in Form von Dividenden und Kursgewinnen rentabel verzinsen. Aktionärswert wird geschaffen, wenn das Management Renditen erzielt, die höher sind als die Kapitalkosten.[17] In der Literatur werden verschiedene Auffassungen von wertorientierter Unternehmensführung vertreten, im allgemeinen unterscheidet sich aber das Shareholder Value Management von dem Value Based Management dadurch, dass es den monetären Unternehmenswert über alle anderen Zielgrößen als dominant ansieht.[18] Wie aus *Darstel-*

---

[14] Das Management von 32 deutschen Konzernen (=73,8 % der Befragten einer Price Waterhouse- Studie) gaben die (am Marktwert des Eigenkapitals ausgerichtete) marktwertorientiert Unternehmensführung als oberste Zielsetzung an. Vgl. Pellens, B./Rockholtz, C., Konzerne, 1997, S. 16.

[15] Vgl. Welge, K., Al-Laham, A., Planung, 1993, S. 196; Liessmann, K., Controlling, 1997, S. 3641-51.

[16] Vgl. Klien, W./Michel, U., Planung, 1994, S. 158.

[17] Vgl. Rappaport, A., Shareholder Value, 1998, S. 37; Bühner, R., Management-Wert-Konzept, 1990, S. 23-24.

[18] Vgl. Rappaport, A., Shareholder Value, 1998, S. 1; Bühner, R., Management-Wert-Konzept, 1990, S. 35-36; Bischoff, J., Shareholder-Value-Konzept, 1994, S. 83-86. Zum VBM vgl. Lewis, T., Total Value Management, 1994; Höner, K./Pohl, A., Wertsteigerungsmanagement, 1994; Siegert, Führung, 1994, S. 63-79; Condon, J., Goldstein, J. Value, 1998.

lung 2 hervorgeht wird unter Shareholder Value Management im folgenden der Teil des Value Based Management verstanden, der von der (neoklassischen) Finanzierungstheorie, insbesondere von den finanzmathematischen Methoden der Finanzierungslehre, beeinflusst wird.[19]

Neben dem Einsatz des Shareholder-Value-Ansatzes als internes Lenkungsinstrument der Unternehmenssteuerung, insbesondere zur Steuerung von Geschäftsbereichen im Wettbewerb um Ressourcen,[20] steht der Einsatz zur externen Unternehmensbewertung.[21] Demgegenüber ermöglicht es die entscheidungsorientierte Vorgehensweise der funktionalen Unternehmensbewertungslehre, Ziel- bzw. Steuerungsgrößen für das strategische Management unter Anwendung von quantitativen Verfahren zur Unternehmensbewertung abzuleiten.[22] Die *Discounted-Cash-Flow-Methode (DCF)* des Shareholder-Value-Managements stimmt in der Methodik mit den in der Unternehmensbewertungslehre angewandten Methoden überein, jedoch beziehen die DCF-Methoden in der Unternehmensbewertung auch differenzierte Betrachtungsweisen der Fremdfinanzierung und Besteuerung in das Kalkül mit ein und werden deshalb im Rahmen dieser Arbeit untersucht. In der Bewertungspraxis werden oft *Multiplikatormethoden* aufgrund ihrer einfachen Handhabung und aufgrund der Möglichkeit eingesetzt, auch nicht-börsennotierte Unternehmen bewerten zu können.[23] Reine Shareholder-Value-Kalküle dagegen sind neben der DCF-Methode die *EVA-Methode,* die *CVA-Methode* und *die Cash-Flow-ROI-Methode (CFROI)* (siehe dazu *Darstellung 2).*[24] Traditionelle, buchhalterische Instrumente der Unternehmenssteuerung berücksichtigen keine Kapitalkosten und weisen andere Unzulänglichkeiten auf, die hauptsächlich auf ihre Manipulierbarkeit, die Nichtberücksichtigung von Risiken und die Vergangenheitsbezogenheit zurückzuführen sind.[25]

Ziel der Arbeit ist es, eine umfassende Darstellung und einen Vergleich dieser wertorientierten Management- und Bewertungsinstrumente und der zugrunde-

---

19 Zur Koalitionen- und Wettbewerbstheorie vgl. ausführlich Pape, U., Unternehmensführung, 1997, S. 137-45.

Weitere Einsatzgebiete wie die Leistungsbeurteilung von Führungskräften durch wertorientierte Anreizsysteme werden in vorliegender Arbeit nicht behandelt. Vgl. dazu ausführlich Copeland, T., et al., Unternehmenswert, 1998, S. 192 f.

21 Vgl. Busse von Colbe, W., Rechnungswesen, 1995, S. 18 f.

22 Vgl. Pape, U., Unternehmensführung, 1997, S. 138, sowie *Darstellung 2.*

23 Vgl. Born, K., Unternehmensanalyse, 1995, S. 174 f.; Mandel, G./Rabel, K., Unternehmensbewertung, 1997, S. 24 f.

24 EVA (Economic Value Added) und CVA (Cash Value Added) sind eingetragene Warenzeichen der Unternehmensberatungen Stern Stewart & Co. (New York) und FWC AB (Göteborg). Vgl. dazu auch *Kapitel 3.3.1.*

25 Vgl. *Kapitel 3.1.1.*

liegenden Modelle der Kapitalkostenermittlung, insbesondere in bezug auf breit diversifizierte Konglomerate, die in verschiedenen Branchenumfeldern tätig sind, vorzunehmen. Anhand von Sensitivitätsanalysen wird dann beispielhaft aufgezeigt, wie modellbezogene Werttreiber empfindlich auf Veränderungen reagieren, um so Anpassungsvorschläge für die jeweiligen Methoden treffen und sie für bestimmte Unternehmensumfelder empfehlen zu können (*Kapitel 3 und 4*).

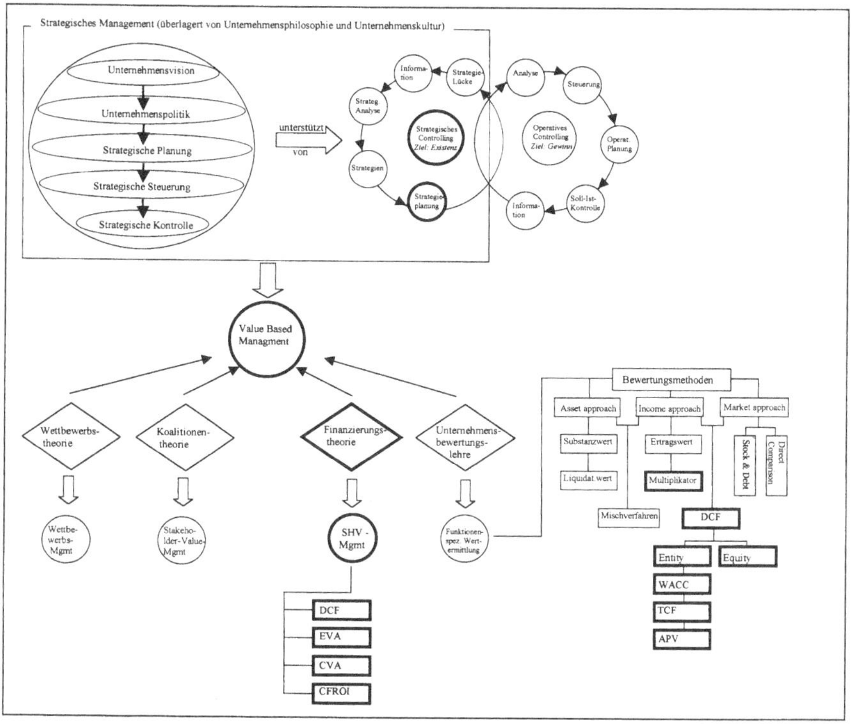

Darstellung 2*: Bezugsrahmen marktwertorientierter Bewertungs- und Steuerungsmethoden (Quelle: Eigene Darstellung in Anlehnung an Liessmann, K., Controlling, 1997, S. 3641-51; Welge, M.-K./Al-Laham, A., Planung, 1992, S. 44; Hahn, D., Führung, 1991, S. 121f.; Pape, U., Management, 1997, S. 138)*

Eine kurze Ausführung über die Entstehung, Charakterisierung und Effizienz von Konglomeraten (*Kapitel 2*) erfolgen zu Beginn der Arbeit. Auf die Probleme der Implementierung der Methoden in die deutsche Rechnungslegungspraxis wird in *Kapitel 5* eingegangen.

Im Rahmen dieser Arbeit werden vorwiegend US-amerikanische Jahresabschlusskennzahlen und Bilanzpositionen verwendet, da zum einen dort das Value Based Management ihren Ursprung hat und am weitesten entwickelt ist, zum anderen weil die USA aufgrund der Größe des amerikanischen Kapitalmarktes in den Bereichen Rechnungslegung und Finanzierung ihre Standards auch auf internationaler Ebene durchsetzen konnten.[26] Zudem stehen in einem Land mit einem hoch entwickelten Aktienmarkt[27] wie der USA wesentlich umfangreichere Informationen über Kaufpreise und Börsenwerte vergleichbarer Unternehmen zur Verfügung. Unternehmensbewertungen können deshalb dort eher als in Deutschland kapitalmarktorientiert durchgeführt werden.[28]

---

26 So haben die US-Rechnungslegungsvorschriften *US-GAAP* wesentlich die Festlegung der International Accounting Standards *(IAS)* beeinflusst. Vgl. Ballwieser, W., Rechnungslegung, 1996, S. 3.

27 Liegt vor bei relativ hohem Verhältnis von aggregierter Börsenkapitalisierung zu Bruttosozialprodukt.

28 Vgl. Born, K., Unternehmensanalyse, 1995, S. 182.

2 ENTSTEHUNG UND CHARAKTERISIERUNG VON KONGLOMERATEN

2.1 BEGRIFF UND FORMEN DER KONGLOMERATEN DIVERSIFIKATION

Für die Klärung des Konglomerat-Begriffes, ist das Phänomen der Diversifikation konstituierend. Über die Bedeutung des Diversifikationsbegriffes herrscht in Theorie und Praxis keine Übereinstimmung.[29] *Ralph Cordiner*, ehemaliger Chief Executive der General Electric Company, benutzte den Begriff auf mindestens fünf verschiedene Arten: functional diversification, product diversification, customer diversification, geographic diversification and diversification of the means of financing.[30] Eine Klassifizierung der Diversifikation in zahlreichen amerikanischen Untersuchungen stützt sich auf das *Standard Industrial Classification System* (SIC), das basierend auf einem *4-Digit Industry Code* die Diversifikation als Eindringen eines Unternehmens in eine Industrie definiert.[31]

In der Literatur verwendet *Rumelt (1982)* das Kriterium Markt, um Diversifikation zu definieren. Diversifikation findet demnach statt, wenn ein Unternehmen expandiert, um Produkte herzustellen und zu veräußern, wobei keine Interaktion mit anderen Produkten des Unternehmens besteht (Kreuzpreiselastizität von Null).[32]

Ansoff (1957) bezeichnet Diversifikation als eine Wachstumsstrategie, bei der das Unternehmen durch eine Ausweitung des Leistungsprogramms auf - gegenüber dem bisherigen Angebot - neue Produkte für neue Märkte wächst. Unter Produkt versteht Ansoff die physikalischen Eigenschaften des Gutes (z.B. Größe, Gewicht) und die Leistungen (z.B. Wirkungsdauer bei Medikamenten). Der Markt wird hingegen von der Funktion des Gutes (z.B. Einsatz bei Mensch oder Tier) determiniert.[33]

Penrose (1963) definiert das Unternehmen mit drei Kriterien (Kundengruppen, Kundenfunktionen und Technologien) und unterscheidet drei Arten von Diversifikation: *(1)* Die Bearbeitung neuer Märkte mit neuen Produkten unter Beibehaltung der bisherigen produktionstechnischen Grundlage, *(2)* die Expansion

---

29 Vgl. Becker, H., Ursachen, 1977, S. 13; Hainzl, M., Strategie, 1987, S. 18.

30 Vgl. Baughman, J., Problems, 1974, übernommen aus: Lehmann, R.,Diversifikation, 1993, S. 18.

31 Vgl. Lehmann, R., Diversifikation, 1993, S. 19.

32 Vgl. Rumelt, R., Diversification, 1982, S. 363.

33 Vgl. Ansoff, I., Strategies, 1957, S. 113.

innerhalb des bisherigen Marktes dank neuer Produkte, die einer neuen Technologie entstammen und *(3)* der Eintritt in neue Märkte mit einer neuen Technologie.[34]

Porter (1985) lehnt an den Begriff "scope of the enterprise"[35] (Breite, Weite des unternehmerischen Tätigkeitsfeldes) an und nennt vier Dimensionen, die den Scope bestimmen: *(1)* Segment scope: Produktvarianten und Kunden; *(2)* Vertical Scope: Ausmaß der Eigenfertigung; *(3)* Geographic Scope: Länder oder Regionen in denen das Unternehmen mit einer Strategie mit anderen Wettbewerbern konkurriert; *(4)* Industry Scope: Ausmaß verwandter Branchen, in welcher das Unternehmen mit einer Strategie mit Wettbewerbern konkurriert. Je weiter das Unternehmen seine Reichweite bezüglich der vier Dimensionen definiert, desto diversifizierter ist es.[36]

Alle Definitionen sehen in der Diversifikation eine Ausweitung der Tätigkeit in neue Aufgabenfelder, die sich von den bisherigen unterscheiden. Unklarheit besteht jedoch in der Frage, was "verschieden" bedeutet.[37]

Nach der **Art der Durchführung** sowie der **strategischen Orientierung** der Diversifikation kann man unterscheiden zwischen *interner* und *externer* Diversifikation[38] (durch unternehmenseigene Ressourcen oder durch Unternehmenszukäufe), beziehungsweise zwischen *offensiver* und *defensiver* Diversifikation (aktive Suche nach Diversifikationsmöglichkeiten zur Schaffung von Wettbewerbsvorteilen oder Reaktion auf bereits eingetretene Verschlechterung der traditionellen Geschäftsbasis).[39]

Diversifikationen können auch nach der **Stellung im Wertschöpfungsprozess** in *horizontale* (gleiche Wirtschaftsstufe), *vertikale* (vor- oder nachgelagerte Wirtschaftsstufe) und *laterale* (keinerlei Bezug zum bisherigen Leistungs- oder Produktprogramm) Typen unterschieden werden. Die laterale Diversifikation ist dabei gleichbedeutend mit konglomerater Diversifikation.[40]

---

34 Vgl. Penrose, E., Theory, 1963, S. 109 f.
35 Porter, M., Advantage, 1985, S. 53 f.
36 Vgl. Porter, M., Advantage, 1985, S.53f.
37 Vgl. Lehmann, R., Diversifikation, 1993, S.23.
38 Darüber hinaus existieren Zwischenformen wie Lizenznahme, Joint Ventures, etc.: Vgl. B. Gerbert, F., Diversifikation, 1983, S. 35 f., Becker, H., Ursachen, 1977, S. 67.
39 Vgl. Schüle, F., Diversifikation, 1992, S. 10-12; Bühner, R., Strategie, 1993, S. 32-33.
40 Vgl. Steinemann, H./Schreyögg, G., Management, 1991, S. 174; Staehle, W.H., Management, 1990, S. 613.

Nach der **Richtung der Diversifikation** in der von *Ansoff* vorgeschlagenen Produkt-Markt-Bereichen, lassen sich drei Formen (Typen) der Diversifikation unterscheiden, je nach der Unterschiedlichkeit der Leistungsprozesse und der Produkte und Märkte (siehe *Darstellung 3*).[41] Eine *konzentrische Diversifikation* liegt vor, wenn ein Unternehmen mehrere Geschäftsfelder besitzt, die sowohl hinsichtlich ihrer internen Leistungsprozesse, als auch hinsichtlich ihrer Produkte und der zu bearbeitenden Märkte ähnlich sind. Die Geschäftsfelder besitzen weitgehend identische Wertschöpfungsketten und stehen den gleichen Kunden und Wettbewerbern gegenüber. Analog ist bei einer *relationalen Diversifikation* die Unterschiedlichkeit der Leistungsprozesse, Märkte und Produkte zwar mittelmäßig, jedoch sind Anforderungen an die Führung und Steuerung dieser Geschäftsfelder sehr ähnlich. *Konglomerate Diversifikation* liegt vor, wenn ein Unternehmen mehrere Geschäftsfelder besitzt, die hinsichtlich ihrer Märkte und Produkte sowie ihrer internen Leistungsprozesse sehr deutlich voneinander unterscheidbar sind (Heterogenität der Geschäftsfelder).

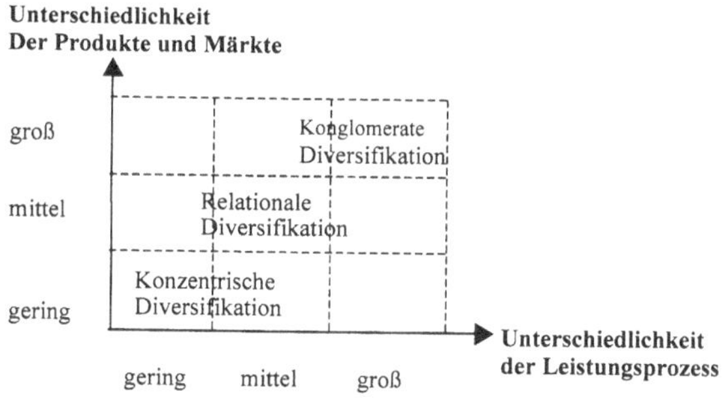

***Darstellung 3**: Diversifikationstypen*
(Quelle: Hungenberg, H., Dezentralisation, 1995, S. 143)

Aus der Finanzierungs- und Portfoliotheorie können jedoch Geschäftsfelder als Anlagemöglichkeiten von finanziellen Mitteln betrachtet werden, die zukünftige, unsichere Cash Flows generieren sollen. Insofern kann die konglomerate Diversifikation (wie oben bereits ausgeführt) als eine Heterogenität der Geschäftsfelder eines Unternehmens betrachtet werden.[42] An diese Definition des Konglomerates wird im folgenden angelehnt, da sie impliziert, dass konglome-

[41] Vgl. zu folgenden Ausführungen Hungenberg, H., Dezentralisation, 1995, S. 142 f. Vgl. grundsätzlich zur Bildung von Diversifikationstypen: Rumelt, R.P., Strategy, 1974, S. 9 f.
[42] Vgl. Hutzschenreuter, T., Sonntag, A., Diversifikation, 1998, S. 4.

rate Geschäftsbereiche in verschiedenen Branchen tätig sind. Im Verlauf dieser Arbeit werden konglomerate Diversifikation und der Begriff Konglomerat synonym verwendet.

Als Geschäftsbereiche oder Geschäftsfelder, Divisionen, Sparten (von Konglomeraten) werden im folgenden Organisationseinheiten verstanden, die auf der zweiten Hierarchieebene (unter der Unternehmensleitung) durch eine Zentralisation bezüglich Objektgesichtspunkten (Produkte, Kundengruppen oder Regionen) gebildet werden. Sie selbst sind in der Regel funktional gegliedert. Die Divisionen können rechtlich unselbständig und wirtschaftlich selbständig oder rechtlich selbständig im Rahmen einer Konzernrechtsstruktur gestaltet werden.[43]

2.2 ERKLÄRUNGSANSÄTZE FÜR DIE EXISTENZ VON KONGLOMERATEN

In der empirischen Diversifikationsforschung werden vorrangig fünf Globalziele der Unternehmensdiversifikation überprüft, die besonders auf Konglomerate zutreffen: Gewinnsteigerung, Risikosenkung, Marktmacht, Managementinteressen und Wachstum.[44]

Quellen der **Gewinnsteigerung** durch Diversifikation sind zum einen die *Ertragskraft* der neuen Geschäftsfelder und zum anderen *Synergieeffekte*[45] aus dem Zusammenwirken der alten und neuen Geschäftsfelder.[46] *Güterwirtschaftliche Synergien* liegen vor, wenn die gemeinsame Nutzung eines diversifizierten

---

43 Vgl. dazu Bühner, R., Organisationslehre, 1994, S. 124-128; Schulte-Zurhausen, M. Organisation, 1995, S. 228-231.

44 Vgl. z.B. Staudt, T.,Program, 1954, S. 122 f.; Lubatkin, M., Performance, 1983, S. 218 f.; Gerbert, F., Diversifikation, 1983, S. 50 f. Nach der Existenz und Vorteilhaftigkeit konglomerat diversifizierter Unternehmen wird in der Literatur noch allgemeiner nach Internalisierungs-, Transaktionskosten-, Strategie-Struktur-Ansätzen, sowie nach ressourcenorientierten, marktlichen und Agency-theoretischen Ansätzen unterschieden. Vgl. dazu ausführlich Bühner, R., Strategie, 1993, S. 304 f. bzw. Coase, R. H., Nature, 1937, S. 386-405; Williamson, O. E., Institutionen, 1990, S. 104; Chandler, A.D.,Jr.,Structure,1962, S. 383 f.; Penrose, E.T., Firm, 1972, S. 24 f. u. S. 149 f.; Teece, D.J., Economics, 1982, S. 39 f.; Manson, E.S., Monopoly, 1937-1938, S. 34 f.; Jensen, M.C./Meckling, W.H., Theory, 1976, S. 305-360.

45 Die Erzielung von Synergieeffekten ist einer der wichtigsten und am häufigsten genannten Diversifikationsgründe. Vgl. dazu Reed, R./Luffman, G., Confusion, 1986, S. 34.

46 Vgl. Schüle, F., Diversifikation, 1992, S. 15.

Produktprogramms innerhalb eines Unternehmens vorteilhafter, d.h. kostengünstiger, leistungssteigernder oder weniger kapitalintensiv ist als die getrennte Produktion.[47] Dies kann auf der Nutzung von Verbundvorteilen (Economies of Scope) und/oder Größenvorteilen (Economics of Scale) beruhen.[48] *Finanzwirtschaftliche Synergien* liegen vor, wenn die Kapitalbeschaffung beziehungsweise die Kapitalallokation effizient erfolgt. Kapitalbeschaffungskosten wie Kreditbearbeitungs- oder Emissionsgebühren können durch Zentralisation der Kapitalbeschaffung gesenkt werden. Eine effiziente Kapitalallokation kann durch eine Reallokation von finanziellen Überschüssen aus stagnierenden Geschäftsfeldern in wachsende Geschäftsfelder mit hohem Bedarf an finanziellen Mitteln erfolgen.[49]

Diversifikation kann zum **Risikoausgleich** führen, wenn die Kombination mehrerer Produkt-Markt-Bereiche in einem Unternehmen zum Ausgleich von saisonalen, konjunkturellen und strukturellen Nachfrage- und Ertragsschwankungen führt.[50] Werden Geschäftsfelder kombiniert, deren Renditen und Cash Flows negativ miteinander korreliert sind - was besonders bei lateral diversifizierten Konglomeraten der Fall ist - weist die Kombination der Geschäftsfelder eine geringere Volatilität der Rendite und des Cash Flows auf. Damit ist die Chance auf Rendite- und Cash-Flow-Steigerungen gesunken, andererseits jedoch auch das Risiko einer Rendite- und Cash-Flow-Minderung.[51]

Marktmacht wird häufig als eigenständiges Diversifikationsziel angegeben, jedoch lassen sich betriebswirtschaftliche Auswirkungen der Marktmacht eines Unternehmens unter das Diversifikationsziel Gewinnsteigerung subsumieren.[52] Die Konglomerationswelle der 60er Jahre in den USA war dominiert von lateralen Unternehmenszusammenschlüssen, die versuchten, Marktmacht durch drei Mechanismen auszuüben: *(1) Predatory Pricing*, d.h. eine größengetriebene Niedrigpreisstrategie, die zum Ziel hatte, Rivalen aus dem Markt zu drängen; *(2) Reciprocal Buying*. Darunter versteht man die Bevorzugung von Firmenakquisitionen, die potentielle Neukunden für die eigenen Produkte darstellen, um so den Marktanteil zu steigern; *(3) Mutual Forbearance*. Zwei Konglomerate konkurrieren auf einer Vielzahl von Märkten, so dass ein großer Wettbewerbsvorteil des einen Unternehmens in einem Markt dieses davon abhält, das andere Unternehmen (welches in einem anderen Markt einen stärkeren Wettbewerbs-

---

47 Vgl. Bühner, R., Strategie, 1993, S. 33 f.; Ansoff, H., Strategy, 1965, S. 80.

48 Vgl. Grimm, A., Motive, 1986, S. 36 f. Vgl. ausführlich z. B. Bailey, E./Friedhaender, A., Multiproduct, 1982; Willig, R., Multiproduct, 1979.

49 Vgl. Hutzschenreuter, T./Sonntag, A., Diversifikation, 1998, S. 15 f.

50 Vgl. Bühner, R., Strategie, 1993, S. 33 f., Schüle, F., Diversifikation, 1992, S. 16.

51 Vgl. Hutzschenreuter, T./Sonntag, A., Diversifikation, 1998, S. 19 f. Vgl. dazu auch ausführlich *Kapitel 2.3.*

52 Vgl. dazu Bühner, R., Strategie, 1993, S. 33 f.

vorteil hat) aus diesem Markt zu verdrängen und vice versa. Die beiden Unternehmen entwickeln eine "live-and-let-live" Politik um die Struktur der Konkurrenzbeziehung zu stabilisieren.[53]

Die wichtigsten **Managementinteressen** im Zusammenhang mit Diversifikationszielen sind Macht- und Einkommenssteigerung, Unabhängigkeit, unternehmensinterner Risikoausgleich und Abwehr feindlicher Übernahmen. Dieser Ansatz entspringt der Agency-Theory, wonach der Manager als Agent des Eigentümers, sprich des Aktionärs, agiert.[54]

Manager sind bestrebt, unterstellt man ihnen Gewinn- und Machtmaximierungsziele, das Unternehmen durch internes oder externes Wachstum zu vergrößern, um so ihre *Entlohnung und ihren Machtbereich auszudehnen*, da sie in der Praxis oft auf Basis des Umsatzes, der Anzahl der Mitarbeiter oder auf Basis des absoluten jährlichen Gewinns entlohnt werden. Dieser Ansatz ist besonders relevant für die Erklärung konglomerater Diversifikationen, da hier das Unternehmen problemlos erweitert werden kann, ohne die zugekauften Einheiten integrieren zu müssen.[55] Durch Schaffung eines internen Kapitalmarktes koppelt sich das Management von Anteilseignern und vom Kapitalmarkt ab und agiert dabei unabhängig. Vertikale Diversifikationen verringern darüber hinaus die Abhängigkeit von Lieferanten und Kunden.[56] Ein unternehmensinterner Risikoausgleich ist bei Managern von größerem Interesse als bei Aktionären, da Manager keinen unternehmensexternen Risikoausgleich durch Bildung von Aktienportefeuilles schaffen können.[57]

Diversifikationen mit dem Ziel des **Wachstums** sind besonders dann interessant, wenn der Markt aufgrund von Konzentrationsprozessen, Marktsättigungstendenzen, hoher Wettbewerbsintensität und damit einhergehender Renditerückgänge unattraktiv geworden ist. Untersuchungen in den USA belegen, dass gerade Konglomerate häufig aus einer Situation unattraktiver Kern-Geschäftsbereiche heraus starten (d.h. starke Angebotskonzentration im Markt, geringe Gewinnaussichten und geringe Wachstumsaussichten des Wirtschaftszweiges).[58]

---

53 Vgl. Grant, R., Contemporary, 1993, S. 398 f.

54 Vgl. Schüle, F., 1992, Diversifikation, S. 17 f.; Grimm, A., 1986, Motive, S. 82 f.; Vgl. Hutzschenreuter, T./Sonntag, A., Diversifikation, 1998, S. 17 f.

55 Vgl. Grimm, A., Motive, 1986, S. 82 f.; Hutzschenreuter, T./Sonntag, A., Diversifikation, 1998, S. 18 f.

56 Vgl. Wells, J., Synergy, 1984, S. 81 f.

57 Vgl. Bühner, R., Trennung, 1984, S. 819.

58 Vgl. Melicher, R.W./ Rush, D.F., Performance, 1973, S. 381-388; Kieser, A. et al., Unternehmenswachstum, 1977, S. 56.

2.3 UNTERNEHMENS- VERSUS AKTIONÄRSPORTFOLIO

Konglomerate Zusammenschlüsse können als Spezialfälle der von *Markowitz (1952)* und *Tobin (1958)* entwickelten generellen Diversifikations- und Portfolioselektions-Theorie angesehen werden.[59] Dieser Ansatz reduziert die Standardabweichung des Ertrages eines Portefeuilles von Unternehmensakquisitionen (bzw. Geschäftsbereichen) mit nicht-verwandten ökonomischen Aktivitäten, durch die Kombination von statistisch unabhängigen oder negativ korrelierten Einkommensströmen, was als "*conglomerate effect*" bezeichnet wird.[60]

Der Portfoliotheorie liegen folgende zwei *Hauptannahmen* zugrunde:[61] *(A1)* Wertpapierrenditen (R_i) sind multivariat normalverteilt, d.h. der Anleger beurteilt die Wertpapiere $i=1,...,N$ anhand des Erwartungswertes der Rendite $E(R_i)=\mu_i$ und der Standardabweichung der Rendite $sd(R_i)=\sigma_i$,dem Risiko der Anlage; *(A2)* Der Anleger maximiert den Nutzen der erwarteten Portefeuillerendite $E(R_p)$ und ist risikoavers (risikoscheu). Daraus folgt, dass der Anleger höheres Risiko mit höherer erwarteter Rendite kompensiert, sein Grenznutzen aber mit steigender Portefeuillerendite abnimmt. Die erwartete Rendite des Portefeuilles ist der gewichtete Durchschnitt der Renditen der individuellen Anlagen im Portefeuille:[62]

(1) $$E(R_p) = \mu_p = \sum_{i=1}^{N} x_i \mu_i$$

mit x_i = relatives Gewicht von Aktie i in Portefeuille p

Das Risiko des Gesamtportefeuilles wird durch die Standardabweichung oder, wie hier, durch die Varianz gemessen:[63]

(2) $$\sigma_p^2 = \sum_{i=1}^{N} \sum_{j=1}^{N} x_i x_j \cdot \mathrm{cov}_{ij}$$

mit $$\mathrm{cov}_{ij} = \frac{1}{N} \sum_i \sum_j [\mu_i - \bar{\mu}_i] \cdot [\mu_j - \bar{\mu}_j]$$

---

59 Vgl. Markowitz, H., Portfolio Selection, 1952, S. 77-91.; Vgl. Tobin, J., Liquidity Preference, 1958,S. 65-86; siehe auch Renshaw, E.F., Leverage, 1968, S. 79-84; Smith, K.V./ Schreiner, J.C., Portfolio, 1969, S. 413-427.

60 Vgl. Adelmann, M.A., Antimerger, 1961, S. 236-44.

61 Vgl. Markowitz, Portfolio Selection, 1952, S. 77-91.

62 Vgl. Ross, S.A./Westerfield, R.W./Jaffe, J., Finance, 1996, S. 256 f.

63 Vgl. Ross, S.A./Westerfield, R.W./Jaffe, J., Finance, 1996, S. 256 f.

Das Risiko des gesamten Portefeuilles ist demnach abhängig von den Varianzen der individuellen Anlagen[64] und ihren Kovarianzen. Eine negative Kovarianz zwischen zwei Wertpapieren senkt die Varianz des gesamten Portefeuilles und vice versa.

Ein *Diversifikationseffekt* ergibt sich, wenn zwischen zwei Wertpapieren weniger als perfekte Korrelation besteht, d.h. ein Korrelationskoeffizient von $\rho_{ij} = \frac{\text{cov}_{ij}}{\sigma_i \sigma_j} < 1$ besteht, so dass $\sigma_p < \sum_{i=1}^{N} x_i \sigma_i$ für alle $\rho_{ij} < 1$ gilt.[65] Für eine naive Diversifikationsstrategie, die alle Wertpapiere gleich gewichtet, kann *Gleichung (2)* umgeformt werden zu:

(3) $$\sigma_p^2 = \frac{1}{N} \sum_{i=1}^{N} \frac{1}{N} \sigma_i^2 + \sum_{\substack{i=1 \\ j \neq i}}^{N} \sum_{i=1}^{N} \frac{1}{N^2} \cdot \text{cov}_{ij}$$

Bei N Varianzen und $N(N-1)$ Kovarianzen in *Gleichung (3)* kann die Portfoliovarianz σ_p^2 ausgedrückt werden als:[66]

(4) $$\sigma_p^2 = \overline{\sigma}^2 + \frac{N-1}{N} \cdot \overline{\text{cov}}$$

mit $$\overline{\sigma}^2 = \frac{1}{N} \sum_{i=1}^{N} \sigma_i^2 = \text{ø-Varianz}$$

$$\overline{\text{cov}} = \frac{1}{N(N-1)} \sum_{\substack{i=1 \\ j \neq i}}^{N} \sum_{j=1}^{N} \text{cov}_{ij} = \text{ø-Kovarianz}$$

Daraus wird ersichtlich, dass sich in diesem vereinfachten Modell die Portfoliovarianz mit zunehmendem Diversifikationsgrad N, der durchschnittlichen Kovarianz $\overline{\text{cov}}$ nähert, die als systematisches oder nicht-diversifizierbares Risiko bezeichnet wird. Konglomerate können ihr Gesamtrisiko demnach durch interne oder externe Diversifikation so lange reduzieren, bis das *unsystematische* (=firmenspezifische) Risiko zu vernachlässigen ist. Dieser Zusammenhang ist in *Darstellung 4* verdeutlicht. Das *systematische Risiko* im Unternehmensportfolio kann theoretisch ausgeschaltet werden, indem Geschäftsaktivitäten so gestreut werden, dass Cash Flows aus diesen Geschäftsfeldern eine Korrelation von Null

64 Zu beachten ist, dass die Kovarianz von ein und demselben Wertpapier dessen Varianz ist: $\text{cov}_{ii} = \sigma_i^2$

65 Vgl. Ross, S.A./Westerfield, R.W./Jaffe, J., Finance, 1996, S. 257 f.; Bodie, Z./Kane, A./ Marcus, A.J, Investments, 1996, S. 193 f.

66 Vgl. Bodie, Z./Kane, A./Marcus, A.J, Investments, 1996, S. 226-227.

haben, so dass $\overline{cov} = 0$ gilt. Jedoch ist die Korrelation der Cash Flows (im Unternehmensportfolio) bzw. der Aktienrenditen (im Aktionärsportfolio) wiederum abhängig von systematischen *ökonomischen* Faktoren, die eine eher positive Korrelation der Renditen (bzw. der Cash Flows) induzieren.[67]

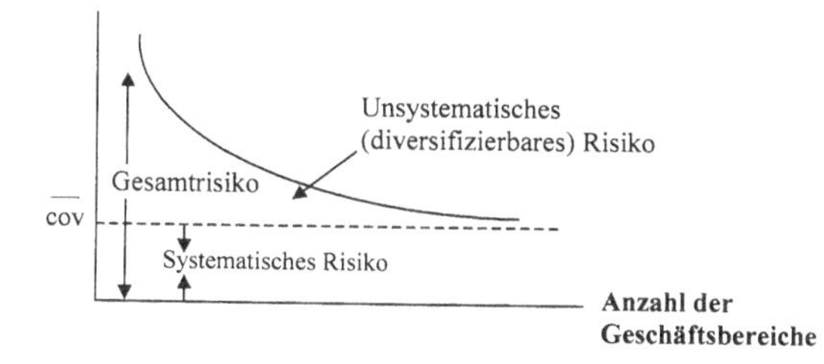

***Darstellung 4**: Diversifikationseffekt von Konglomeraten.*
(Quelle: In Anlehnung an Bodie, Z./Kane, A./Marcus, A.J, Investments, 1996, S. 193f.)

Der dargestellte Diversifikationseffekt ist grundsätzlich sowohl auf diversifizierte Unternehmen mit unterschiedlichen Profit-Strömen, als auch auf Wertpapierportefeuilles mit korrelierenden Renditen anwendbar. Jedoch ist der Vergleich von Konglomeraten und Finanzanlageportefeuilles in 5 Punkten ungenau:[68]

(1) Konglomerate investieren in Kapital- und Personalressourcen, während Anleger nur Geldbeträge anlegen; *(2)* Der Anleger kann seine Anlagebeträge beliebig aufteilen, während Konglomerate dies nur begrenzt tun können; *(3)* Investitionsentscheidungen können von Anlegern kurzfristig und flexibel gestaltet werden, die Unternehmensleitung hingegen trifft meist langfristige und irreversible Entscheidungen; *(4)* Investitionshomogenität besteht nur beim Anlegerportfolio, während diversifizierte Unternehmen einzigartige Investitionsobjekte besitzen; *(5)* Der Diversifikationseffekt bei Finanzanlageportefeuilles entsteht durch gegenläufige Aktienkursänderungen, während der Effekt bei Konglomeraten durch gegenläufige Einkommensströme zustandekommt. Der Diversifikationseffekt bei Konglomeraten wirkt sich deshalb nicht auf deren Aktienkurse

---

67 Vgl. Bodie, Z./Kane, A./Marcus, A.J, Investments, 1996, S. 227; Vgl. Bühner, R., Management-Wert-Konzept, 1990, S. 77.

68 Vgl. Smith, K.V./Schreiner, J.C., Portfolio, 1969, S. 417; Cottle, S. /Murray, R.F./ Block, F.E., Security, 1988, S. 531.

aus, da nur *eine* Aktiengattung gehandelt wird.[69] Darüber hinaus werden unter den Annahmen des *Capital Asset Pricing Model* (CAPM) Aktienkurse durch das systematische Risiko (im CAPM *Beta* genannt) determiniert[70], welches mit dem Marktrisiko korreliert und deswegen nicht wegdiversifizierbar ist. Die erwartete Rendite des Konglomerats ändert sich durch Diversifikation deshalb nicht; eine Unternehmensdiversifikation hat aus Renditeüberlegungen keine Vorteile gegenüber einer Aktionärsdiversifikation.[71] Unter der realistischeren Annahme eines nicht-perfekten Kapitalmarktes, hat eine Unternehmensdiversifikation (wie sie in einem Konglomerat erfolgt) zur Folge, dass erstens die Cash-Flow-Volatilität und damit (bei Risikoaversion der Eigenkapitalgeber)[72] die Renditeerwartung der Eigenkapitalgeber abnimmt, zweitens nehmen durch die relativ sicheren Zahlungsströme nach der Diversifikation die Fremdkapitalkosten (und damit wiederum über die Zinsaufwendungen die Cash Flows) ab. Welcher Effekt überwiegt, ist abhängig vom Verschuldungsgrad des Unternehmens.[73]

Aktionäre könnten einfacher und mit geringeren Transaktionskosten als Unternehmen ein effizientes Wertpapierportefeuille zusammenstellen, jedoch ist die Aktionärsdiversifikation kein wirkungsvolles Substitut für Unternehmensdiversifikation, die durch die Einzigartigkeit der Investitionsobjekte (*Punkt (4)*) und die damit verbundene Synergieerzielung nicht nachbildbar ist. Eine bewusst herbeigeführte Minderung des unsystematischen Risikos durch geeignete Diversifikationsstrategien, die zu Wettbewerbsvorteilen führen, schafft zweifellos Werte für die Aktionäre.[74]

Empirische Studien in den USA haben gezeigt, dass risikoadjustierte Renditen von Aktionären von Konglomeraten typischerweise nicht größer sind als die von Anlagefonds, simulierten Portefeuilles oder Renditen von auf Kerngeschäftsfelder des Konglomerats spezialisierten Unternehmen.[75] Studien zeigten weiterhin, dass konglomerate Unternehmen einen hohen Anteil unsystematischer Risiken enthalten, so dass Anleger durch Zukauf von Aktien von Konglomeraten verbleibende Restrisiken senken können.[76]

---

69 Cottle, S. /Murray, R.F./Block, F.E., Security, 1988, S. 531.

70 Vgl. dazu *Kapitel 3.2.2.*

71 Vgl. Amit, R./Livnat, J., Diversification, 1988, S. 100; Grant R., Contemporary, 1993, S. 306-307.

72 Diese liegt bei einer quadratischen Risikonutzenfunktion der Eigenkapitalgeber vor. Vgl. Zimmermann, P., Prognose, 1997, S. 11 f.

73 Vgl. dazu Scharlemann, U., Synergiepotentiale, 1996, S. 106 f., sowie zum CAPM *Kapitel 3.2.2.*

74 Vgl. Bühner, R., Strategie, 1993, S. 32-33.

75 Vgl. Michel, A./Schaked, I., Diversification, 1984, S. 18-24.

76 Vgl. Weston, J.F./Smith, K.V./Shrieves, R.E., Performance, 1972, S. 357-363.

2.4 DIE EFFIZIENZ VON KONGLOMERATEN UND DER MARKT FÜR UNTERNEHMENSKONTROLLE

Die Mehrzahl der Studien über konglomerate Fusionswellen in den sechziger und achtziger Jahren in den USA lassen darauf schließen, dass eine laterale Diversifikation ineffizient ist, da im Durchschnitt der Gesamtunternehmenswert signifikant niedriger ist als die Summe der Unternehmenswerte der einzelnen Divisionen.[77] Gründe dieses "conglomerate discount" und des damit einhergehenden Wertverlustes für die Aktionäre lassen sich Agency-theoretisch ableiten und auch durch ineffiziente interne Kapitalmärkte in Konglomeraten erklären.[78]

Ausgangslage der Agency-Theory ist eine asymmetrische Informationsverteilung zwischen der Unternehmensleitung (Manager, Agent) und den Eigentümern (Aktionär, Prinzipal), wodurch dem Agenten diskretionäre, vom Prinzipal nicht oder nur schwer beobachtbare Handlungsspielräume bleiben. Manager erwirtschaften deshalb durch Diversifikationen einen privaten Nutzen, der ihre privaten Kosten übersteigt. Gründe für dieses Verhalten können sein: Macht- und Prestigestreben; an die Firmengröße gekoppelte Managerentlohnung; Risikoreduktion in undiversifizierten persönlichen Portefeuilles. Manager verfolgen deshalb unter Umständen eine Diversifikationsstrategie, obwohl das Aktionärsvermögen dadurch vermindert wird. Und sie reduzieren dieses Verhalten erst durch interne oder externe Überwachungsmechanismen (Monitoring).[79]

Auf *unternehmensinternen Kapitalmärkten* kann es zu ineffizienten, internen Quersubventionierungen durch Überinvestitionen in Divisionen mit negativen Zukunftsaussichten kommen.[80] Die Ineffizienz interner Kapitalmärkte liegt ebenfalls in der Agency-theoretischen Überlegung begründet. Im Gegensatz zu externen Kapitalmärkten wie Anleihe-, Aktien-, und Kreditmärkten führen zwar interne Kapitalallokationen zwischen verschiedenen Divisionen, bedingt durch einen besseren Informationsfluss im Unternehmen, zu niedrigeren Überwachungskosten (*monitoring costs*). Renditeschwache Aktiva können so effizient umstrukturiert werden (*asset redeployability*); jedoch sinken die Anreize von Divisionsmanagern, da sie keine Eigentumsrechte am Unternehmensvermögen haben und ihre Bemühungen durch opportunistisches Verhalten der Unternehmensleitung unterminiert werden.[81]

---

77 Vgl. Berger, P./Ofek, E., Diversification's Effect, 1995, S. 39-65; Bhagat, S./Shleifer, A./ Vishny, R., Hostile, 1990, S. 1-72; Lang, L./Stulz, R., Tobin's Q, 1994, S. 1248-80.

78 Vgl. Servaes, H., Conglomerate, 1996, S. 1201-1221.

79 Vgl. Denis, D.J./Denis, D.K./Sarin, A., Agency, 1997, S. 135-137.

80 Dies obwohl es ökonomisch sinnvoller wäre, die Überschüsse an die Aktionäre auszuzahlen. Vgl. Stulz, R.M., Managerial, 1990, S. 2-27; Jensen, M.C., Agency, 1986, S. 323-329.

81 Vgl. Gertner, R.H./Scharfstein, D.S./Stein, J.C.,Internal, 1994, S. 1211-1213.

Ein weiterer Erklärungsansatz für die Ineffizienz von Konglomeraten und die Desinvestitionswelle in den achtziger Jahren in den USA ist der bis zu dieser Zeit nur schwach ausgeprägte *Markt für Unternehmenskontrolle (market for corporate control).*[82] Das ist der Ort, an dem alternative Managerteams im Wettbewerb um das Recht zur Verwaltung unternehmerischer Ressourcen stehen.[83] Sogenannte Corporate Raiders (alternative Managerteams) identifizierten in den achtziger Jahren Wertlücken in schlecht geführten Unternehmen, verschafften sich meist durch Aufnahme von Fremdkapital Verfügungsrechte (Leveraged Buyout), lösten das Top-Management ab und versuchten zusätzliche Unternehmenswerte im Zuge von Umstrukturierungen, Turn-arounds oder strategischen Neuausrichtungen zu realisieren.[84] Dem Markt für Unternehmenskontrolle wird eine wichtige Disziplinierungswirkung zugeschrieben, mit der Möglichkeit zur Lösung von Agency-Problemen. Das alte Management wird nämlich durch einen Motivationsschub eigene Wertsteigerungskonzepte entwickeln und damit versuchen, Takeover-Risiken zu verhindern.[85]

Der Markt für Unternehmenskontrolle in *Deutschland* ist jedoch nicht liquide, da die hohen Stimmrechtsanteile der Banken an großen deutschen Aktiengesellschaften ein Hindernis in der Weiterentwicklung des Marktes für Unternehmenskontrolle bleiben. Externe können so nur schwer Kontrolle über ein Unternehmen erlangen.[86]

---

[82] Vgl. Klein, P.G., Inefficient, 1998, S. 1 u. S. 36.

[83] Vgl. Jensen, M.C., Takeovers, 1988, S. 21-48.

[84] Vgl. Bötzel, S./Schwilling, A., Wertmanagement, 1998, S. 7-8.

[85] Vgl. Fama, E.F., Agency, 1980, S. 288-307.

[86] Vgl. Bötzel, S./Schwilling, A.,Wertmanagement, 1998, S. 8-9.Die Großbanken hatten z. B. 1992 Depotstimmen von 85 % bei Siemens, 88 % bei Hoechst und 90 % bei Mannesmann. Hinzu kommen noch die Stimmen von Fondsgesellschaften, die den Banken gehören.

3 GRUNDLAGEN UND DARSTELLUNG MARKTWERTORIENTIERTER BEWERTUNGS- UND STEUERUNGSMETHODEN

3.1 MARKTWERTORIENTIERUNG

3.1.1 ABLEHNUNG BUCHHALTERISCHER GRÖSSEN

Den traditionellen, buchhalterischen Instrumenten der Planungs-, Steuerungs- und Kontrollsysteme liegen in der Regel Daten des internen und externen Rechnungswesens zugrunde, die nicht in angemessener Weise dazu geeignet sind, das Unternehmen und seine Divisionen (aktionärs-)wertorientiert zu steuern.[87] Buchhalterische Gewinngrößen berücksichtigen keine Kapitalkosten und weisen andere Unzulänglichkeiten auf, die hauptsächlich in ihrer Manipulierbarkeit, Vergangenheitsbezogenheit, Nichtberücksichtigung von Risiken und Zeitpräferenzen und der mangelnde Einbindung in die Finanzpolitik liegen.[88]

Mit *Ansatzwahlrechten* in der Bilanzierung (z.B. Disagio: § 250 Abs. 3 HGB, Aktive latente Steuern: § 274 Abs. 2 HGB) und *Bewertungswahlrechten* (z.B. Bestimmung der Abschreibungsmethode: § 253 Abs. 2 Satz 2 HGB, Sammelbewertung mittels Festwert, Durchschnittsbewertung und Verbrauchsfolgeverfahren: §§ 240 Abs. 3 und 4, § 256 HGB) wird nach deutschem Recht eine (bewusste) **Manipulation** des Gewinnes (Window-Dressing) ermöglicht. Die bereinigte Gewinnermittlungsmethode nach DVFA/SG[89] erleichtert zwar die Vergleichbarkeit zwischen Unternehmen, erfordert aber Zusatzangaben zur Identifizierung von Sondereinflüssen.[90] Cash-Flow-Größen können im Gegensatz zum buchhalterischen Gewinn nicht durch Ansatz- und Bewertungswahlrechte manipuliert werden. Der Barwert der Cash Flows berücksichtigt darüber hinaus auch *zukünftige* Perioden.[91]

---

[87] Vgl. Rappaport, A., Shareholder Value,1998, S. 13 f; Copeland, T.,et al., Unternehmenswert, 1998, S. 12; Bühner, R., Management-Wert-Konzept, 1990, S. 16.

[88] Vgl. Rappaport, A., Shareholder Value, 1998, S. 13 f; Bötzel, S./ Schwilling, A., Wertmanagement, 1998, S. 30; Vgl. dazu auch zur Gegenüberstellung mit wertorientierten Steuerungs- und Bewertungsmethoden *Kapitel 3.3.*

[89] Grundsätze und Verfahren zur Ermittlung eines von Sondereinflüssen bereinigtes Jahresergebnis entwickelten die Deutsche Vereinigung für Finanzanalyse (DVFA) und die Schmalenbachgesellschaft (SG).

[90] Vgl. Bischoff, J., Shareholder-Value-Konzept, 1994, S. 26-34; Born, K., Bilanzanalyse, 1994, S. 24-25.

[91] Vgl. Bühner, R., Organisationslehre, 1994, S. 140.

Im betrieblichen Rechnungswesen finden unternehmerische **Risiken**, aufgeteilt in finanzielle Risiken und Geschäftsrisiken, keine Berücksichtigung. Bei einer reinen Gewinnorientierung könnte ein Unternehmen zwischen zwei Investitionsstrategien indifferent sein, falls die zugrundegelegten Erwartungswerte der Gewinnwachstumsraten für beide Strategien gleich wären. Dagegen wird das Unternehmen aus Risikoüberlegungen die Strategie präferieren, bei der die Standardabweichung der Gewinnerwartung bei gleichem erwarteten Gewinn geringer ist. Das finanzielle Risiko steigt durch die Zunahme der Standardabweichung der Gewinnerwartung in Abhängigkeit von der Höhe des Verschuldungsgrades. Eine zunehmende Fremdkapitalfinanzierung steigert dabei zwar zunächst die Rentabilität des Eigenkapitals (Leverage-Effekt), gleichzeitig nimmt jedoch auch das Insolvenzrisiko zu, das für den Investor durch eine höhere Kapitalrentabilität wieder ausgeglichen werden muss.[92] Hinzu kommt, dass Eigentümer von Unternehmen Cash Flows aus risikoreicheren Geschäften (z.B. Hochtechnologien) niedriger bewerten als die Zahlungsflüsse aus risikoarmen Geschäften (z.B. Nahrungsmittelindustrie). Bei einer wertorientierten Bewertung wird diese Risikoaversion durch die Wahl entsprechend höherer Zinssätze für die Abzinsung zukünftiger Cash Flows aus risikoreichen Geschäftsbereichen berücksichtigt.[93]

Zeitpräferenzen bleiben bei der Gewinnermittlung ebenfalls unberücksichtigt, d.h. es wird nicht zwischen Gewinnen unterschieden, die *heute* zufließen (und zinsbringend angelegt werden könnten) und Gewinnen, die erst in einem Jahr zufließen. Zukünftige Gewinne sollten deshalb im wertorientierten Unternehmen auf den Bewertungszeitpunkt diskontiert werden.[94]

Eine **mangelnde Einbindung in die Finanzpolitik** betrifft vor allem die Abbildung des Investitionsbedarf sowie die Berücksichtigung der Ausschüttungspolitik. Im buchhalterischen Gewinn als Zielgröße werden im Gegensatz zu Cash Flow-Größen Finanzierungserfordernisse nicht berücksichtigt, da erforderliche wachstumsbedingte Erweiterungsinvestitionen in das Anlage- und Umlaufvermögen ausgenommen werden, so dass Liquiditätswirkungen von Investitionen nicht klar abgebildet werden. Außerdem lässt der Gewinn keine Aussage darüber zu, in welcher Höhe Überschüsse ausgeschüttet werden sollten.[95]

---

[92] Vgl. Rappaport, A., Shareholder Value, 1998, S. 21 f.; Raster, M., Shareholder-Value-Management, 1995, S. 24-25.

[93] Vgl. Bühner, R., Organisationslehre, 1994, S. 140; M., Shareholder-Value-Management, 1995, S. 24-25; Vgl. dazu ausführlich *Kapitel 3.3.*

[94] Vgl. Rappaport, A., Shareholder Value, 1998, S. 18; Bühner, R., Management-Wert-Konzept, 1990, S. 22.

[95] Vgl. Bötzel, S./Schwilling, A., Wertmanagement, 1998, S. 33-34.

Die beschriebenen Mängel der Gewinn-Größen können weder durch eine Relativierung (Gewinnwachstum) noch dadurch beseitigt werden, dass Größen, die mit denselben Nachteilen behaftet sind, zu *Kennzahlen* verrechnet werden (Return on Investment, ROI; Return on Equity, ROE; Return on Sales, ROS).[96]

Ein wertorientiertes Management ist bestrebt, eine Rendite aus seinen Investitionen zu erzielen, die über seinen Opportunitätskosten liegt. **Gewinnwachstum** muss deshalb bei steigenden Kapitalkosten nicht zu einem Wertwachstum führen.[97]

Der **ROI** (Gesamtkapitalrendite) als Quotient von Gewinn und investiertem Kapital, wird tendenziell durch lange Nutzungszeiten der Investitionen, d.h. große Zeitunterschiede zwischen Ein- und Auszahlungen, und eine vorsichtige Bewertung (z.B. degressive Abschreibung) überhöht. Eine zusätzliche Verzerrung erfolgt bei Vorliegen von nicht aktivierbaren Investitionen (z.B. Forschungs- und Entwicklungskosten). Außerdem kann durch eine Verlagerung des investierten Kapitals von Fremd- auf Eigenkapital und die damit verbundene Senkung des Zinsaufwandes der Jahresüberschuss (bewusst) erhöht werden.[98] Alternativ kann der ROI als Produkt von **ROS** (Gewinn/Umsatz) bzw.[99] Umsatzrendite und Kapitalumschlagshäufigkeit (Umsatz/investiertes Kapital) berechnet werden. Der ROS als selbständige Zielgröße ist jedoch durch eine fehlende Berücksichtigung des eingesetzten Kapitals uninteressant.[100]

Die Mängel des **ROE** (Eigenkapitalrentabilität) als Quotient von Gewinn und Eigenkapital, sind durch die darin enthaltene Größe Gewinn, weitgehend mit denen des ROI identisch. Zusätzlich kann der ROE durch eine Erhöhung des Verschuldungsgrades (Leverage-Effekt) und durch Inflation[101] gesteigert werden.[102]

Generell berücksichtigen buchhalterische Kennzahlen keine **Kapitalkosten**, das heißt buchhalterische Gewinne entstehen bei positiven Renditen, während ökonomische, wertschaffende Gewinne erst entstehen, wenn Renditen erwirtschaf-

---

96 Vgl. Bühner, R., Management-Wert-Konzept, 1990, S. 22 f.

97 Vgl. Rappaport, A., Shareholder Value, 1998, S. 49 f.; Copeland, T., et al., Unternehmenswert, 1998, S. 108 f.

98 Vgl. Bühner, R., Management-Wert-Konzept, 1990, S. 27.

99 Vgl. Born, K., Unternehmensanalyse, 1995, S. 214-215.

100 Vgl. Copeland, T., et al., Unternehmenswert, 1998, S. 12.

101 Vgl. Bühner, R., Management-Wert-Konzept, 1990, S. 32 f: Der ROE kann besonders in kapitalintensiven Branchen steigen, denn inflationsbedingte Preisanstiege erhöhen zumindest teilweise den Gesamtkapitalumschlag.

102 Vgl. Buchner, R., Kennzahlenrechnung, 1985, S. 125.

tet werden, die größer als die Kapitalkosten sind (z.B. Eigenkapitalrendite > Eigenkapitalkosten).[103]

Investitionen auf Basis von Kennzahlen oder buchhalterischen Gewinnen sind unzureichende Zielgrößen für die Bewertung und Steuerung von Unternehmen und können somit zu erheblichen Fehlentscheidungen führen. Eine marktwertorientierte Steuerung und Bewertung von Konglomeraten ist darüber hinaus anzustreben, da eine gezielte Steuerung dezentral organisierter Konzerne eine Veränderung des Rechnungswesens vom Dokumentationsinstrument zum Führungsinstrument voraussetzt.[104]

3.1.2 MARKTWERTMAXIMIERUNG ALS UNTERNEHMENSZIEL

Eine am Marktwert orientierte Steuerung und Bewertung von Konglomeraten ist neben den in *Kapitel 3.1.1* dargestellten Mängeln buchhalterischer Größen aus folgenden drei Gründen sinnvoll:

Erstens werden auf dem Kapitalmarkt Informationen relativ effizient verarbeitet, d.h. Informationen über strategische Entscheidungen oder Unternehmenserfolge haben Einfluss auf die Kursbildung am Kapitalmarkt. Alle Anleger mit gleichem Informationsstand haben homogene Erwartungen im Hinblick auf die Rendite/Risiko-Entwicklung von Aktien.[105] Die empirische Überprüfung der Informationseffizienz stößt zwar nach *Fama (1970)* rasch auf Grenzen,[106] jedoch können die Kapitalmärkte der wichtigsten Industriestaaten als effizient angesehen werden. Dies erscheint vertretbar, da die Globalisierung und Deregulierung der Finanzmärkte und die zunehmende Nutzung neuer Informations- und Kommunikationstechnologien zum Abbau von Marktunvollkommenheiten beitragen und den Wettbewerb fördern.[107] Eine mittlere Informationseffizienz ist gegeben, wenn zum Zeitpunkt der Veröffentlichung der Informationen diese bereits voll im Kurs reflektiert sind.[108]

Zweitens maximiert die Marktwertorientierung den Nutzen aller Eigentümer selbst auf unvollkommenen Kapitalmärkten, auf denen präferierte Einkommensströme von Aktionären nicht kostenlos korrigiert werden können. In einer

---

[103] Vgl. Bötzel, S./Schwilling, A.,Wertmanagement, 1998, S. 31-33.
[104] Vgl. Roth, A./Behme, W., Steuerung, 1997, S. 28-30.
[105] Vgl. Weinberger, J., Mischkonzern, 1993, S. 58-59.
[106] Vgl. Fama, E., Efficient, 1970, S. 383-417.
[107] Weinberger, J., Mischkonzern, 1993, S. 60.
[108] Vgl. Fama, E., Efficient,1970, S. 383-417.

Publikumsgesellschaft ist es der Unternehmensleitung weder möglich, die individuellen Zeitpräferenzen aller Aktionäre zu erfassen, noch in Verhandlungen einen allgemeinen Konsens über die zu verfolgende Dividendenpolitik herzustellen. Der Nutzenmaximierung der Aktionäre ist deshalb die Marktwertmaximierung zugrundezulegen.[109]

Drittens sind Eigentümer besser imstande, das Ziel der Marktwertmaximierung umzusetzen. Als Instrument zur Disziplinarwirkung der Manager durch die Aktionäre steht der Markt für Unternehmenskontrolle zur Verfügung.[110]

3.1.3 SHAREHOLDER VS. STAKEHOLDER- ANSATZ

Der in den Modellen zur marktwertorientierten Unternehmensführung enthaltene Shareholder-Value-Ansatz wird in der Literatur oft bemängelt, da Ansprüche anderer Interessengruppen (neben denen der Aktionäre) unberücksichtigt bleiben (keine pluralistische Zielkonzeption).[111]

Nach dem *Stakeholder-Ansatz* sollte deshalb die Zielsetzung des Managements sein, Werte zugunsten der Stakeholder (Anspruchsgruppen wie Kreditgeber, Lieferanten, Fiskus, Arbeitnehmer etc.) zu schaffen.[112] Kritikpunkte gegen den Stakeholder-Ansatz sind eng mit der *Koalitionentheorie* verbunden:[113] Das Unternehmen wird danach als Koalition von verschiedenen Interessengruppen verstanden. Individualziele der Koalitionsmitglieder werden als Ziele der Unternehmung eingebracht und in einem Verhandlungsprozess zu Zielen der Organisation transformiert. Unternehmerische Entscheidungen müssen deshalb viele Interessen beachten und können nicht mehr isoliert unter eindimensionalen Gesichtspunkten bewertet werden.

Die *Koalitionentheorie* prognostiziert das Entscheidungsverhalten, indem sie Einflüsse auf beobachtbare, einzelwirtschaftliche Handlungen erklären will, jedoch berücksichtigt sie weder rationale Entscheidungsverhalten noch geht sie

---

109 Vgl. Spremann, K., Investition, 1991, S. 410; Süchting, J., Finanzmanagement, 1989, S. 282.

110 Vgl. dazu *Kapitel 2.4.*

111 Vgl. Janisch, M., Anspruchsgruppenmanagement, 1993, S. 105 f.; Gomez, P., Wertmanagement, 1993, S. 102 f; Kirsch, W., Unternehmensführung, 1993, S. 224-228.

112 Vgl. Janisch, M., Anspruchsgruppenmanagement, 1993, S. 117 f.

113 Vgl Cyert, R.M./March, J.G., Theory, 1963, S. 27; Vgl. Janisch, M., Anspruchsgruppenmanagement, 1993, S. 147-189.

von gegebenen Wertprämissen aus.[114] Sie kann deshalb nur als erklärende Theorie angesehen werden. Ökonomisch sinnvolle Unternehmensziele können weiterhin mithilfe des Shareholder-Value-Ansatzes formuliert werden.[115] Daneben präzisiert die Koalitionentheorie keine unternehmerischen Ziele und Entscheidungsregeln, sondern lässt nur qualitative Aussagen zu.[116] Es sind weder Ansätze vorhanden *wer* Mitglied in der Koalition ist, noch welche Ziele Individuen vertreten und wie Ziele zu einem Kollektivziel aggregiert werden können.[117] Das größte Manko der Koalitionentheorie jedoch besteht im Fehlen einer Bewertungstheorie, die Empfehlungen für unternehmerisches Handeln gibt.[118] Darüber hinaus vernachlässigt der Shareholder-Value-Ansatz aus mikroökonomisch- institutionell orientierter Sichtweise *nicht* die Ziele anderer Interessengruppen: Da das Unternehmen als Geflecht von impliziten und expliziten Verträgen interpretiert wird, die in verbindlicher Weise die Rechte, Pflichten und Zuständigkeiten der Tauschpartner, sowie die Verteilung der Erträge regeln, werden Interessen abgestimmt und es kann nicht von interessenmonistischer Ausrichtung die Rede sein.[119]

In der *vertragstheoretischen Auffassung* der Unternehmung sorgt der Markt für den Ausgleich der Interessen, wohingegen die Koalitionentheorie die Stellung des Unternehmens im Markt fast völlig verdrängt.[120] Ziel des vertragstheoretischen Ansatzes und des darin zugrundeliegenden methodologischen Individualismus ist es *nicht*, eigenständige Zielsetzungen des Unternehmens zu postulieren.[121] Da in der Vertragstheorie individuelle Vorstellungen nicht zu einer gemeinsamen Präferenzfunktion aggregiert werden können, werden die das individuelle Verhalten beschränkenden Organisationsregeln (Kontraktdesigns) untersucht, welche die Entscheider veranlassen, ein im Lichte individueller Präferenzen pareto-optimales Ergebnis zu erreichen.[122] Stakeholder werden versuchen, Vertragsbeziehungen problemminimierend zu gestalten; ihre Forderungen gehen als Nebenbedingungen in das Kalkül mit ein.[123]

In der weltweiten Unternehmenspraxis zeigt sich, dass angelsächsische Länder, die durch liquide Kapitalmärkte gekennzeichnet sind, eher aktionärsorientiert

[114] Vgl. Sautter, M.T., Analyse, 1989, S. 62 f.
[115] Vgl. Sautter, M.T., Analyse, 1989, S. 62 f.
[116] Vgl. Hachmeister, D., Discounted, 1994, S. 32.
[117] Vgl. Hachmeister, D., Discounted, 1994, S. 32.
[118] Vgl. Schmitt, R.H., Grundzüge, 1992, S. 27.
[119] Vgl. Fama, E.F., Agency, 1988, S. 289.
[120] Vgl. Hachmeister, D., Discounted, 1994, S. 35.
[121] Vgl. Wenger, E.,Theorie, 1989, S. 166.
[122] Vgl. Wenger, E., Theorie, 1989, S. 166.
[123] Vgl. Hax, H., Vertragsgestaltung, 1991, S. 59; Vgl. Hachmeister, D., Discounted, 1994, S. 35.

sind, wohingegen in Kontinentaleuropa und Japan, gekennzeichnet durch weniger liquide Kapitalmärkte und Märkte für Unternehmenskontrolle, sowie durch eine Machtkonzentration auf Regierungen, Banken und Familienunternehmen, eine Stakeholderorientierung anzutreffen ist.[124] Eine Studie von *Yashimori (1995)* zeigt, dass in den USA 25 % und Großbritannien 30 % der untersuchten Unternehmen als erste Priorität angeben, Aktionärsinteressen zu befriedigen, während es in Japan 3 %, in Frankreich 22 % und in Deutschland 17 % sind.[125]

3.2 MODELLE ZUR BESTIMMUNG DER KAPITALKOSTEN

3.2.1 KONZEPTION DER KAPITALKOSTEN

Wie im vorhergehenden Kapitel aufgezeigt, ist die Einbeziehung des Kapitalkostenkonzeptes kennzeichnendes Merkmal aller kapitalmarkt- bzw. marktwertorientierten Bewertungs- und Steuerungsmethoden.

In den folgenden Abschnitten werden kapitalmarkttheoretische Gleichgewichtsmodelle dargestellt, die das Zustandekommen von Gleichgewichtspreisen für künftige, unsichere Zahlungen auf vollkommenen Kapitalmärkten erklären, indem Gleichgewichtsrenditen riskanter Vermögensanlagen bestimmt werden.[126] Diese Gleichgewichtsrenditen stellen Opportunitätskosten der Investoren bzw. Eigenkapitalgeber dar, die die Mindestrenditevorstellungen des eingesetzten Kapitals ergeben. Diese wiederum konstituieren die Eigenkapitalkosten des Unternehmens. Die Gesamtkapitalkosten (r_A) des Unternehmens, die zur Diskontierung unsicherer, zukünftiger Einzahlungen und als "hurdle rate" für zukünftige Investitionsentscheidungen in der Praxis[127] benutzt werden, errechnen sich aus der gewichteten Summe von Eigenkapitalkosten (r_E) und Fremdkapitalkosten (r_D) und werden auch als *weighted average cost of capital* (wacc) bezeichnet:[128]

(5) $$r_A = r_E \frac{E^M}{V^M} + r_D \frac{D^M}{V^M}(1-\tau)$$

---

[124] Vgl. Black, A. et al., 1998, Shareholder Value, 1998, S. 192-193.

[125] Vgl. Yashimori, M., Company, 1995, S. 33 f.

[126] Vgl. Levy, H./Sarnat, M., Capital, 1990, S. 286 f.

[127] Weitere Methoden der Kapitalkostenbestimmung sind im Rahmen der DCF-Modelle in *Kapitel 3.3.2.2* dargestellt.

[128] Vgl. Copeland, T., et al., Unternehmenswert, 1998, S. 261.

mit: E^M = Marktwert des Eigenkapitals (Equity)
D^M = Marktwert des Fremdkapitals (Debt)
$V^M = E^M + D^M$ (Marktwert des Gesamtkapitals)
τ = Grenzsteuersatz des Unternehmens

Bei der Bestimmung der gewogenen Kapitalkosten entsteht *ein Zirkularitätsproblem*. Für die Ermittlung der Gewichtungsfaktoren der Eigen- und Fremdkapitalkosten werden Marktwerte benötigt, welche sich erst durch Aufteilung des (noch nicht bekannten) Gesamtkapitalwertes auf die Eigen- und Fremdkapitalgeber ergeben. Zur Lösung dieses Problems kann man iterativ vorgehen oder, wie in der Praxis üblich, eine konstante Zielkapitalstruktur annehmen, die sie sich bei zukünftigen Investitionen nicht verändert.[129]

Die *Fremdkapitalkosten* können einfach ermittelt werden, da Zahlungen an die Fremdkapitalgeber in Form von Zinsen und Nebenkosten vertraglich fixiert sind, so dass ein gewichtetes Mittel aller Fremdkapitalzinssätze (meist die erwartete Rendite über ihre Restlaufzeit) im Unternehmen gebildet werden kann.[130] Allerdings existieren besonders in breit diversifizierten Unternehmen eine Vielzahl unterschiedlicher Arten von Fremdkapital mit verschiedenen Laufzeiten und Zahlungsmodalitäten, die auf verschiedene Geschäftsbereiche aufgeschlüsselt werden müssen, was die Bestimmung der Fremdkapitalkosten erschwert.[131] Der Steuerkorrekturfaktor $(1 - \tau)$ berücksichtigt den Effekt, dass die Fremdkapitalaufnahme dem Unternehmen einen Steuervorteil (Tax Shield) verschafft, da die Zinszahlungen das zu versteuernde Einkommen reduzieren.[132] Dieser Korrekturfaktor entfällt bei der Bestimmung der Kapitalkosten, wenn der *Free Cash Flow* (FCF)[133] unter Berücksichtigung tatsächlich angefallener Steuerzahlungen berechnet wird. Der Steuervorteil wird dann mit den angefallenen Unternehmenssteuern bereits verrechnet, so dass die Steuergutschrift im FCF berücksichtigt ist.[134] Eine solche Nach-Steuer-Betrachtung ist besonders in Konglomeraten sinnvoll, da jedes Geschäftsfeld aus Investorensicht bewertet werden sollte, als ob es eigenständig wäre. Eine mögliche Steuer-Quersubventionierung zwischen Geschäftsfeldern, die die Werte verzerren und so zu Fehlallokation von Kapital führen könnte, wird so vermieden.[135]

---

[129] Vgl. Copeland, T., et al., Unternehmenswert, 1998, S. 262 f.
[130] Vgl. Bötzel, S./Schwilling, A., Wertmanagement, 1998, S. 78;Copeland, T., et al., Unternehmenswert, 1998, S. 380 und S. 270 f.
[131] Vgl. Freygang, W., Kapitalallokation, 1993, S. 156.
[132] Vgl. Bötzel, S./Schwilling, A., Wertmanagement, 1998, S. 78.
[133] Zum Cash-Flow-Begriff vgl. *Kap.3.3.2.*
[134] Vgl. Pfingsten, F., Shareholder-Value, 1998, S. 47.
[135] Vgl. Bötzel, S./Schwilling, A., Wertmanagement, 1998, S. 79-80 sowie *Kapitel **5.2**.*

Die *Eigenkapitalkosten* werden mit den im folgenden dargestellten Modellen berechnet. Diesen Modellen liegen Prämissen zugrunde, die in der Praxis kaum zu erfüllen sind. Die Validität der Modelle ist zwar bisher empirisch nicht eindeutig belegt, jedoch wird dieser Nachteil bewusst in Kauf genommen, da in der Praxis dem Unternehmensziel Marktwertmaximierung der Vorrang vor einer Lockerung der Prämissen eingeräumt wird.[136] Im besonderen wird aufgrund der Praxisrelevanz auf das CAPM eingegangen und dabei die Möglichkeiten der Berechnung von divisionalen Eigenkapitalkostensätzen erläutert.

3.2.2 CAPITAL ASSET PRICING MODEL

Der Preis einer einzelnen Vermögensanlage ergibt sich im Kapitalmarktgleichgewicht als von den Anlegern geforderte Rendite aus dem CAPM, welches von *Sharpe (1963)*, *Lintner (1965)* und *Mossin (1966)* unabhängig voneinander entwickelt wurde.[137] Das CAPM stellt den Zusammenhang zwischen den Renditen unsicherer Wertpapiere und ihrem Risiko her:[138]

(6) $$E(R_i) = R_f + \beta_i [E(R_M) - R_f]$$

mit: $E(R_i)$ = Erwartete Rendite der Anlagemöglichkeit i
R_f = Risikoloser Zinssatz
β_i = Beta-Faktor (systematisches Risko) der Anlagemöglichkeit i
$E(R_M)$ = Erwartete Rendite des Marktportefeuilles

Die erwartete (geforderte) Rendite eines riskanten Wertpapiers i setzt sich demnach aus dem risikolosen Zinssatz (meist der Zinssatz langfristiger Staatsanleihen) und einer Prämie für die Übernahme des Risikos dieses Wertpapiers (Risikoprämie = $\beta_i[E(R_M) - R_f)]$ zusammen. $E(R_i)$ sind die Opportunitätskosten der Anleger bzw. die Eigenkapitalkosten (r_E) des Unternehmens.[139] Der Gleichgewichtspreis einer Investition resultiert aus der Abzinsung (Diskontierung) der erwarteten künftigen Zahlungen aus der Investition auf Basis der erwarteten Rendite.[140]

---

136 Vgl. Weinberger, J., Mischkonzern, 1993, S. 97.
137 Vgl. Sharpe, W.F., Capital, 1963, S. 425-442; Zimmermann, P., Prognose, 1997, S. 16.
138 Vgl. Sharpe, W.F., Capital, 1963, S. 425-442.
139 Vgl. *Kapitel 3.2.1*; Mandl, G./Rabl, K., Unternehmensbewertung, 1997, S. 289-291.
140 Vgl. Weinberger, J., Mischkonzern, 1993, S. 101.

Das CAPM zerlegt das Gesamtrisiko einer Anlagemöglichkeit in eine systematische und eine unsystematische Komponente. Da das unsystematische Risiko durch Diversifikation vermeidbar ist, wird unterstellt, dass der Markt das unsystematische Risiko nicht vergütet, so dass die Renditeforderungen der Eigenkapitalgeber nur vom systematischen Risiko (Marktrisiko, Beta) beeinflusst werden.[141] Der Risikofaktor β_i einer Anlage *i* gibt an, wie stark die Rendite (R_i) des Unternehmens *i* mit Veränderung der Marktrendite schwankt: β_i = cov (R_i,R_M)/var (R_M).[142] Definitionsgemäß ist bei einem Beta von 1 die erwartete Rendite gleich der Marktrendite [$E(R_i) = E(R_M)$ *für* $\beta_i = 1$]. Die Marktrendite leitet sich üblicherweise aus auf nationalen oder auf börsennotierten Aktienwerten basierenden Marktindizes ab.[143] Zwischen der Renditeerwartung und der Marktrendite besteht ein linearer Zusammenhang, der durch den Beta-Faktor determiniert wird (siehe *Darstellung 5*): Steigt (sinkt) die Marktrendite um eine Einheit, steigt (sinkt) die Renditeerwartung für Anlage *i* um β_i Einheiten.

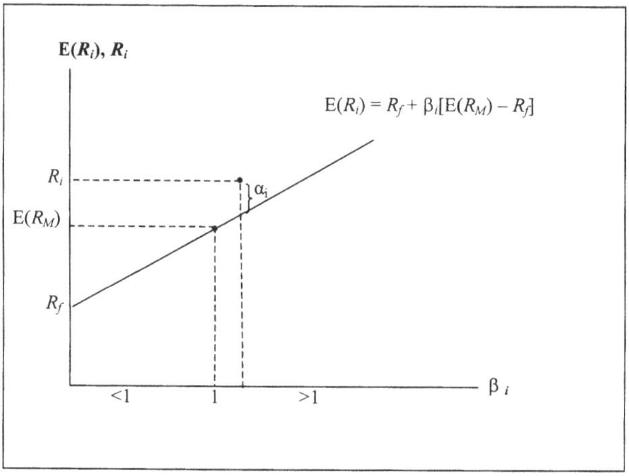

***Darstellung 5**: Security Market Line*
(Quelle: In Anlehnung an Bodie, Z./Kane, A./Marcus, A.J, Investments, 1996, S. 248.)

Ist die tatsächlich beobachtbare Rendite (R_i) einer Anlage höher (niedriger) als die erwartete Rendite nach dem CAPM, besitzt die Anlagemöglichkeit ein positives (negatives) Alpha (α_i). Alpha wird als abnormale Rendite bezeichnet, welche die erwartete Modellrendite übersteigt.[144]

141 Vgl. *Kapitel 2.3;* Mandl, G./Rabl, K., Unternehmensbewertung, 1997, S. 290-291.
142 Vgl. Bodie, Z./Kane, A./Marcus, A.J, Investments, 1996, S. 238.
143 Vgl. Raster, M., Shareholder-Value-Management, 1995, S. 73.
144 Vgl. Bodie, Z./Kane, A./Marcus, A.J., Investments, 1996, S. 238.

Die Mängel des CAPM resultieren aus den *restriktiven Annahmen*, wovon die wichtigsten im folgenden aufgeführt sind:[145] *(A1)* Alle Anleger am Kapitalmarkt verhalten sich gemäß dem Kalkül der Portfolio-Theorie. Es gelten somit die Annahmen in *Kapitel 2.3.*; *(A2)* Am Kapitalmarkt herrscht eine atomistische Nachfragestruktur, d.h. alle Anleger sind Preisnehmer; *(A3)* Alle Anleger haben homogene Erwartungen (identische Schätzungen bezüglich Erwartungswerten und Varianzen) und der Kapitalmarkt ist informationseffizient, d.h. Informationen stehen allen Anlegern kostenlos zur Verfügung; *(A4)* Der Kapitalmarkt ist im Gleichgewicht. Angebot und Nachfrage nach allen Anlagemöglichkeiten gleichen sich also aus. Unter diesen Voraussetzungen halten alle Anleger ein effizientes Portefeuille, das sich aus einem risikolosen Wertpapier und einem riskanten Portefeuille zusammensetzt. Die aggregierten Portefeuilles aller Anleger ergeben das Marktportefeuille.[146]

Die Kritik *am CAPM* richtet sich hauptsächlich gegen die Annahme der zunehmenden absoluten Risikoaversion aus dem Markowitz-Modell,[147] d.h. die verlangte Risikoprämie einer Anlage nimmt mit steigendem Vermögen zu, was in der Realität zu bezweifeln ist.[148] Darüber hinaus wurde in einer Untersuchung von *Fama/French (1992)* anhand einer Querschnittsregression nachgewiesen, dass zwischen Portefeuillerenditen und Beta kein signifikant positiver Zusammenhang besteht.[149] Die Zusammenhänge schwanken jedoch im Zeitablauf, so dass die Resultate vom gewählten Untersuchungszeitraum sowie vom Zeitraum der Renditeschätzungen abhängt.[150] Eine qualitative Verbesserung des CAPM kann durch Verwendung alternativer Risikomaße oder durch eine mehrperiodige Betrachtung erreicht werden (mehrperiodige CAPM-Versionen). Kritisiert wird nämlich, dass die Varianz, die das Gesamtrisiko der Anlage im CAPM beschreibt, das Risiko des Anlegers nicht adäquat beschreibt, da es nicht das *Downside-Risiko* (Realisierung einer Rendite unter der individuellen Referenzrendite des Anlegers) misst.[151] Risikomaße, die das Downside-Risiko messen oder gemessene Abweichungen unterschiedlich stark gewichten, sind unter anderem die *Semivarianz*, *Lower Partial Moments* und *Mean Absolute Deviation.*[152] Mehrperiodige CAPM-Versionen wie das *Intertemporal Capital Asset Pricing Model* (ICAPM) und das *Consumption Based Capital Asset Pricing Model* (CCAPM) berücksichtigen mehr als eine Planungsperiode des Anlegers,

---

145 Vgl. Zimmermann, P ., Prognose, 1997, S. 16-17; Mandl, G./Rabl, K., Unternehmensbewertung, 1997, S. 291.

146 Vgl. Bodie, Z./Kane, A./Marcus, A.J., Investments, 1996, S. 238-39.

147 Vgl. *Kapitel 2.3.*

148 Vgl. Zimmermann, P., Prognose, 1997, S. 33.

149 Vgl. Fama, E.F./French, K.R., Cross-section, 1992, S. 427-465.

150 Vgl. Vgl. Black, F., Beta, 1993, S. 9.

151 Vgl. Bawa, V.S./Lindenberg, E.B., Mean-Lower, 1977, S. 197-198.

152 Vgl. Zimmermann, P., Prognose, 1997, S. 30.

so dass Investitions- und Konsumentscheidungen berücksichtigt werden müssen.[153] Auf diese Modelle und Risikomaße wird jedoch im folgenden nicht näher eingegangen, sondern es werden Besonderheiten dargestellt, die es bei Konglomeraten (mit nicht börsennotierten Divisionen) zu berücksichtigen gilt.

Die **Wirkung von Fremdkapital und Steuern auf das systematische Risiko** wird durch folgende Gleichung beschrieben:[154]

(7) $$\beta_l = \beta_u \left[1 + (1-\tau)\frac{D_l}{E_l} \right]$$

mit:
- $\beta_l =$ Beta des verschuldeten Unternehmens (leveraged)
- $\beta_u =$ Beta des unverschuldeten Unternehmens (unleveraged)
- $\tau =$ Grenzsteuersatz des Unternehmens
- $\frac{D_l}{E_l} =$ Verschuldungsgrad (Debt/Equity)

Das systematische Risiko eines verschuldeten Unternehmens verringert sich aufgrund der steuerlichen Abzugsfähigkeit der Fremdkapitalzinsen, denn für $D_l/E_l > 0$ ist $\beta_l < \beta_u$. Des weiteren ist das systematische Risiko des verschuldeten Unternehmens höher als das systematische Risiko des vollständig eigenfinanzierten Unternehmens, da neben dem geschäftlichen Risiko (business risk, operating risk) das systematische Risiko des verschuldeten Unternehmens zusätzlich durch das Finanzierungsrisiko (financial risk, asset beta) beeinflusst wird.[155]

Eine Besonderheit bei Konglomeraten ist die Bestimmung von **divisionalen Eigenkapitalkostensätzen** (und damit auch von Sparten-Betawerten) durch Analogie- oder Analytische Ansätze, die notwendig ist, um nicht börsennotierte Divisionen mit unterschiedlichen Risiken auch unterschiedliche Kapitalkostensätze (divisional hurdle rates, divisional cost of capital) zuordnen zu können.[156] **Analogieansätze** versuchen über die Bestimmung börsennotierter Unternehmen, die mit der zu bewertenden Division bezüglich risikorelevanter Merkmale vergleichbar sind, Aussagen über die Höhe der divisionalen Eigenkapitalkosten

---

[153] Vgl. Zimmermann, P., Prognose, 1997, S. 28 f.

[154] Es wird hierbei unterstellt, dass die Fremdkapitalkosten dem risikolosen Zinssatz entsprechen. Vgl. Hamada, R.S., Portfolio, 1969, S. 19 f.

[155] Vgl. Freygang, W., Kapitalallokation, 1993, S. 208. Das operative Beta wird deshalb durch β_u ausgedrückt. β_l wird auch als *asset beta* bezeichnet.

[156] Vgl. Freygang, W., Kapitalallokation, 1993, S. 208 f. Die Ermittlung des zukünftigen systematischen Risikos (Beta) bei *börsennotierten Unternehmen* erfolgt in der Praxis durch die Schätzung einer Regressionsgleichung anhand historischer (R_M,R_i)-Wertepaare, die gegebenenfalls um autoregressive Tendenzen korrigiert werden.

zu treffen. In der Praxis werden von zahlreichen Institutionen veröffentlichte Branchen-Betawerte (industry-betas), Betawerte ausgewählter Referenzunternehmen (peer groups) und Betawerte einzelner Referenzunternehmen (pure plays) benutzt.[157] Bei der *Pure Play Technique* werden einzelne Referenzunternehmen für verschiedene Geschäftsbereiche ausgewählt, wobei objektive Kriterien (Branchenklassifizierung, Unternehmensgröße, Verschuldungsgrad etc.) und subjektive Einschätzungen des Managements (Wettbewerbspositionierung, Flexibilität etc.) eine Rolle spielen. Da wie oben gezeigt der Verschuldungsgrad Einfluss auf die Höhe des systematischen Risikos hat, muss bei unterschiedlichen Kapitalstrukturen und Grenzsteuersätzen eine Bereinigung der Referenz-Betawerte vorgenommen werden. Das Spartenbeta β_{us} ergibt sich durch Umstellung von *Gleichung (7)* folgendermaßen:[158]

(8)
$$\beta_{us} = \frac{\beta_l}{1+(1-\tau)\frac{D_l}{E_l}}$$

Diese Vorgehensweise der Ermittlung von Spartenbetas ist fragwürdig, da Finanzierungsentscheidungen ohnehin im Mutterunternehmen gefällt werden und so ein einheitlicher Verschuldungsgrad angebrachter wäre.[159] Problematisch bei der Pure Play Technique ist weiterhin die Branchenzuordnung der Sparte sowie das Finden geeigneter Unternehmenstypen.[160]

Analytische Ansätze zur Bestimmung von Eigenkapitalkosten leiten das systematische Marktrisiko aus theoretischen Erklärungsvariablen (Operating Leverage, Cash Flow-Volatilität, Preisrisiko, Zinsänderungsrisiko etc.) und datenanalytisch fundierten Erklärungsvariablen (Gewinnbetawerten, buchhalterischen Betawerten, Fundamentalbetawerten) ab.[161]

Mit dem *Operating Leverage* (OL, Verhältnis fixe zu variablen Kosten) zum Beispiel kann ein theoretisch begründeter Zusammenhang zum systematischen Marktrisiko hergeleitet werden. Aufgrund der inflexibleren Beschäftigungsstruktur bei Unternehmen mit vergleichsweise hohem Fixkostenanteil ist a priori eine positive Beziehung zwischen OL und Beta zu erwarten.[162]

---

[157] Puxty, A.G./Dodds, J.C., Management, 1991, S. 286.

[158] Hier wird ebenso wie bei *Gleichung (7)* von risikofreiem Fremdkapital des Unternehmens ausgegangen. Vgl. Copeland, T., et al., Unternehmenswert, 1998, S. 282 f.

[159] Vgl. Hamada, R.S., Portfolio, 1969,S. 28 f.

[160] Vgl. Raster, M., Shareholder-Value-Management, 1995, S. 89-90; Freygang, W., Kapitalallokation, 1993, S. 271.

[161] Vgl. Foster, G., Financial, 1986, S. 342 f.

[162] Vgl. Lev, B., Operating, 1974, S. 630 f.; Freygang, W., Kapitalallokation, 1993, S. 275-279.

Bei der datenanalytisch fundierten Erklärungsvariable *Gewinnbetawert* wird dagegen aus einer statistisch beobachtbaren Gewinnwachstumsrate ($\hat{c}$), sowie den Regressionsparametern λ_0 und λ_1 eine lineare Abhängigkeit des geschätzten Beta-Faktors $\hat{\beta}$ ermittelt:

(9) $$\hat{\beta} = \lambda_0 + \lambda_1 \hat{c}$$

Nach einer empirischen Ermittlung der Regressionsparameter kann dann durch Einsetzen der individuellen Wachstumsrate der Sparte das Spartenbeta $\hat{\beta}$ geschätzt werden. Problematisch bei der Anwendung dieser analytischen Methode ist vor allem die Zukunftsorientierung der Schätzparameter. Entscheidend sind Umsatz- und Konjunkturprognosen und die *erwartete* Korrelation mit dem Markt, nicht die historische.[163]

Fundamentalbetas (abgeleitet aus dem fundamentalen Charakter des Unternehmens) können dieses Problem zwar teilweise lösen, indem alle möglichen Informationen über Unternehmens- und Umweltveränderungen und deren Auswirkungen auf den Aktienkurs berücksichtigt werden. Problematisch ist hier jedoch die Beschaffung der Spartendaten aus der Vergangenheit bzw. aus den Prognosen für die Zukunft.[164] Wegen der Vergangenheitsorientierung und der generellen Frage ob Daten für Sparten ermittelt werden können, sollten analytische Methoden den Analogiemethoden vorgezogen werden.[165]

Neben den Analogie-Ansätzen und den analytischen Ansätzen existiert aufgrund der Komplexität dieser Methoden ein pragmatischer Ansatz zur Bestimmung von Sparten-Betawerten: die **Portfolio-basierte Schätzung**. Ziel ist es hierbei, durch Einschätzung der Risikounterschiede zwischen Gesamtunternehmen und Sparten eine Prognose für die Abweichung der Kapitalkosten zu erstellen. *Fama/French (1992)* folgern aus niedrigen Ertragsperspektiven einen niedrigen Marktwert des Eigenkapitals, was höhere Kapitalkosten bedingt und vice versa. Außerdem zeigen sie einen positiven Zusammenhang zwischen den Renditeerwartungen der Aktionäre und der Unternehmensgröße, ausgedrückt in der Marktkapitalisierung (bzw. Wiederbeschaffungswert der Sparte bei nicht börsennotierten Unternehmensteilen) auf. Kleinere Unternehmen müssen aus Sicht der Anteilseigner deshalb höhere Renditen erwirtschaften als größere.[166]

[163] Vgl. Steiner, M./Bauer, C., Analyse, 1992, S. 348.
[164] Vgl. Raster, M., Shareholder-Value-Management, 1995, S. 90-91.
[165] Vgl. Raster, M., Shareholder-Value-Management, 1995, S. 91.
[166] Fama, E.F./French, K.R., Cross-section, 1992, S. 427-465.

Perspektiven \ Wiederbeschaffungswert	hoch	mittel	niedrig
gut	β – 30 %	β – 20 %	β – 10 %
mittel	β – 10 %	β	β + 10 %
schlecht	β + 10 %	β + 20 %	β + 30 %

Darstellung 6: *Portfolio-basierte Schätzung von Sparten-Betawerten (Quelle: Raster, M., Shareholder-Value-Management, 1995, S. 96)*

Es kann deshalb durch Prognose und Clusterung von Ertragsaussichten und Wiederbeschaffungswerten von Sparten eine Adjustierung des Gesamtunternehmens-Betas (β) vorgenommen werden, die in *Darstellung 6* ersichtlich ist.[167] Eine alternative qualitative Risikoeinschätzung kann auch durch eine Expertenbefragung (meist Divisionsmanager) erfolgen, welche in einem *qualitativen Kriterienraster* bestimmte Risikotreiber (z.B. Zyklizität des Geschäftes, Schnelligkeit des technischen Fortschritts, Attraktivität der Branche, Wettbewerbsposition und –barrieren, Kapitalintensität, Kapitalstruktur etc.) anhand einer kardinalen oder ordinalen Skala einschätzen.[168]

3.2.3 ARBITRAGE PRICING THEORY

Die Arbitrage Pricing Theory (APT) kann als multifaktorielle Variante des CAPMs betrachtet werden. Sie berechnet die Renditen risikobehafteter Anlagen nicht monokausal bezüglich des *einen* Faktors Marktportefeuille (wie im CAPM), sondern anhand unterschiedlicher systematischer Faktoren $F_1, F_2, \ldots F_k$ (Fundamentalfaktoren).[169] Die Eigenkapitalkosten bzw. die erwartete Rendite einer risikobehafteten Vermögensanlage $E(R_i)$ bestimmen sich danach wie folgt:[170]

(10) $$E(R_i) = R_f + \sum_{j=1}^{k} \beta_{ij}\left[E(R_{Fj}) - R_f\right]$$

167 Vgl. Raster, M., Shareholder-Value-Management, 1995, S. 94-96.

168 Vgl. dazu Lewis, T.G., Total- Value-Management, 1994, S. 86; Bötzel, S./Schwilling, A., Wertmanagement, 1998, S. 77.

169 Vgl. Roll, R./Ross, S.A., Arbitrage, 1980, S. 1076.

170 Vgl. Copeland, T., et al., Unternehmenswert, 1998, S. 284; Betsch, O./Groh, A./Lohmann, L., Corporate Finance, 1998, S. 75-77.

mit β_{ij} = Sensitivität der Aktienrendite gegenüber dem *j*-ten Faktor
$E(R_{Fj})$ = Erwartete Rendite eines Portfolios mit *k* Faktoren, das vom *j*-ten Faktor abhängt und unabhängig von allen anderen Faktoren ist

Empirische Überprüfungen ergaben, dass fünf Faktoren die Rendite und ihren jeweiligen Einflußgrad Beta ausreichend bestimmen können: Der Index der industriellen Produktion, der kurzfristige Realzins, die kurzfristige Inflation, die langfristige Inflation und das Ausfallrisiko langfristiger Industrieanleihen.[171]

Die Herleitung der Arbitrage Pricing Theory basiert auf der Erkenntnis, dass bei gleichgewichtigem Kapitalmarkt kein risikoloser Arbitragegewinn erzielt werden kann (Arbitragefreiheit).[172] Vorteil der APT gegenüber dem CAPM ist, dass bei der APT keine Annahmen über die Risikonutzenfunktion und Risikoeinstellung der Anleger notwendig ist, dass beliebige Verteilungen der Anlagerenditen zugelassen werden können und vor allem, dass mehrere Faktoren bei der Erklärung von Renditen berücksichtigt werden.[173] Dies führt zu erheblichen Differenzen zwischen APT-basierten und CAPM-basierten Eigenkapitalkosten. So sind zum Beispiel die Eigenkapitalkosten für Erdölunternehmen und Banken nach der APT signifikant höher als die CAPM-basierten Eigenkapitalkosten, da Unternehmen in diesen Branchen viel stärker auf unerwartete Änderungen der Inflation (Banken) und der Rohstoffpreise (Ölindustrie) reagieren.[174] Eine Reihe von empirischen Tests ergab, dass die Arbitrage Pricing Theory zu besseren Resultaten führt als das CAPM.[175]

---

171 Vgl. Roll, R./Ross, S.A., Arbitrage, 1980, S. 1088 f.; Copeland, T., et al., Unternehmenswert, 1998, S. 284-285.
172 Vgl. Zimmermann, P., Prognose, 1997, S. 35.
173 Vgl. Zimmermann, P., Prognose, 1997, S. 35.
174 Vgl. Copeland, T., et al., Unternehmenswert, 1998, S. 287-289.
175 Vgl. z. B. Chan, K.C./Chen, N.F./Hsieh, D.A., Investigation, 1991; Chen, N.F./Roll, R./Ross, S., Forces, 1986.

Problematisch ist das Mehrfaktorenmodell deshalb, weil nicht festgelegt wird *welche* und *wie viele* Faktoren bewertungsrelevant sind.[176] Dies erfordert eine weitergehende Bestimmung und präzisere Beschreibung der systematischen Risikofaktoren. Der Mehrbedarf an Informationen und die komplexere Berechnungsweise haben dem APT in der Praxis deswegen noch nicht zum Durchbruch verholfen.[177]

3.2.4 OPTION PRICING MODEL

Das CAPM kann nicht für die Bewertung zukünftiger, *zustandsabhängiger* Zahlungen verwendet werden.[178] Die Berechnung des Barwerts zukünftiger Einzahlungen erfolgt im CAPM durch die Abzinsung der Erwartungswerte zukünftiger Einzahlungsüberschüsse. Da es von gegebenen Erwartungswerten ausgeht, unterstellt das CAPM, dass mit dem Investitionsprojekt verbundene optimale Handlungen für verschiedene Umweltzustände a priori bereits festgelegt (bekannt) sind, so dass Handlungsspielräume ignoriert und der ermittelte Kapitalwert unter dem "wahren Wert" der Investition liegen kann.[179] In der Unternehmensbewertung wird deswegen als alternatives Bewertungsmodell, die Optionspreistheorie, herangezogen. Handlungsspielräume im Leistungsbereich werden hier mit Realoptionen bewertet.[180] Dieses Modell kann auch zur Bestimmung der Eigenkapitalkosten eines Unternehmens benutzt werden.[181]

Für die Bestimmung des Gleichgewichtspreises finanzwirtschaftlicher Optionen wird in der Praxis das Optionspreismodell von *Black/Scholes (1972, 1973)* verwendet.[182] Der Wert eines Calls (C_0, Kaufoption) bestimmt sich dabei folgendermaßen:[183]

---

176 Vgl. Copeland, T., et al., Unternehmenswert, 1998, S. 287-289; Vgl. Zimmermann, P., Prognose, 1997, S. 37.

177 Vgl. Raster, M., Shareholder-Value-Management, 1995, S. 80.

178 Vgl. Weinberger, J., Mischkonzern, 1993, S. 103.

179 Vgl. Laux, C., Optionspreistheorie, 1993, S .933.

180 Vgl. Weinberger, J., Mischkonzern, 1993, S. 103 f.; Laux, C., Optionspreistheorie, 1993, S. 933.

181 Vgl. Raster, M., Shareholder-Value-Management, 1995, S. 81.

182 Vgl. Perridon, L./Steiner, M., Finanzwirtschaft, 1995, S. 175.

183 Vgl. Bodie, Z./ Kane, A./ Marcus, A.J., Investments, 1996, S. 662; Eine finanzwirtschaftliche Verkaufsoption gibt dem Inhaber das Recht, das zugrundeliegende Wertpapier zu bestimmten Konditionen und innerhalb einer bestimmten Zeitspanne zu kaufen: Vgl. dazu Black, F./Scholes, M., Options, 1973, S. 637.

(11) $$C_0 = S_0 \mathrm{N}(h) - X e^{-R_f T} \mathrm{N}\left(h - \sigma\sqrt{T}\right)$$

mit $h = \dfrac{\ln(S_0/X) + \left(R_f + \sigma^2/2\right)T}{\sigma\sqrt{T}}$

S_0 = Kurs der Aktie
$\mathrm{N}(h)$ = Fläche unter der Standardnormalverteilungsdichtefunktion von $-\infty$ bis h
X = Basispreis für die Ausübung der Option
R_f = risikoloser Zinssatz
σ = annualisierte Standardabweichung logarithmischer Aktienkursveränderungen
T = Restlaufzeit der Option

Dieser Formel liegen eine Reihe von Annahmen zugrunde wie die Nichtexistenz von Transaktionskosten, die Annahme der Konstanz des Marktzinses r im Zeitablauf, die Zulassung von Leerverkäufen, keine Zulassung von Dividendenausschüttungen, sowie die Annahme, dass es sich um eine europäische Option handelt, d.h. die Option kann nur am Ende ihrer Laufzeit ausgeübt werden.[184]

Der Marktwert des Eigenkapitals (E^M) ergibt sich durch Gewichtung des Marktwerts des Gesamtkapitals (V^M) und dem Buchwert des Fremdkapitals (D) mit N(h):[185]

(12) $$E^M = V^M \mathrm{N}(h) - e^{-R_f T} D\mathrm{N}\left(h - \sigma\sqrt{T}\right)$$

Die Kosten des Eigenkapitals (r_E) bestimmen sich dann aus:

(13) $$r_E = R_f + \mathrm{N}(d)\left(\theta - R_f\right)\frac{V^M}{E^M},$$

wobei θ die durchschnittliche Investitionsrendite des Unternehmens bezogen auf das Gesamtkapital ist.[186]

Der Wert einer Realoption ist im allgemeinen um so höher, je innovativer ein Produkt ist, und je höher die Markteintrittsbarrieren für Konkurrenten sind, d.h. je weniger die Option mit Konkurrenten geteilt werden muss. Denn führt die Konkurrenz das neue Produkt als erste ein, reduziert dies den heutigen Wert der gleichen Realoption für den Inhaber, der diese (noch) nicht ausgeübt hat. Im

---

184 Vgl. dazu ausführlich Black, F./Scholes, M., Options, 1973, S. 640.
185 Vgl. Weinstein, M.I., Option, 1983, S. 1416.
186 Raster, M., Shareholder-Value-Management, 1995, S. 82.

Rahmen der Unternehmensbewertung bzw. Investitionsbewertung kommen jedoch nur exklusive (einzigartige) Realoptionen in Betracht.[187]

Optionspreismodelle zur Bestimmung der Kapitalkosten haben sich aufgrund der rigiden Marktannahmen des Modells und der komplexen Entscheidungs- und Bewertungskalküle in der Praxis nicht durchsetzen können, gelten jedoch als zukunftsträchtig und weiterführend hinsichtlich der strategischen Analyse von Unternehmen.[188]

Im Rahmen der weitergehenden Unersuchungen wird ausschließlich auf das CAPM zur Bestimmung der Eigenkapitalkosten der Unternehmen zurückgegriffen, da es das in der Praxis am weitesten verbreitete Verfahren ist und die Datenbeschaffung (vor allem der Betawerte) durch die Veröffentlichungen vieler Institute erleichtert wird.

3.3 VERGLEICHENDE DARSTELLUNG MARKTWERTORIENTIERTER BEWERTUNGS- UND STEUERUNGSMETHODEN

3.3.1 ÜBERBLICK

Im folgenden Kapitel werden Methoden der marktwertorientierten Bewertung und Steuerung von Unternehmen dargestellt (vgl. fett eingerahmte Kästen in *Darstellung 7*), die sowohl auf Ansätzen des Shareholder-Value-Managements (aufbauend auf der Finanzierungstheorie) als auch auf Ansätzen der Unternehmensbewertungslehre basieren. Diese Methoden werden als *interne* Lenkungsinstrumente der Unternehmenssteuerung (insbesondere zur Steuerung von konglomeraten Geschäftsbereichen) sowie zur *externen* Unternehmensbewertung aus Finanzierungsanlässen herangezogen.[189]

Liquidations- und Substanzwertverfahren sowie zum Teil auch Mischverfahren zur Bestimmung des Unternehmenswertes (*Asset Approach*) basieren nicht auf marktwertorientierten Größen und werden im Rahmen dieser Arbeit nicht be-

---

[187] Vgl. Laux, C., Optionspreistheorie, 1993, S. 955 f.
[188] Vgl. Raster, M., Shareholder-Value-Management, 1995, S. 82.
[189] Vgl. *Kapitel 1.2* sowie *Darstellung 2* und *Darstellung 7*.

trachtet.[190] Ebenfalls werden reine marktorientierte Verfahren wie der *Stock and Debt Approach*[191] und der *Direct Comparison Approach*[192] aufgrund der Irrelevanz der Methoden im Rahmen der Unternehmenssteuerung und Unternehmensfinanzierung nicht weiter verfolgt.[193]

Das *Ertragswertverfahren* findet zwar in der deutschen Unternehmensbewertungspraxis häufig Verwendung[194], jedoch zählt das Verfahren nicht zu den kapitalmarktorientierten Modellen, da es die Opportunitätskosten der Anteilseigner (die theoretisch wegen der Unkenntnis der Risikonutzenfunktion nicht bekannt sind) durch einen landesüblichen Zins zuzüglich einer subjektiven Risikogewichtung annähert und nicht wie im CAPM über die Kapitalmarktrendite, welche als beste Mittelverwendung eines Bewertungssubjektes gilt.[195] Das Ertragswertverfahren wird deshalb im folgenden nicht weiter betrachtet.

Multiplikatormethoden (Market Multiples) basieren zwar ebenfalls wie der Stock and Debt Approach und der Direct Comparison Approach auf dem Börsenpreis der Unternehmen, der unter der rigiden Annahme eines effizienten Ka-

---

190 Das *Liquidationsverfahren* bewertet einzeln die Vermögens- und Schuldenteile eines Unternehmens unter der Annahme der Zerschlagung und berechnet durch Addition den Gesamtunternehmenswert. Das *Substanzwertverfahren* analysiert die Kosten des Unternehmens und berechnet den Reproduktionswert unter Berücksichtigung des technischen und finanziellen Abbaus. Vgl. Piltz, D.J., Unternehmensbewertung, 1994, S. 31 f.

191 Nach dem *Stock and Debt Approach* ergibt sich nämlich der Marktwert des Unternehmens aus der Summe der Börsenwerte aller ausstehenden Wertpapiere (= Summe der Marktwerte von Eigenkapital und Fremdkapital) unter der Annahme, dass der Börsenwert des Unternehmens *alle* Informationen des Unternehmens und seiner Umwelt wiederspiegelt und somit ein guter Indikator für den "wahren Wert" *(Fair Market Value)* des Unternehmens darstellt. Vgl. dazu Cornell, B., Valuation, 1993, S. 35.

192 Der *Direct Comparison Approach* leitet den Unternehmenswert von nicht-börsennotierten Unternehmen aus dem Marktwert von börsennotierten Unternehmen ab. Vgl. dazu Cornell, B., Valuation, 1993, S. 56.

193 Diese Ansätze werden vornehmlich zur Bewertung von Unternehmenstransaktionen verwendet, und das Ergebnis ist ein potentieller Marktpreis, der bei der Veräußerung des bewerteten Unternehmens auf einem bestimmten Markt erzielt werden kann. Vgl. dazu Mandl, G./Rabl, K., Unternehmensbewertung, 1997, S. 43.

194 *DCF-Verfahren* werden jedoch nach einer Erhebung von *Peemöller, H./ Bömelburg, P./ Denkmann, A. (1994 ,S. 741 f.)* häufiger von Unternehmensberatungen (57 % der befragten Unternehmen) und Investmentbanken (46 %) angewandt, und die zunehmende Dominanz dieser Institute in Deutschland, insbes. in einem stark wachsenden M&A-Markt, sowie verbesserte Rahmenbedingungen bezüglich einer stärkeren Ausrichtung auf den Kapitalmarkt (Kapitalmarktförderungsgesetze), erhöhen den Druck auf andere Institute ebenfalls marktorientierte Verfahren anzuwenden. Vgl. dazu Ballwieser, W., Unternehmensbewertung, 1995, S. 120.

195 Vgl. Böcking, H.-J./Nowak, K., Typisierungsproblematik, 1998, S. 685-690.

pitalmarktes[196] nicht zwangsläufig den objektiven Mittelwert der Einschätzung der Marktteilnehmer widerspiegelt. Jedoch sind Multiplikatormethoden gerade bei diversifizierten Unternehmen, in welchen Geschäftsbereiche nicht börsennotiert sind, sinnvoll einsetzbar und werden im folgenden behandelt.[197] Multiplikator-Verfahren ermitteln den Marktwert des Unternehmens pragmatisch meist über gewinnbereinigte Erträge multipliziert mit einem branchentypischen Multiplikator.[198]

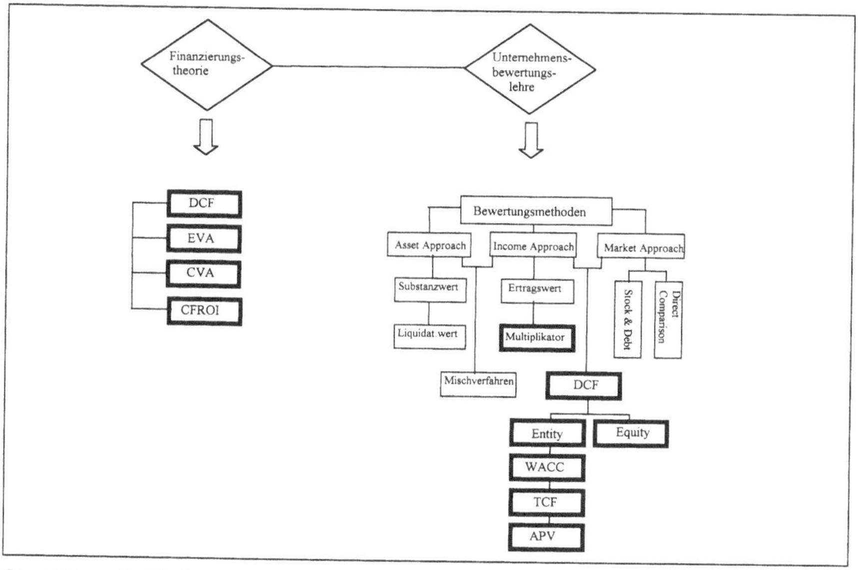

***Darstellung** 7: Marktwertorientierte Bewertungs- und Steuerungsmethoden*

196 Auf eine ausführliche Darstellung der *Informationseffizienz* (IE) von Kapitalmärkten wird hier verzichtet. Vgl. dazu z. B. Bodie, Z./Kane, A./Marcus, A.J., Investments, 1996, S. 338-384, sowie *Kapitel 3.1.2.* Strenge IE liegt vor, wenn im Börsenkurs alle (auch nichtöffentliche) Informationen berücksichtigt sind, während bei der halb-strengen IE nur öffentliche Informationen enthalten sind und in der schwachen IE nur Informationen über vergangene Kursentwicklungen. Aufgrund von Marktfriktionen kommt die strenge IE In der Praxis nicht vor.

197 Vgl. Kaplan, S.N./Ruback, R.S., Market, 1995, S. 45 f.

198 Vgl. Betsch, O./Groh, A./Lohmann, L., Corporate Finance, 1998, S. 170.

3.3.2 DISCOUNTED-CASH-FLOW-METHODEN

3.3.2.1 Cash-Flow-Abgrenzung und -Prognose

Discounted-Cash-Flow-Methoden diskontieren erwartete Zahlungsmittelüberschüsse und eignen sich deshalb besonders für Gesellschaften, bei denen davon auszugehen ist, dass sich deren zukünftige Entwicklung wesentlich von der vergangenen unterscheidet.[199] Als Zahlungsmittelüberschuss wird nicht der Cash Flow aus dem handelsrechtlichen Jahresabschluss zugrundegelegt, der durch Addition nicht auszahlungswirksamer Aufwendungen und Subtraktion nicht einzahlungswirksamer Erträge (vereinfacht als Summe aus Jahresüberschuss, Abschreibungen und Rückstellungen) entsteht. Ersatz- (Abschreibungen) und Erweiterungsinvestitionen entsprechend der Investitionspläne der Unternehmung werden außer acht gelassen, weshalb er nicht den Zielsetzungen der wertorientierten Unternehmenssteuerung entspricht.[200] Der aus der Perspektive des Shareholder-Value-Managements für Zahlungen an die Eigen- und Fremdkapitalgeber zur Thesaurierung oder Ausschüttung oder Schuldentilgung frei zur Verfügung stehende *Free Cash Flow (FCF)* muß darüber hinaus eine Größe *nach* Steuern und *vor* Fremdkapitalzinsen sein, wie die *direkte Ermittlung* des FCF zeigt:[201]

(Umsatz-)Einzahlungen
- Laufende operative (betriebliche) Auszahlungen
= **Operativer Cash Flow**[202]
- Steuerzahlungen bezogen auf den betrieblichen Cash Flow
- Investitionsauszahlungen auf das *Net Working Capital (NWC)*[203]
- Investitionsauszahlungen auf das Anlagevermögen
= **(Operativer) Free Cash Flow (FCF)**

---

199 Vgl. Betsch, O./Groh, A./Lohmann, L., Corporate Finance, 1998, S. 162.

200 Vgl. Freygang, W., Kapitalallokation, 1993, S. 152.

201 Vgl. Hachmeister, Discounted, 1994, S. 61; Copeland, T., et al., Unternehmenswert, 1998, S. 160 f. *FCF-Begriffe* werden in der Literatur unterschiedlich definiert, je nachdem wofür der Cash Flow "frei" ist. Einige Autoren bereinigen den FCF bereits um Zinszahlungen und Tilgungen. Vgl. Bühner, R., Shareholder-Value-Report, 1994a, S. 16 f.

202 *Betriebliche Auszahlungen* können z.B. sein: Material- und Personalaufwand, sonstige betriebliche Aufwendungen, negatives Beteiligungsergebnis. *Betriebliche Einzahlungen* umfassen u.a. Umsatzerlöse, sonstige betriebliche Erträge, positives Beteiligungsergebnis, Bestandsveränderungen an Pensionsrückstellungen, Steuerrückstellungen, sonstigen Rückstellungen, aktive und passive Rechnungsabgrenzungen. Vgl. Bühner, R., Shareholder-Value-Report, 1994a, S. 16 f. Zu einer genauen Finanzierungsrechnung zur Bestimmung des FCF vgl. *Kapitel 5.2.*

203 Das *Net Working Capital* (Netto-Umlaufvermögen) umfasst das Umlaufvermögen der nicht zinszahlenden Verbindlichkeiten (Lieferantenkredite, Rückstellungen sowie erhaltene Anzahlungen).

Der so zu ermittelnde Free Cash Flow ist ein FCF *nach* Steuern und *vor* (Fremdkapital-) Zinsen und Tilgungszahlungen, der nach der Entity-Methode

	Net Sales(NS)[204]		**Umsatzerlöse**
-	Cost of Goods Sold	-	Herstellkosten der zur Erzielung der Umsatzerlöse erbrachten Leistungen
-	SG&A Expenses (Selling, General and Administrative Expenses)	-	Verwaltungs- & Vertriebskosten, sonst. betriebliche Aufwendungen, sonst. ordentliche Erträge
=	**EBITDA** (Earnigs Before Interest, Taxes and Depreciation)	=	**Gewinn vor Abschreibungen, Zinsen und Steuern**
-/+	Depreciation & Amortisation	-/+	Ab-/Zuschreibungen auf das Anlagevermögen
=	**EBIT** (Earnings Before Interest and Taxes)	=	**Gewinn vor Zinsen und Steuern (≈ Betriebsergebnis)**[205]
-	Cash Taxes on EBIT (Adjusted Taxes)	-	Adaptive Steuerzahlungen[206]
=	**NOPLAT** (Net Operating Profit Less Adjusted Taxes)	=	**Operatives Ergebnis vor Zinsen und nach adaptiven Steuern**
+/-	Depreciation & Amortisation	+/-	Ab-/Zuschreibungen auf das Anlagevermögen und Δ langfristige Rückstellungen
=	**Gross Operating Cash Flow**	=	**Operativer Brutto Cash Flow**
-/+	Δ NWC (Net Working Capital)	-/+	Δ Netto-Umlaufvermögen
-/+	Capex (Capital Expenditure)	-/+	Investitionsausgaben in das Anlagevermögen
=	**(Operating) Free Cash Flow**	=	**(Operativer) Free Cash Flow**

Die zu Prognosezwecken benutzten Werttreiber schätzen den Free Cash Flow wie folgt:

$\mathbf{FCF}_t$ = [Umsatz$_{t-1}$ · (1 + Umsatzwachstumsrate) × Umsatzrentabilität × (1 – Gewinnsteuersatz auf EBIT)] – [Umsatz$_{t-1}$ × Umsatzwachstumsrate × Netto-Investitionsrate in NWC] – [Umsatz$_{t-1}$ × Umsatzwachstumsrate × Netto-Investitionsrate in Capex]

$$= [NS_{t-1}\,(1+g_{NS})\,r_{NS}\,(1-\tau)] - [\,NS_{t-1}\,g_{NS}\,n_{NWC}] - [\,NS_{t-1}\,g_{NS}\,n_{Capex}]$$

***Darstellung 8:** Indirekte Ermittlung und Prognose des Free Cash Flow*
(Quelle Eigene Darstellung in Anlehnung an Copeland, T.,et al., Unternehmenswert, 1998, S. 160 f.; Mandl, G./Rabl, K., Unternehmensbewertung, 1997, S .316 f. u. 334 f.; Vogel, J., Beteiligunscontrolling, 1997, S .116)

---

204 *Net Sales* = Gross Sales less returns and allowances, freight out, and cash discounts allowed (Umsatzerlöse abzüglich Rabatte, Skonti, Retouren). Vgl. Downes, J./Goodman, J.E., Investment, 1995, S. 364.

205 Der Betriebserfolg kann nach § 231 HGB in etwa dem EBIT gleichgesetzt werden, muss aber um nicht-operative Erfolgskomponenten bereinigt werden. Vgl. dazu Mandl, G./ Rabl, K., Unternehmensbewertung, 1997, S. 316.

206 Adaptive Steuerzahlungen (Cash taxes on EBIT) sind Unternehmenssteuern, die mit dem EBIT korrespondieren. Der Steuerersparnis aus der Abzugsfähigkeit der Fremdkapitalzinsen wird erst im Rahmen der Bestimmung des Diskontierungssatzes Rechnung getragen (*vgl. dazu 3.2.1*), um eine finanzierungsneutrale Ermittlung des FCF sicherzustellen. Vgl. Mandl, G./Rabl, K., Unternehmensbewertung, 1997, S. 317.

(Brutto-Verfahren) der angloamerikanischen Literatur (vgl. dazu *Kapitel 3.3.2.2*) den Kapitalgebern zur Verfügung steht.Er sollte im Sinne einer *Vergangenheitsanalyse* mithilfe einer detaillierten Finanzierungsrechnung[207] ermittelt werden.[208] Nach der *indirekten Ermittlung,* die in der Praxis aufgrund der einfachen Entnahme der Positionen aus dem Jahresabschluss präferiert wird, bestimmt sich der FCF nach dem Schema in *Darstellung 8,* welches zum Vergleich den deutschen Verhältnissen entsprechend gegenübergestellt wurde und als ein zu Prognosezwecken orientiertes Berechnungsschema zu verstehen ist.

Prognostiziert werden können Free Cash Flows zum Zeitpunkt t (FCF_t) mittels der von *Rappaport (1998)* vorgeschlagenen *Werttreiber (Value Drivers),* die ebenfalls in *Darstellung 8* aufgeführt sind.[209] Dabei bestimmt sich der Free Cash Flow nach *Rappaport* aus dem Net Operating Profit After Taxes (NOPAT)[210] abzüglich der Nettoinvestitionen in das Net Working Capital und der Capex.[211] Die Umsatzrentabilität r_{NS} berechnet sich aus EBIT/NS, die Nettoinvestitionsraten in das NWC (n_{NWC}) bzw. *Capex* (n_{Capex}) aus $NWC/\Delta NS$ bzw. $Capex/\Delta NS$.[212]

Die Schätzung der operativen Cash Flows erfolgt grundsätzlich über eine Vergangensheitsanalyse leistungs- und finanzwirtschaftlicher Entwicklungen und einer Prognose zukünftiger Markt- und Umweltentwicklungen mittels Instrumenten der strategischen Planung. Verwendet werden dabei die Stärken-Schwächen-Analyse, die Szenariotechnik oder die Portfolio-Analyse sowie mathematisch-statistische Prognoseverfahren (z.B. Zeitreihen-, Regressions-, Cluster- und Neuronale-Netz-Analysen) oder intuitive Prognoseverfahren (z.B. Delphi-, Szenario- oder morphologische Analysen).[213] Im allgemeinen werden drei Phasen der FCF-Prognose unterschieden: Eine nächstliegende, noch detailliert planbare Zukunft (z.B. 3 Jahre), eine Phase der Trenderwartungen und Ab-

---

207 Vgl. *Kapitel 5.2.*

208 Vgl. Copeland, T., et al., Unternehmenswert, 1998, S. 161 sowie zur Entity-Methhode *Kapitel 4.2.1.*

209 Vgl. Rappaport, A., Shareholder Value, 1998, S. 32.

210 Der *NOPAT* nach *Rappaport, A. (1998)* entspricht inhaltlich dem oben definierten Gross Operating Cash Flow. Vgl. Mandl, G./Rabl, K., Unternehmensbewertung, 1997, S. 335.

211 Unter Nettoinvestitionen sind die Investitionen abzüglich der Abschreibungen zu verstehen.

212 In Anlehnung an Mandl, G./Rabl, K., Unternehmensbewertung, 1997, S. 335 f.; Rappaport, A., Shareholder Value, 1998, S. 64; Bühner, R., Shareholder-Value-Report, 1994a, S. 35 f.

213 Daneben werden Analysen der Marktstellung, der Branche, politische, gesamtwirtschaftliche und technische Entwicklungen durchgeführt. Vgl. dazu ausführlich Dörner, D., et al., Wirtschaftsprüferhandbuch, 1998, S. 46 f.

leitungen aus den Plänen der ersten Phase und eine fernliegende Phase, für die i.d.R. die Entwicklung des Erfolges auf konstantem Niveau angenommen wird.[214] Der Planungshorizont (*T*) nach Phase zwei der FCF-Planung sollte i.d.R. zwischen fünf und zehn Jahre betragen, mindestens aber einen kompletten Geschäftszyklus abdecken.[215] Die Summe der abgezinsten Cash Flows jenseits dieser Planperiode wird als *Restwert* (Continuing Value, CV) bezeichnet. Dieser ist abhängig von der Branche und der Länge des Planungszeitraums. Der Restwert repräsentiert in der Praxis häufig einen sehr hohen Prozentsatz des gesamten Unternehmenswertes und kann im Hochtechnologiebereich sogar über 100% des investierten Kapitals ausmachen, denn dort werden in einer Planungsperiode häufiger Investitionen getätigt, die erst zu einem späteren Zeitpunkt Rückflüsse generieren.[216] Dies bedeutet, dass im Hochtechnologiebereich teilweise negative Free Cash Flows über den Prognosezeitraum hinweg realisiert werden.

Die Schätzung des Continuing Value kann einerseits unter der Annahme eines ewigen konstanten Cash Flows nach dem Prognosezeitraum (ewige Rente) oder unter der Annahme eines kontinuierlichen Wachstums des FCF mit der Wachstumsrate g erfolgen. Der Continuing Value berechnet sich demnach durch die Gleichungen $CV = FCF_{T+1}/r_A$, bzw. $CV = FCF_{T+1}/(r_A - g)$.[217] Im ersten Fall wird von stabilen, nicht stagnierenden Märkten ausgegangen (z.B. Nahrungsmittelbranche, Versorger, Stahlindustrie), die mittel- bis langfristig durch erwirtschaftete Überrenditen einem verstärkten Wettbewerb ausgesetzt sind, so dass es sinnvoll ist, einen CV zu schätzen, der gerade ausreicht, um das investierte Kapital mit den Kapitalkosten zu verzinsen (Konvergenzhypothese). Im Falle des kontinuierlichen Wachstums wird von jungen und stark expansiven Branchen (Hochtechnologiebranchen, Telekommunikation, Medien) ausgegangen; hier ist es realistisch, getätigte Investitionen *über* den Kapitalkosten zu verzinsen.[218] Der beste Schätzwert für die Wachstumsrate g ist die langfristige Wachstumsrate der Nachfrage nach den Produkten der Branche zuzüglich der Inflation, was plausibel ist, da nur wenige Unternehmen langfristig schneller wachsen können als die Gesamtwirtschaft.[219]

---

214 Vgl. Mandl, G./Rabl, K., Unternehmensbewertung, 1997, S. 153 sowie *Kapitel 3.3.2.2.*
215 Vgl. Bötzel, S./Schwilling, A., Wertmanagement, 1998, S. 71.
216 Vgl. Copeland, T., et al., Unternehmenswert, 1998,S. 292 f.
217 Vgl. dazu Copeland, T., et al., Unternehmenswert, 1998, S. 294 f.
218 Vgl. auch Pfingsten, F., Shareholder-Value, 1998, S. 44-45.
219 Vgl. Copeland, T., et al., Unternehmenswert, 1998, S. 312.

3.3.2.2 Bewertungsmodelle

Discounted-Cash-Flow-Modelle operationalisieren und quantifizieren das Shareholder-Value-Ziel Marktwertmaximierung, insbesondere die Maximierung des Marktwertes des Eigenkapitals (Shareholder Value). Sie werden zur internen Bewertung und Steuerung des Konzernportfolios im Rahmen von Akquisitions- und Desinvestitionsstrategien, zur Bewertung von Projekten, und zur Berechnung des Konzernwertes herangezogen. Der Marktwert des Eigenkapitals E^M *(Shareholder Value)* läßt sich zum einen über die Ermittlung und Diskontierung aller erwarteten Nettoausschüttungen an die Eigentümer (Equity- oder Nettomethode), zum anderen über den Marktwert des Gesamtkapitals V^M, unter Abzug des Marktwertes des Fremdkapitals D^M (Entity- oder Bruttomethode) bestimmen. Die Entity-Methode wird in WACC-, Total-Cash-Flow- und Adjusted-Present-Value-Ansatz unterteilt *(siehe Darstellung 9).*[220] Der Marktwert des Gesamtkapitals bzw. des Eigenkapitals berechnet sich grundsätzlich durch Addition der Barwerte zukünftiger Cash Flows, zuzüglich dem Barwert des Restwerts (Continuing Value, CV) und dem Marktwert des nicht betriebsnotwendigen Vermögens ("marketable securities and other investments", SOI^M).[221] Bei nicht-betriebsnotwendigem Vermögen handelt es sich um überschüssige Liquidität, wie z.B. Aktien, Anleihen oder Bankforderungen.[222]

Während die Entity-Methode einen Cash Flow diskontiert, der sowohl Eigen- als auch Fremdkapitalgebern zur Verfügung steht und grundsätzlich dem oben definierten FCF entspricht, zinst die **Equity-Methode** einen *Flow to Equity* (FTE)[223] ab, der einen von Zinszahlungen und Tilgungen bereinigten Free Cash Flow darstellt und den *Eigenkapitalgebern* zur Ausschüttung bzw. zum Aufbau liquider Mittel zur Verfügung steht.[224] Darüber hinaus werden beim FTE keine adaptierten Steuerzahlungen vom EBIT abgezogen, sondern Steuerersparnis-Effekte aus den Fremdkapitalzinsen *(Tax Shield)* beim Abzug der Steuer berücksichtigt.[225] Der FTE wird anschließend mit den auf Grundlage kapitalmarkttheoretischer Modelle ermittelten Renditeforderungen der Eigenkapitalgeber diskontiert. Die Equity-Methode berücksichtigt im Gegensatz zur Entity-Methode eine Änderung der Kapitalstruktur in Form einer Änderung des

---

220 Vgl. Pfingsten, F., Shareholder-Value, 1998, S. 40-41.

221 Vgl. Rappaport, A., Shareholder Value, 1998, S. 33 f.

222 Vgl. Rappaport, A., Shareholder Value, 1998, S. 33 f; Bötzel, S./Schwilling, A., Wertmanagement, 1998, S. 85.

223 Einige Autoren bezeichnen den FTE als Free Cash Flow (FCF) und den FCF als Netto-Cash Flow, so z.B. *Bühner, R. (1994a),* jedoch wird in der neueren Literatur im allgemeinen an oben definiertem FCF festgehalten.

224 Vgl. Hachmeister, Discounted, 1994, S. 97; Böcking, H.-J./Nowak, K., Typisierungsproblematik, 1998, S. 686.

225 Vgl. Mandl, G./Rabl, K., Unternehmensbewertung, 1997, S. 368.

Fremdkapitalbestandes im FTE. Kreditaufnahmen erhöhen dabei den FTE, Kredittilgungen vermindern ihn.[226] Dies hat den Vorteil einer frei von Finanzierungseinflüssen zu ermittelnden Projektzahlungsreihe, insbesondere bei dezentralen Investitionsentscheidungen. Geschäftsbereichsleiter können somit Zahlungen ohne Kenntnis der Finanzierungsstruktur des Gesamtunternehmens schätzen.[227] Allerdings ist der Zusammenhang zwischen Eigenkapitalkosten und Verschuldungsgrad zu beachten[228], was eine periodenspezifische Anpassung der Eigenkapitalkosten an die jeweils geänderten Verschuldungsgrade erforderlich macht, jedoch in der praktischen Umsetzung des Equity-Ansatzes durch die Annahme einer konstanten Renditeforderung der Eigenkapitalgeber unberücksichtigt bleibt.[229] Zur Lösung der Problematik bietet sich das Adjusted-Present-Value-Verfahren (APV) an.

Finanzierungsentscheidungen haben Einfluß auf die Höhe der Steuerzahlungen, da Zinsen i.d.R. abzugsfähige Betriebsausgaben darstellen, so dass eine Fremdfinanzierung aus steuerlicher Sicht vorteilhaft ist, da ein Tax Shield in Höhe von $\tau r_D D$ aufgebaut wird.[230] Entity-Methoden schlagen verschiedene Ansätze zur Bewertung des Tax Shield vor.

Der **WACC-Ansatz** (weighted average cost of capital) ermittelt den Marktwert des Gesamtkapitals aus dem Free Cash Flow je Periode zuzüglich eines Restwertes (CV) sowie des Marktwertes des nicht-betriebsnotwendigen Vermögens ($\mathrm{SOI}^{\mathrm{M}}$) und diskontiert FCF und CV mit dem bereits in *Kapitel 3.2.1* diskutierten Gesamtkapitalkostensatz r_A (=wacc):

$$V_{WACC}^{M} = \sum_{t=1}^{T} \frac{\mathrm{FCF}_t}{(1+r_A)^t} + \frac{\mathrm{CV}_T^{\mathrm{FCF,WACC}}}{(1+r_A)^T} + \mathrm{SOI}^{\mathrm{M}} \tag{14}$$

Im WACC-Ansatz wird das Tax Shield im Gesamtkapitalkostensatz berücksichtigt, da der Free Cash Flow von Steuerzahlungen und somit von indirekten Finanzierungseinflüssen freigehalten wird.

Der **Total-Cash-Flow (TCF)-Ansatz** berücksichtigt den Steuereffekt bereits im Cash Flow und diskontiert diesen deshalb mit den gewogenen Kapitalkosten ab, welche die Fremdkapitalkosten *vor* Steuern berücksichtigen:[231]

---

[226] Vgl. Mandl, G./Rabl, K., Unternehmensbewertung, 1997, S. 369.

[227] Nachteilig ist dieser Ansatz jedoch bei der Bewertung des Gesamtunternehmens. Vgl. Hachmeister, Discounted, 1994, S. 127.

[228] Vgl. *Kapitel 3.2.2.*

[229] Vgl. Mandl, G./Rabl, K., Unternehmensbewertung, 1997, S. 369.

[230] Vgl. Hachmeister, Discounted, 1994, S. 97 f.

[231] Vgl. Hachmeister, D., Discounted, 1994, S. 98 f.

(15) $$V_{TCF}^{M}=\sum_{t=1}^{T}\frac{\mathrm{FCF}_t+\tau r_D D_{t-1}}{\left[1+\left(r_E\frac{E}{V}+r_D\frac{D}{V}\right)\right]^t}+\frac{\mathrm{CV}_T^{\mathrm{TCF}}}{\left[1+\left(r_E\frac{E}{V}+r_D\frac{D}{V}\right)\right]^T}+\mathrm{SOI}^{\mathrm{M}}$$

In der Praxis kann der TCF-Ansatz nicht empfohlen werden, da er wie der WACC-Ansatz eine konstante Kapitalstruktur unterstellt und darüber hinaus die im Zeitablauf schwankenden Total Cash Flows von der Kapitalstruktur beeinflusst werden, so dass modellkonforme Anpassungen des Fremdkapitalbestandes in Form der daraus resultierenden Fremdkapitalzinsen und Steuerwirkungen explizit in die TCF-Ermittlung aufgenommen werden müssen.

Der **Adjusted-Present-Value (APV)-Ansatz** berechnet den Marktwert des Gesamtkapitals in zwei Schritten. Im ersten Schritt wird der Marktwert eines fiktiv vollständig eigenfinanzierten Unternehmens ermittelt, indem erwartete, unter vollständiger Eigenfinanzierung erwirtschaftete Free Cash Flow mit den Eigenkapitalkosten für unverschuldete Unternehmen (r_E^u) abgezinst werden.[232] Im zweiten Schritt werden die Auswirkungen der Fremdfinanzierung berücksichtigt, indem das Tax Shield (TS) aus der Fremdfinanzierung mit den risikoadäquaten, periodenspezifischen Kapitalkosten diskontiert wird, die in der Praxis meist dem risikolosen Zinssatz R_f entsprechen.[233] Durch Addition der Kapitalwerte ergibt sich, basierend auf dem Wertadditivitätsprinzip, der Marktwert des Gesamtkapitals:

(16) $$V_{APV}^{M}=\sum_{t=1}^{T}\frac{\mathrm{FCF}_t}{\left(1+r_E^u\right)^t}+\sum_{t=1}^{T}\frac{\tau r_D D_{t-1}}{\left(1+R_f\right)^t}+\frac{\mathrm{CV}_T^{\mathrm{FCF,APV}}}{\left(1+r_E^u\right)^T}+\frac{\mathrm{CV}_T^{\mathrm{TS}}}{\left(1+R_f\right)^T}+\mathrm{SOI}^{\mathrm{M}}$$

Dabei berechnen sich die beiden Continuing Values der *Gleichung (16)* aus den entsprechenden Cash Flows der ersten beiden Terme.

Die Vorgehensweise der APV-Methode hat den Vorteil, dass sie durch die nicht erforderliche implizite Finanzierungsprämisse (im Gegensatz zum WACC-Ansatz) flexibler einsetzbar ist, d.h. wertbeeinflussende Finanzierungs- und Steuereffekte separat analysieren kann.[234] Durch die explizite Projektion des Tax Shield wird der Nachteil der konstanten Zielkapitalstruktur des WACC-Ansatzes vermieden und Unternehmenswerte können auch im Fall schwankender Kapitalstrukturen ermittelt werden.[235] Darüber hinaus entstehen durch die

---

[232] Vgl. Mandl, G./Rabl, K., Unternehmensbewertung, 1997, S. 373. Vgl. zum Beta-Faktor des unverschuldeten Unternehmens *Kapitel 3.2.2.*

[233] Vgl. Volpert, V., Kapitalwert, 1989, S. 172; Mandl, G./Rabl, K., Unternehmensbewertung, 1997, S. 373.

[234] Vgl. Drukarczyk, J., Unternehmensbewertung, 1998, S. 208.

[235] Vgl. Ross, S.A./Westerfield, R.W./Jaffe, J., Finance, 1996, S. 455-461.

Zuführung von Pensionsrückstellungen oder durch Tilgung des Fremdkapitalbestandes Rückwirkungen auf die Ausschüttung (Innenfinanzierungspotential) und auf die Körperschaftssteuer bzw. Einkommenssteuer (steuermindernde Wirkung).[236] Aufgrund dieser Flexibilität ist der APV-Ansatz besonders in komplizierten, nicht-finanzierungsneutralen Steuersystemen wie denen in

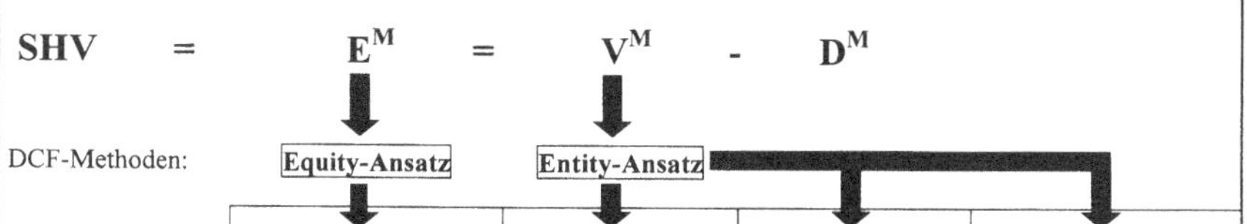

	FTE-Ansatz	WACC-Ansatz	TCF-Ansatz	APV-Ansatz
Cash Flow	Flow to Equity (=FCF nach Fremdkapitalzinsen, Tilgung und Unternehmenssteuern)	Free Cash Flow (FCF) eines fiktiv verschuldungsfreien Unternehmens	TCF = FCF+Tax Shield $= \text{FCF} + \tau r_D D$	1. FCF 2. Tax Shield ($\tau r_D D$)
Diskontsatz	Eigenkapitalkosten des verschuldeten (leveraged) Unternehmens: $E(R_i) = R_f + \beta_i[E(R_M) - R_f]$ mit $\beta_l = \beta_u\left[1 + (1-\tau)\frac{D_l}{E_l}\right]$	wacc = $r_E \frac{E}{V} + r_D \frac{D}{V}(1-\tau)$	wacc ohne Tax Shield= $r_E \frac{E}{V} + r_D \frac{D}{V}$	1. Eigenkapitalkosten für das unverschuldete Unternehmen bei vollst. Eigenfinanzierung: $r_E^u = R_f + \beta_u[E(R_M) - R_f]$ 2. Fremdkapitalkosten r_D
Bewertungsformel	$E^M =$ $\sum_{t=1}^{T} \frac{\text{FTE}_t}{(1+r_E)^t} + \frac{\text{CV}_T^{\text{FTE}}}{(1+r_E)^T} + \text{SOI}^M$	$V_{WACC}^M =$ $\sum_{t=1}^{T} \frac{\text{FCF}_t}{(1+r_A)^t} + \frac{\text{CV}_T^{\text{FCF,WACC}}}{(1+r_A)^T} + \text{SOI}^M$	$V_{TCF}^M =$ $\sum_{t=1}^{T} \frac{\text{FCF}_t + \tau r_D D_{t-1}}{[1+(r_E \frac{E}{V} + r_D \frac{D}{V})]^t} + \frac{\text{CV}_T^{\text{TCF}}}{[1+(r_E \frac{E}{V} + r_D \frac{D}{V})]^T} + \text{SOI}^M$	$V_{APV}^M =$ $V_{APV}^M = \sum_{t=1}^{T} \frac{\text{FCF}_t}{(1+r_E^u)^t} + \sum_{t=1}^{T} \frac{\tau r_D D_{t-1}}{(1+R_f)^t} + \frac{\text{CV}_T^{\text{FCF,APV}}}{(1+r_E^u)^T} + \frac{\text{CV}_T^{\text{TS}}}{(1+R_f)^T} + \text{SOI}^M$
Kapitalstruktur	Kapitalstrukturunabhängige Renditeforderung der Eigenkapitalgeber	Unterstellung einer konstanten Kapitalstruktur		

***Darstellung 9**: Ausprägungen der Discounted-Cash-Flow-Verfahren*
(Quelle: Eigene Darstellung in Anlehnung an Böcking, H.-J./Nowak, K., Typisierungsproblematik, 1998, S. 685-690).

Deutschland empfehlenswert. Nachteilig ist am APV-Ansatz die Bestimmung der Eigenkapitalkosten bei fiktiver Eigenfinanzierung, die in der Praxis auf-

---

236 Vgl. Drukarczyk, J., Unternehmensbewertung, 1998, S. 219-227.

grund der Prämissen der Bestimmung des unverschuldeten Beta-Faktors nur im Rentenmodell (unendlicher Zahlungsstrom) bzw. unter der Annahme einer am Unternehmenswert orientierten Fremdfinanzierung möglich ist.[237] Diese Prämisse wird auch bei allen Entity-Verfahren getroffen, so dass dies nicht als Nachteil des APV-Ansatzes angeführt werden kann.[238] Im folgenden wird unter dem DCF-Ansatz der WACC-Ansatz verstanden, der in der angelsächsischen Literatur trotz des angesprochenen Zirkularitätsproblems[239] aus pragmatischen Gründen präferiert wird und mit dem Shareholder-Value-Ansatz von *Rappaport* konsistent ist.[240] Zur internen Wertsteuerung in Unternehmen, insbesondere zur Ermittlung des Wertbeitrages eines Geschäftsbereichs zum Konzernportfolio, kann man neben dem absoluten Discounted Cash Flow ein relatives Vorteilhaftigkeitsmaß bilden: den Value Return on Investment (VROI). Er ist der Wertbeitrag pro investierter Geldeinheit und berechnet sich durch das Verhältnis vom Barwert des erwarteten Free Cash Flow einer Investition (DCF) zum Barwert aller Investitionsausgaben (*I*). Er ist im Fall VROI > 1 wertschaffend: VROI = DCF/-*I*.[241] Allerdings ist der absoluten Größe DCF Vorrang zu geben, da Auswahlentscheidungen zwischen Investitionen auf Basis von Profitabilitätsindizes generell zu Fehlentscheidungen führen können.[242]

3.3.3 ECONOMIC VALUE ADDED

Als ein alternatives Konzept zur kapitalmarktorientierten Bewertung und Steuerung von Unternehmen kann neben den DCF-Modellen das Konzept des Economic Value Added (EVA) herangezogen werden. Der EVA ist eine modifizierte Buchwertgröße und entspricht dem Überschuss des bereinigten Gewinns inkl. Zinsen nach Abzug der adjustierten Steuern ($NOPAT_t$) über die Kosten des eingesetzten, bereinigten Gesamtkapitals (C_{t-1}). Sie kann alternativ als Zinsdiffe-

---

237 Vgl. Hachmeister, D., Discounted, 1994, S. 271-272. Bei der Berechnung des unverschuldeten Betas entsteht ein weiteres Zirkularitätsproblem, da zur Bestimmung von β_u die Marktwerte des Eigen- bzw. Fremdkapitals bereits bekannt sein müssten, welche aber erst im Rahmen der Bewertung bestimmt werden sollen. Vgl. dazu Mandl, G./Rabl, K., Unternehmensbewertung, 1997, S. 301.

238 Vgl. Drukarczyk, J./Richter, F., Unternehmensgesamtwert, 1995, S. 576-577.

239 Vgl. *Kapitel 3.2.1.*

240 Vgl. Klein, K.-G./Jonas, M., Due Diligence, 1998, S. 162.

241 Investitionsauszahlungen haben hier negative Vorzeichen. Vgl. Freygang, W., Kapitalallokation, 1993, S. 160; Hachmeister, D., Discounted, 1994, S. 153-154. Vgl. auch *Kapitel 3.3.4.*

242 Vgl. auch Weingartner, M.H., Excess, 1963, S. 223 f.

renz *(Spread)* zwischen der Vermögensrendite *Return on Invested Capital* (ROIC) und den gewichteten Kapitalkosten (wacc) berechnet werden:[243]

(17) $$\text{EVA}_t = \text{NOPAT}_t - \text{wacc} \cdot C_{t-1} = (\text{ROIC}_t - \text{wacc}) \cdot C_{t-1}$$

Der **ROIC** errechnet sich wie aus *Gleichung (17)* ersichtlich aus der Division von NOPAT und investiertem Kapital: $\text{ROIC} = \text{NOPAT}_t / C_{t-1}$.[244] Ein positiver EVA und damit eine Steigerung des Marktwertes kann nur erzielt werden, wenn die Rendite des investierten Kapitals die gewogenen Kapitalkosten übersteigt, d.h. wenn der NOPAT die Kosten für das überlassene Eigen- und Fremdkapital überkompensiert.[245]

Der **NOPAT** stellt den betrieblichen Gewinn nach Abzug der adjustierten Steuern dar und entspricht dem bereits in *Kapitel 3.3.2.1* definierten NOPLAT zuzüglich einer Goodwill-Amortisation. Die Adjustierung des Steueraufwands hat zum Ziel, eine theoretische Steuerbelastung zu errechnen, die nur für ein Unternehmen relevant wäre, das zu hundert Prozent mit Eigenkapital finanziert wäre und ausschließlich betriebliche Erträge (ohne Zinsaufwendungen für Fremdkapital) aufweist.[246]

Das **investierte Gesamtkapital (C_{t-1})** ist das betriebsnotwendige, für die Erwirtschaftung des NOPAT eingesetzte Vermögen und kann aktivisch (Operating Approach) oder passivisch (Financing Approach) ermittelt werden.[247] *Aktivisch* läßt sich das investierte Gesamtkapital ermitteln durch das Net Working Capital zuzüglich dem Netto-Sachanlagevermögen, dem Barwert nichtbilanzierter Miet- und Leasinggegenstände des Sachanlagevermögens[248], sonstiger Vermögensgegenstände, aktiver latenter Steuern (Deferred Taxes) und ei-

---

[243] Der EVA stellt deshalb eine *betriebliche Übergewinngröße* dar (ein über den Kapitalkosten liegender operativer Gewinn). Weitere Ansätze von Übergewinngrößen sind *Economic Profit* (McKinsey & Company), *Added Value* (London Business School) und *Cash Value Added* (Boston Consulting Group). Vgl. Höfner, K./Pohl, A., Wertvernichter, 1993, S. 54; Hostettler, S., EVA, 1997, S. 47.

[244] Vgl. Hostettler, S., EVA, 1997, S. 52. Der verwandte Return on Capital Employed (*ROCE*) gibt im Gegensatz zum ROIC die Rendite des gesamten eingesetzten Kapitals an und wird als Maßstab der Leistungsfähigkeit des gesamten Unternehmens (nicht nur der Investition) verwendet. Vgl. dazu Hachmeister, Discounted, 1994, S. 56.

[245] Vgl. Mandl, G./Rabl, K., Unternehmensbewertung, 1997, S. 379.

[246] Vgl. Hostettler, S., EVA, 1997, S. 50.

[247] Vgl. Jackson, A./Mauboussin, M.J./Wolf, C.R., Primer, 1996, S. 29.

[248] Bei Miete, operativem- und Finanzleasing handelt es sich um eine Art der Fremdfinanzierung, so dass eine Berücksichtigung der Objekte betriebswirtschaftlich sinnvoll ist. Vgl. Hostettler, S., EVA, 1997, S. 124.

genkapitalähnlicher Reserven (Equity Equivalents).[249] Diese Reserven werden im Sinne einer eigentümerorientierten Bewertung zum bisherigen Vermögen addiert (aufgedeckt) und beinhalten unter anderem latente passive Steuern[250], Delkredererückstellungen, LIFO-Reserven[251], akkumulierte Goodwill-Amortisationen sowie die Aktivierung und Abschreibung von Forschungs- und Entwicklungskosten. Eine *LIFO-Bewertung* der Lagerbestände ist aus steuerlicher Sicht bei steigenden Preisen attraktiv, da Lagerkosten erhöht und Vorratsbestände vermindert werden. Allerdings wird dadurch auch die Liquidität des Unternehmens, gemessen am Current Ratio (=Current Assets/Current Liabilities), unterschätzt.[252] Der *Goodwill* (Kaufpreis eines Unternehmens ./. Marktwert von Vermögen abzgl. Schulden) darf in internationalen Rechnungslegungsstandards nicht mehr erfolgsneutral verrechnet werden und muss aktiviert und anschließend abgeschrieben werden, so dass dadurch stille Reserven entstehen.[253] Ebenso ist in den USA die Aktivierung von Forschungs- und Entwicklungskosten nicht gestattet,[254] so dass besonders High-Tech-Branchen mit hohen F&E-Aufwendungen vergleichsweise niedrige Gewinne ausweisen und deshalb eine Aktivierung und Abschreibung über eine sinnvolle Periode vorgeschlagen wird.[255]

Die Vermögensrendite ROIC kann, wie bereits erläutert, als Verhältnis von NOPAT und investiertem Kapital ausgedrückt werden oder alternativ zu Prognosezwecken in die drei Schlüsselgrößen Umsatzrentabilität (Operating Profit

---

[249] Vgl. Hostettler, S., EVA, 1997, S. 111 f.; Jackson, A./Mauboussin, M.J./Wolf, C.R., Primer, 1996, S. 29.

[250] IAS 22 und SFAS No. 109 fordern den Ausweis passiver latenter Steuern (latenter Steuerverbindlichkeiten) und aktiver latenter Steuern. Der Ausweis aktiver latenter Steuer(-forderungen) ist eher ungewöhnlich und wird deshalb vom NOPAT abgezogen. Vgl. Hostettler, S., EVA, 1997, S.129 f.

[251] *LIFO-Reserven* sind historische FIFO-Kosten des End-Umlaufvermögens abzüglich historischer LIFO-Kosten. Vgl. zu den Bewertungsmethoden des Umlaufvermögens, insbesondere LIFO- (last in, first out) und FIFO(first in, first out)-Methoden Stickney, C.P./ Weil, R.L., Accounting, 1997, S. 410-455.

[252] Stickney, C.P./Weil, R.L., Accounting, 1997, S. 429.

[253] Vgl. IAS 22, Par. 40 und APB 16, Abschn. 91 und 92. Der Sinn liegt hier, neben steuerlichen Gründen in der Schönigung von Kapitalrentabilitätskennzahlen (= Gewinngröße/Kapitalgröße) , die erfolgen würde, wenn der Goodwill erfolgsneutral mit dem Eigenkapital verrechnet würde (Kapitalgröße sinkt und Gewinngröße im Zähler steigt, da eine Abschreibung unterbleibt).

[254] Vgl. SFAS No. 2 Par. 8. Gemäß IASC sind nur Entwicklungsausgaben aktivierbar, da hier ein künftiger ökonomischer Nutzen wahrscheinlicher ist. Vgl. dazu IAS 9 Par. 17 sowie Pellens, B., Rechnungslegung, 1998, S. 404-405.

[255] Vgl. Stewart, G.B., Value, 1991, S. 115.

Margin, OPM), Kapitalumschlagshäufigkeit (Turnover, TO) und Adaptiver Steuersatz (Cash Tax Rate, τ_a) aufgespalten werden:[256]

$$(18) \qquad ROIC_t = \frac{NOPAT_t}{C_{t-1}} = \frac{NOPBT_t}{NS_{t-1}} \cdot \frac{NS_{t-1}}{C_{t-1}} (1 - \tau_a)$$

Die **Cash Tax Rate** τ_a ist definiert durch das Verhältnis Cash taxes on NOPBT zu NOPBT. Die Zusammensetzung des NOPAT, des Net Operating Profit Before Taxes (NOPBT) sowie des investierten Gesamtkapitals mit den Hauptkorrekturen des Netto-Anlagevermögens nach dem Operating Approach wird im folgenden veranschaulicht:[257] Ähnlich wie beim Free-Cash-Flow-Ansatz der DCF-Modelle kann der EVA mittels der **Value Drivers** aus den *Gleichungen (18) und (17)* geschätzt werden. Dabei werden fünf Schlüsselgrößen (die sog. *„key driver"* g_{NS}, OPM, TO, τ_a, wacc)[258] bestimmt, aus welchen die Vermögensrendite ROIC und der Value Spread (ROIC-wacc) abgeleitet werden.

Net Sales (NS)	**Operating Cash**
- Cost of goods sold	+ Net Accounts Receivable
- SG&A Expenses	+ Net Inventory
= **EBITDA**	+ Other Current Assets
+ Goodwill Amortisation	- Accounts Payable
= **NOPBT**	- Accrued Expenses
- Cash taxes on NOPBT	- Income Tax Payable
(= Income Tax Provision ./. Deferred Taxes + Tax Shield ./.Tax on Interest Expense)	- Non-interest-bearing current liabilities
	= **NWC**
= **NOPAT**	+ Net Property Plant & Equipment
	+ Present Value of Non-Capitalized Leases
	+ Goodwill
	+ Accumulated Goodwill-Amortization
	+ Other Assets
	= **Invested Capital**

Darstellung 10: *Berechnung des NOPAT und des Invested Capital nach dem EVA-Ansatz (Quelle: In Anlehnung an Stewart, 1991)*

Die Umsatzrentabilität (**Operating Profit Margin**, OPM), ausgedrückt als NOPBT zu investiertem Kapital, stellt keine Vermögensgröße dar, deshalb sind Vergleiche von Unternehmen unterschiedlicher Branchen mit unterschiedlichem Kapitalumschlag, insbesondere Vergleiche konglomerater Geschäftsbereiche, nicht möglich.

---

256 Vgl. Hostettler, S., EVA, 1997, S. 202-205.

257 Vgl. Jackson, A./Mauboussin, M.J./Wolf, C.R., Primer, 1996, S. 32; Vgl. dazu auch *Darstellung 8.*

258 Die Umsatzwachstumsrate g_{NS} wurde bereits in *Kapitel 3.3.2.1* definiert.

Der Kapitalumschlag (**Turnover**, TO) errechnet sich aus dem Verhältnis Net Sales zu investiertem Kapital und gibt Auskunft über die Intensität der Vermögensnutzung. Er ist besonders stark branchenabhängig. Anlageintensive Branchen wie z.B. der Flugzeugbau können einen typischen Turnover von unter eins aufweisen, der Handel hingegen einen TO von über vier.[259]

Werden die in künftigen Perioden erwarteten EVA (zuzüglich eines Restwertes CV) mit den gewogenen Kapitalkosten diskontiert und der Marktwert des nicht-betriebnsotwendigen Vermögens (SOI^M) abgezogen, erhält man den **Market Value Added (MVA)**, den Geschäftsmehrwert der betrieblichen Tätigkeit, der im Gegensatz zum EVA den Erfolg eines bestimmten *Zeitraumes* misst.[260] Er kann alternativ als Differenz zwischen dem Marktwert des Unternehmens (V^M), dem investierten Gesamtkapital (C) und SOI^M berechnet werden (ex post-Berechnung):[261]

(19) $$\mathrm{MVA} = \sum_{t=1}^{T} \frac{\mathrm{EVA}_t}{(1+\mathrm{wacc})^t} + \frac{\mathrm{CV}_T^{\mathrm{EVA}}}{(1+\mathrm{wacc})^T} = V^{\mathrm{M}} - C \ - \mathrm{SOI}^{\mathrm{M}}$$

Der **Prognosehorizont *T*** ist abhängig von den in der Branche wirkenden Wettbewerbskräften und der damit verbundenen Investitionsdynamik.[262] Er sollte wie auch bei den DCF-Modellen einen vollständigen Investitions- und Konjunkturzyklus umfassen und maximal der Competitive Advantage Period (CAP) entsprechen.[263] Die CAP besteht nach dem EVA-Ansatz solange, bis das Unternehmen eine Rendite auf das investierte Kapital erwirtschaftet, das höher ist als die Kapitalkosten, wenn also ein positiver Spread vorliegt (ROIC > wacc).[264] Ab dem Zeitpunkt, ab welchem ROIC < wacc, wird Aktionärsvermögen im Sinne von Marktwert des Eigenkapitals vernichtet.

Bei der Schätzung des Restwertes ($\mathrm{CV}_T^{\mathrm{EVA}}$) werden in der Praxis die in *Kapitel 3.3.2.1* bereits dargelegten Methoden präferiert. Dabei ergibt sich der Continuing Value aus $\mathrm{CV} = \mathrm{EVA}_{T+1}/\mathrm{wacc}$ bzw. $\mathrm{CV} = \mathrm{EVA}_{T+1}/(\mathrm{wacc} - g)$.

Hauptkritikpunkt des EVA-/MVA-Ansatzes zur Bewertung von Unternehmen bzw. Geschäftsbereichen ist die Berechnung des EVA durch *vergangenheitsbezogene Bilanzdaten* (NOPAT und investiertes Kapital), welche vom Manage-

---

259 Vgl. Stewart, G.B., Value, 1991, S. 104.
260 Vgl. Hostettler, S., EVA, 1997, S. 182-183.
261 In Anlehnung an Stewart, G.B., Value, 1991, S. 153. Beachte, dass $V^M = E^M + D^M = MVA + C + SOI^M$.
262 Vgl. Hostettler, S., EVA, 1997, S. 201.
263 Vgl. Jackson, A./Mauboussin, M.J./Wolf, C.R., Primer, 1996, S. 12.
264 Vgl. Jackson, A./Mauboussin, M.J./Wolf, C.R., Primer, 1996, S. 12.

ment direkt beeinflussbar sind.[265] Trotz eines positiven EVA können deshalb wertvernichtende Investitionen getätigt werden, wenn das investierte Kapital auf Basis von Buchwerten bestimmt wird.[266] An einem kurzen Beispiel soll dies illustriert werden: Angenommen eine operative Investition in ein Gebäude wurde vor einem Jahr mit 50 Mio. DM getätigt, auf die ein operativer Nach-Steuer-Ertrag (NOPAT) von 6 Millionen DM erzielt wird. Wenn die Kapitalkosten 10% betragen, hat die Investition einen positiven EVA von 1 Million DM (EVA $= \text{NOPAT} - \text{wacc} \times C = 6 - 0{,}1 \times 50 = 1$). Betrüge der Marktwert der Investition jedoch mittlerweile 100 Mio. DM, wäre diese Investition nicht vorteilhaft, da die Rendite des investierten Kapitals (ROIC) nur 6 % (unter der Kapitalmarktverzinsung) betragen würde.

Das EVA-Konzept wird zwar durch die dargestellten Bereinigungen im investierten Kapital und durch Abzug des Tax Shield von einem Accounting Model in ein Economic Model konvertiert, jedoch ist die Qualität der Konvertierung stark abhängig vom *Informationsstand des Bewerters*, denn externe Analysten haben durch die Zugänglichkeit zu nur öffentlichen Unternehmensdaten Schwierigkeiten in der Ermittlung der Bereinigungsdaten. Interne Analysten, mit Zugang zum gesamten Datenmaterial eines Unternehmens, können jedoch besonders internationale Unternehmensabschlüsse durch die Korrekturanpassungen einfacher miteinander vergleichen. Dies ist bei internationalen Konglomeraten vorteilhaft, die nach IAS-, US-GAAP und HGB zu bilanzierende Tochtergesellschaften besitzen. Der EVA bietet weiterhin den Vorteil einer Vergleichbarkeit von Unternehmen verschiedener Größen, Kapitalintensitäten und Kapitalstrukturen, jedoch müssen dabei die EVA-Ergebnisse größenbereinigt werden: Zum Beispiel macht die Kennzahl *Value Spread* (=EVA/*C*) eine Aussage über das betrieblich gebundene Vermögen über die vom Aktionär geforderte Mindestrendite. Das Verhältnis *EVA zu Return on Sales* (EVA/ROS) gibt die Attraktivität des Unternehmensgrößenwachstums (ausgedrückt im Umsatzwachstum) an.[267] Ein Vergleich von „reinen“ EVA- und MVA- Kennzahlen, anstatt der größenbereinigten Kennzahlen, benachteiligt Unternehmen mit hoher Kapitalintensität (wie etwa Erdöl-, Erdgas- und Telekommunikationsunternehmen), so dass hier nur ein Vergleich innerhalb der Branche sinnvoll ist.[268]

Der EVA-Ansatz entspricht unter den Prämissen des *Lücke-Theorems* dem DCF-Ansatz. Die Hauptannahmen dieses Theorems sind die Übereinstimmung aller Gewinne vor Zinsen und aller Zahlungsüberschüsse (d.h. ein Vermögens-

---

[265] Dagegen sind die DCF-Methoden generellere marktorientierte Methoden. Vgl. z.B. Unzeitig, E., Analyse, 1995, S.110; Bühner, R., Unternehmenssteuerung, 1996, S. 395.

[266] Vgl. Damodaran, A., Enhancement, 1998, S. 57.

[267] Vgl. Hostettler, S., EVA, 1997, S. 201.

[268] Vgl. Bühner, R., Unternehmenssteuerung, 1996, S. 395.

stand von Null zum Beginn des Planungshorizontes und vollständige Liquidation am Planungsende), die periodische Verrechnung von Zinsen auf das am Ende der vorhergehenden Periode gebundene Kapital, sowie die Einhaltung des Bilanzidentitätsprinzips, d.h. die Berechnung des gebundenen Vermögens aus der Differenz der bis zum Periodenanfang aufsummierten Gewinne vor Zinsen und der aufsummierten Zahlungsüberschüssen.[269] Besonders die Annahme der Übereinstimmung der Ausgaben- und Kostenreihen bis zum Ende des Investitionsprojekts (Annahme einer Totalrechnung)[270] und die Forderung des Bilanzidentitätsprinzips für die *interne* Rechnungslegung hat zur Folge, dass Ansatz- und Bewertungsspielräume eliminiert würden. Die gegenwärtigen Jahresabschlussrechnungen genügen dieser Forderung aber nicht.[271]

Im allgemeinen ist der EVA-Ansatz ist zur Performancemessung und Unternehmenssteuerung besser geeignet als zur Unternehmensbewertung, die objektiver durch generelle Kapitalmarktmethoden wie die DCF-Methoden erfolgen kann.

3.3.4 CASH VALUE ADDED

Der Cash Value Added Ansatz (CVA) ist im Grunde ein Discounted-Cash-Flow-Ansatz, der modifiziert wurde, um strategische Entscheidungen (insbes. strategische Investitionen) zu bewerten und anhand von Werttreibern Prognosen für zukünftige Entwicklungen zu geben. Der Ansatz klassifiziert Investitionen in zwei Kategorien: strategische und nicht-strategische Investitionen.[272]

Strategische Entscheidungen sind von besonderem Interesse für Aktionäre, denn sie sind wertsteigernd, so dass aus Sicht der Eigentümer eines Unternehmens nicht-strategische Investitionen (NSI), mit dem Zweck, den ursprünglichen Wert einer strategischen Investition aufrechtzuerhalten ("value maintaining, not value creating")[273], nicht in die operative Cash-Flow-Rechnung mit

---

[269] Vgl. Laux, H., Erfolgssteuerung, 1995, S. 164 ff.

[270] Vgl. Lücke, W., Investitionsrechnung, 1955, S. 323.

[271] Vgl. Küpper, H.-U., Marktwertorientierung, 1998, S. 530.

[272] Der Ansatz wurde entwickelt von *Ottosson/Weissenrieder (1996),* ist eingetragenes Warenzeichen der FWC AB/Göteburg und hat nichts mit dem von der Boston Consulting Group entwickelten CVA-Ansatz gemeinsam, der auf dem CFROI-Konzept basiert und ähnlich dem EVA eine Residualeinkommens- bzw. Übergewinngröße darstellt. Vgl. dazu Weissenrieder, F., Value, 1998, S. 6, sowie *Kapitel 3.3.3.*

[273] Vgl. Weissenrieder, F., Value, 1998, S. 23.

einfließen und nur strategische Investitionen bewertet werden sollten.[274] Auf strategische Investitionen (z.B. in ein neues Produkt oder einen neuen Markt) folgen mehrere nicht-strategische. Strategische Investitionen können nach *Weissenrieder (1997)* materielle oder immaterielle Vermögensgegenstände, selbst aktivierte F&E-Investitionen oder Werbeinvestitionen zur Etablierung eines Markennamens darstellen. Wie beim EVA-Ansatz werden diese Aufwendungen (anders als in der Buchhaltung) aktiviert und über einen Zeitraum abgeschrieben, so dass der operative Cash Flow (bzw. das investierte Kapital im EVA-Ansatz) anfangs dadurch höher ausfällt, was in jungen, wachsenden Unternehmen durchaus sinnvoll ist.[275] Eine analoge (reversible) Überlegung kann bei nicht-strategischen Investitionen getroffen werden. Sie sind nicht wertschaffend und müssen demnach im operativen Cash Flow als Auszahlungen berücksichtigt werden.[276] Der Operating Cash Flow (OCF) und der Cash Value Added setzen sich wie in *Darstellung 11* zusammen:[277]

Net Sales
\- Costs , SG&A Expenses
= Operating Surplus (EBITDA)
-/+ ΔNWC
\- Non-strategic Investments (NSI)
= Operating Cash Flow (OCF)
\- Operating Cash Flow Demand (OCFD)
= Cash Value Added (CVA)

***Darstellung 11**: Zusammensetzung des CVA*
(Quelle: Ottoson, E. / Weissenrieder, F., CVA, 1996, S. 5)

Dieser Operating Cash Flow wird mit dem *Operating Cash Flow Demand* (OCFD) verglichen. Der OCFD repräsentiert den Cash Flow pro Periode, den die Investoren mindestens fordern und ist der nominale Cash Flow einer strategischen Investition, der jede Periode generiert werden muss, damit der nominale

274 Vgl. Ottoson, E./Weissenrieder, F., CVA, 1996, S. 2.
275 Vgl. dazu *Kapitel 3.3.3.*
276 Die Identifizierung der Non-strategic Investments erweist sich als schwierig und erfolgt in der Praxis durch Abzug der im Jahresabschluss klassifizierten strategischen Investitionen von den Gesamtinvestitionen. Diese Vorgehensweise wird, laut einer schriftlichen Bestätigung durch F. Weissenrieder, bei FWC AB praktiziert.
277 Vgl. Weissenrieder, F., Value, 1998, S. 5.

Barwert dieser Investition gleich Null ist. So ergibt sich der OCFD der ersten Periode durch Auflösung von *Gleichung(20)*:[278]

$$(20) \qquad \text{Investiertes Kapital} = \frac{\text{OCFD}_1}{\text{wacc} - \pi} - \frac{\frac{\text{OCFD}_1(1+\pi)^T}{\text{wacc} - \pi}}{(1+\text{wacc})^T}$$

mit π = Inflationsrate

Der OCFD stellt somit, ähnlich den Kapitalkosten, eine Renditeforderung der Aktionäre dar und das CVA-Modell berechnet die Opportunitätskosten der Aktionäre jeder Periode in Cash-Größen. Damit kann der CVA als Performance-Maßstab benutzt werden, um Periodenerfolge zu vergleichen, ähnlich dem EVA-Ansatz, nur mit dem Unterschied, dass im CVA-Ansatz ausschließlich Cash-Flow-Größen verwendet werden. Nach *Stewart (1991)* liegt der Nachteil der DCF-Methoden darin, dass sie nur Aussagekraft über die Vorteilhaftigkeit einer Investition machen, nicht aber über die periodischen Leistungsbeiträge der erwarteten Erträge zur Deckung der Mindestrenditen *pro Periode.*[279] *Stewart* verwendet deshalb den Economic Value Added (EVA) je Periode als Performance-Maßstab. Er benutzt jedoch buchhalterische Größen, so dass der CVA-Ansatz aus wertorientierter Sicht den besseren Performance-Maßstab darstellt.[280] Darüber hinaus berücksichtigt der CVA-Ansatz die Inflation im investierten Kapital, was beim EVA-Ansatz nicht der Fall ist, so dass der EVA durch Inflation vermindert werden kann.

Ein weiterer Vorteil der CVA-Methode besteht in der Anwendung eines *Profitabilitätsindex (CVA-Index)*, der den relativen Wertbeitrag einer Investition (eines Geschäftsbereichs) mißt, d.h. angibt, wie wertschaffend (bzw. wertvernichtend) eine Investition im Vergleich zu einer anderen ist.[281] Der CVA-Index kann aus der Division des Barwertes (Present Value, PV) der zukünftigen Cash Flows und dem investierten Kapital (Investment) oder durch die vier Werttreiber *EBITDA Margin, NWC Margin, NSI Margin* und *OCFD Margin* berechnet werden, die je im Verhältnis zu den Umsatzerlösen (Net Sales, NS) definiert sind:[282]

---

[278] Der OCFD ist im finanzmathematischen Sinne eine Annuität. Vgl. Ottoson, E. / Weissenrieder, F., CVA, 1996, S. 5.

[279] Vgl. Stewart, G.B., Value, 1991, S. 4.

[280] Vgl. auch *Kapitel 3.3.3.*

[281] Vgl. Ottoson, E./Weissenrieder, F., CVA, 1996, S. 6.

[282] Vgl. dazu Ottoson, E./Weissenrieder, F., CVA, 1996, S. 5.

(21) $$\text{CVA Index} = \frac{PV(OCF_1..OCF_n)}{\text{- Investment}} = \frac{PV(OCF_1..OCF_n)}{PV(OCFD_1..OCFD_n)}$$

$$= \frac{PV(\text{EBITDA Margin}) + PV(\text{NWC Margin}) + PV(\text{NSI Margin})}{PV(\text{OCFD Margin})}$$

$$\text{mit PV (EBITDA Margin)} = \frac{\sum_{t=1}^{n} \frac{EBITDA_t}{(1+wacc)^t}}{\sum_{t=1}^{n} \frac{NS_t}{(1+wacc)^t}}$$

und analog für NWC Margin, NSI Margin und OFCD Margin

Strategische Investitionen (bzw. strategische Geschäftsbereiche) sind demnach wertschaffend, wenn die Investition über den von den Aktionären geforderten Cash Flow Demand hinausgeht, d.h. wenn ein CVA > 1 vorliegt. Gesteuert werden können Geschäftsbereiche mittels der genannten Werttreiber. So können zukünftige Operating Cash Flows durch einen zukünftigen CVA-Index geschätzt werden, welcher sich seinerseits aus (regressiv) geschätzten EBITDA-NWC- und NSI Margins zusammensetzt. Der Barwert der Operating Cash Flows der zukünftigen Perioden t_n bis t_T [PV(OCF_n..OCF_T) bzw. Remaining Value] ergibt sich dann aus der Multiplikation des CVA-Index mit dem Barwert der OCFs in den Perioden t_1 bis t_{n-1}:
Remaining Value = CVAI × PV(OCF_1..OCF_{n-1}).[283]

In der Beispiel-AG in *Anhang A* ergibt sich der Created Value im Jahr 1992 (84,29 Mio. DM) aus der Diskontierung der OCFs mit einem wacc von 15 %. Aus heutiger Sicht (1999) beträgt der Created Value 224,29 Mio. DM. Der OCFD errechnet sich für das Jahr 1992 aus *Gleichung (20)* als Annuität der strategischen Investition von 100 Mio. DM und wächst annahmegemäß pro Jahr mit der Inflationsrate von 3%. Der Total Cash Value Added ist schließlich die Differenz aus Created Value und dem abgezinsten OCFD von 1992 bis 1999 (Demanded Value) und beträgt 7,75 Mio. DM. Daraus ergibt sich ein CVA-Index von 1,10 (=84,29/76,54). Die Restwerte (Remaining Values) für die Jahre 2000-2003 können unter verschiedenen CVAI-Szenarios (1,1; 1,0; 0,9) aus dem CVAI multipliziert mit dem kumulierten Barwert (Present Value, PV) der OCFDs dieser Perioden berechnet werden. Dabei können die zukünftigen CVAI-Szenarien durch die Value Driver bestimmt werden, die im Beispiel aus den historischen (auf 1992 abgezinsten und aufkulumlierten) Net Sales (805,40) , EBITDA (101,02) und NSI (14,33) errechnet werden.[284] Bei einem verwende-

[283] Vgl. dazu Ottoson, E./Weissenrieder, F., CVA, 1996, S. 6-9.
[284] Z.B. berechnet sich die EBITDA Margin aus 805,40/101,02 (=0,13), der CVAI-Index aus (0,13 +0,00–0,02)/0,10 (=1,10).

ten CVAI von 1,1 ab 2000 generieren die strategischen Investitionen des Unternehmens genügend Operating Cash Flow; das Management erfährt, dass historische Margins ausreichend waren, um aus ihren geplanten, zukünftigen strategischen Investitionen Wert für ihre Aktionäre zu schaffen.

3.3.5 CASH FLOW RETURN ON INVESTMENT

Der CFROI-Ansatz (CFROI) von *Holt Value Associates*[285] zielt vorrangig auf die vergangenheitsbezogene Performanceanalyse börsennotierter Unternehmen ab und stellt einen pragmatischen Ansatz dar, um Wertsteigerungspotentiale von Geschäftsbereichen zu ermitteln und damit Konzernportfolios zu steuern.[286] Als Steuerungsgröße wird der Cash Flow Return on Investment (CFROI) verwendet, welcher als interner, realer Zinsfuß den erwarteten, inflationsbereinigten und über die Nutzungsdauer (T) als konstant angenommenen Brutto- Cash Flow[287] bzw. Gross Cash Flow[288] zuzüglich eines Restwertes (nichtabschreibbare Aktiva, NDA), relativ zum investierten Kapital (Brutto-Investitionsbasis oder Gross Operating Assets, GOA) zum Bewertungszeitpunkt t=0 wiedergibt.[289] Eine Investition (Geschäftsbereich) ist nach diesem Ansatz wertschaffend, wenn der aus der Investition resultierende interne Zinsfuß über der von den Eigentümern geforderten realen Mindestverzinsung ($wacc_R$) liegt, d.h. wenn CFROI > $wacc_R$ bzw. CFROI/$wacc_R$ > 1.[290] Den CFROI erhält man durch Auflösung nachfolgender Gleichung:

(22) $$\sum_{t=1}^{T} \frac{GCF}{(1+CFROI)^t} + \frac{NDA_T}{(1+CFROI)^T} = GOA$$

[285] *Holt Value Associates* ist eine auf das Finanzwesen spezialisierte Unternehmensberatung aus Chicago, die Anfang der neunziger Jahre von der Boston Consulting Group übernommen wurde.

[286] Vgl. Bühner, R., Unternehmenssteuerung, 1996, S. 394; Raster, M., Shareholder-Value-Management, 1995, S. 53.

[287] Der *Brutto-Cash Flow* ist ein aus der Bilanz entnommener, um buchhalterische Verzerrungen korrigierter Gewinn nach Steuern: Als Verzerrungen werden Abschreibungen, Fremdkapitalaufwand, Mietaufwendungen (als besondere Form der Fremdfinanzierung) und Vorratsbewertungsverfahren (LIFO,FIFO) berücksichtigt. Vgl. Lewis, T.G., Total-Value-Management, 1994,S. 42 f.

[288] Entspricht grob dem in *Kapitel 3.3.2.1* definierten Gross Operating Cash Flow.

[289] Vgl. Lewis, T.G., Lehmann, S., CFROI, 1992, S. 1-13; Stelter, D., Management, 1996, S.9.

[290] Vgl. Bühner, R., Shareholder-Value-Report, 1994a, S. 41-42.

Die *Gross Operating Assets* (GOA) errechnen sich aus dem Wiederbeschaffungswert aller Aktiva (Umlaufvermögen, Sach- und Finanzanlagevermögen zuzüglich kumulierten Abschreibungen), abzüglich dem nicht-verzinslichen Fremdkapital[291], zuzüglich einer Inflationsanpassung, um die vergangene Investition mit den heutigen Cash Flows vergleichen zu können.[292] Im einzelnen setzen sich die Gross Operating Assets wie in *Darstellung 12* zusammen.

	Current Assets Other than Inventories
Gross Plant less Land and CIP	- Current Non-debt Liabilities
+ Gross Plant Inflation Adjustment	= Net Monetary Assets
+ Construction in Progress (CIP)	+ Inventories
+ Gross Leased Property	+ LIFO Inventory Reserve
+ Adjusted Intangibles	+ Land
- Pension Intangibles	+ Land Inflation Adjustment
= DEPRECIATING ASSETS	+ Other Long Term Assets
- NON-DEPRECIATING ASSETS	= NON-DEPRECIATING ASSETS
= GROSS OPERATING ASSETS (GOA)	

***Darstellung 12**: Zusammensetzung der Gross Operating Assets*
(Quelle: Madden, B.J., CFROI Valuation, 1999, S.112)

Die Bruttoinvestitionsbasis ist nach *Lewis/Lehmann (1992)* die relevante Bezugsgröße, da nur bei kontinuierlichem Ersatz dieser Aktiva nachhaltig Cash Flows erwirtschaftet werden und sie genau den Kapitalbedarf widerspiegelt, der von Eigen- und Fremdkapitalgebern verzinslich zu beschaffen ist. Um die Ausstattung verschiedener Geschäftsbereiche mit unterschiedlich lang nutzbaren Aktiva zu berücksichtigen, wird die durchschnittlich erwartete *Nutzungsdauer* des Anlagevermögens der im Geschäftsbereich gebundenen Aktiva als Quotient aus historischen Anschaffungskosten der abnutzbaren Aktiva (Gross Land less Land and CIP)[293] und den jährlichen linearen Abschreibungen bestimmt.[294] Schließlich ergibt sich der *Restwert* (nicht abschreibbare Aktiva, NDA) als Nettowert der Bruttoinvestitionsbasis am Ende der Nutzungsdauer.

Die *Hauptwerttreiber* des Cash Flow Return on Investment sind die EBIT Margin (EBIT/NS), der Kapitalumschlag (NS/GOA), die Nutzungsdauer (*T*), sowie

[291] Dazu zählen Anzahlungen, Lieferantenkredite, Rückstellungen, da sie i.d.R. keine Kapitalkosten verursachen. Vgl. Freygang, W., Kapitalallokation, 1993, S. 163.
[292] Vgl. Lewis, T.G., Total-Value-Management, 1994, S. 42.
[293] CIP=Construction in Progress.
[294] Vgl. Madden, B.J., CFROI Valuation, 1999, S. 113; Lewis, T. G., Total-Value-Management, 1994, S. 43 f.

das Verhältnis Non-depreciating Assets zu Gross Operating Assets (NDA/GOA), welche den CFROI maßgeblich beeinflussen.

Im *Vergleich zu herkömmlichen Renditekennzahlen* wie der Return on Investment (ROI) eignet sich der CFROI besser, die Profitabilität von Geschäftsbereichen abzubilden, da er Verzerrungen, die von unterschiedlicher Kapitalintensität (Umsatzrendite), Finanzierungsstruktur (Eigenkapitalrendite) und Abschreibungspolitik (Gesamtkapitalrendite) herrühren, weitgehend ausschaltet.[295] Beispielsweise berücksichtigt der CFROI im Gegensatz zur Umsatzrentabilität den Kapitalumschlag (Umsatz/Bruttoinvestitionsbasis). Er neutralisiert im Vergleich zur Eigenkapitalrendite den Leverage-Effekt, indem er unterschiedliche Verschuldungsgrade zwischen Geschäftsbereichen mit einbezieht, und er berücksichtigt im Vergleich zur Gesamtkapitalrendite das Alter der Aktiva, indem er kumulierte Abschreibungen zum Sachanlagevermögen wieder addiert.[296] Die Ausschaltung dieser Verzerrungen ist besonders für eine Holding von Bedeutung, die mit *einer* Rentabilitätskennzahl möglichst genaue Investitionsentscheidungen treffen und Geschäftsbereiche vergleichen will.[297]

Als *wertorientierte Steuerungsgröße* ist der CFROI jedoch nur bedingt geeignet:[298] Die Annahme eines konstanten Cash Flows über die Nutzungsdauer lässt zukünftige Entwicklungen außer acht und macht den CFROI zur vergangenheitsorientierten Periodenkennzahl mit den bereits angesprochenen Mängeln buchhalterischer Größen.[299] Konstante Cash Flows unterschätzen Projekte bzw. Investitionen wenn reales Wachstum vorliegt, so dass die CFROI-Kennzahl deshalb nur für stabile, stagnierende Märkte sinnvoll erscheint. Hinzu kommt, dass die Bruttoinvestitionsbasis aus dem Jahresabschluss bestimmt wird und damit durch kurzfristige, konjunkturelle Schwankungen verzerrt werden kann. Darüber hinaus berücksichtigt die Bruttoinvestitionsbasis nur aktivierbare Investitionen. Immaterielle und nicht derivativ erworbene Vermögensgegenstände bleiben unberücksichtigt. Das gilt insbesondere, wenn unterschiedliche Geschäftsfelder mit unterschiedlicher Höhe und Dauer der Investitionen, mit unterschiedlichen F&E- und Marketingkosten für neue Produkte und Märkte, sowie mit unterschiedlichen Produktlebenszyklen verglichen werden müssen. Problematisch ist auch der Ansatz des Liquidationswertes als Restwert unter der Annahme der völligen Abschreibung des Sachanlagevermögens und der Ver-

---

295 Vgl. Lewis, T.G., Lehmann, S., CFROI, 1992, S. 1.

296 Vgl. Lewis, T.G., Total-Value-Management, 1994, S. 42 f.; Lewis, T.G., Lehmann, S., CFROI, 1992, S. 12-13.

297 Vgl. Lewis, T.G., Lehmann, S., CFROI, 1992, S. 12.

298 Vgl. dazu Hachmeister, D., Discounted, 1994, S. 574; Born, K., Unternehmensanalyse, 1995, S. 216; Herter, R., Management, 1994, S. 80-82.

299 Vgl. dazu *Kapitel 3.1.1*

nachlässigung von stillen Reserven, was zu einer tendenziellen Bevorzugung (Überbewertung) von Dienstleistungsunternehmen und investitionsarmen, etablierten Unternehmensbereichen führen kann.

Dem Kritikpunkt des konstanten Cash Flows in der CFROI-Methode ist nicht zuzustimmen, wenn der Anwendungsbereich des CFROI in der *operativen Kontrolle* zu suchen ist und nicht für Zwecke der Investitions- und Strategieplanung herangezogen würde, so dass der Ist-Cash Flow der gerade abgelaufenen Periode zur operativen Steuerung angesetzt wird. Der CFROI sollte deshalb als Controllinginstrument verstanden werden.[300]

Der wesentliche Unterschied zwischen CFROI und EVA liegt darin, dass in der CFROI-Methode Erfolgsgrößen und Kapitalbasis brutto, d.h. vor Abschreibungen, angesetzt werden. Die Kapitalbasis im CFROI bleibt deshalb bei Veränderung der Cash Flows von Periode zu Periode konstant, während im EVA-Ansatz der Restbuchwert entsprechend der Abschreibungen verringert wird. Der Spread ROIC-wacc, der den EVA maßgeblich bestimmt, wird deshalb von der Abschreibungspolitik und der übrigen Bilanzpolitik determiniert, so dass der CFROI konzeptionell dem EVA-Ansatz überlegen ist.[301]

3.3.6 MULTIPLIKATORMETHODEN

Im praktischen Einsatz zeigt sich, dass Gesamtbewertungsverfahren (wie DCF- und Ertragwertmethoden)[302] häufig wegen des hohen Informationsbedarfs zu komplex sind und sie darüber hinaus bei der Anwendung auf nicht-börsennotierte Geschäftsbereiche Probleme bereiten können, so dass besonders externe Analysten Multiplikatormethoden (Market Multiples) verwenden. Aber auch das Management kann sich mit geringem Aufwand einen Überblick verschaffen wie über- bzw. unterbewertet ihr Unternehmen (Geschäftsbereich) im Vergleich zur Branche ist.

Der Multiplikator gibt das Verhältnis eines Wertindikators (z.B. Aktienkurses) zu einer beobachtbaren Variable (Gewinn, Umsatz oder Buchwert des Eigenkapitals) an. Es wird dabei eine Konstanz der Multiplikatoren für Unternehmen in

---

[300] Vgl. Dirrigl, H., Wertorientierung, 1998, S. 572.
[301] Vgl. Dirrigl, H., Wertorientierung, 1998, S. 574 und S. 576.
[302] Im Vergleich dazu werden die Verfahren i.R.d. Asset Approaches auch Einzelbewertungsverfahren genannt. Vgl. *Kapitel 3.3.1.*

der gleichen Branche unterstellt.[303] Die Über- bzw. Unterbewertung kann direkt durch den Vergleich mit dem Multiplikator der Branche (der ein Branchendurchschnitt darstellt) ermittelt werden oder es kann der Marktwert des Unternehmens (V^M) durch Multiplikation des Branchenmultiplikators (M), der sich z.B. aus dem durchschnittlichen Aktienkurs der Branche (P_B) und dem durchschnittlichen Gewinn pro Aktie der Branche (EPS_B) ergibt, mit der beobachtbaren Variable des zu bewertenden Unternehmens (EPS) errechnet werden:[304]

(23) $$V^M = \text{EPS} \times M, \quad \text{mit } M = \frac{P_B}{\text{EPS}_\text{B}}$$

Es werden grundsätzlich drei Multiplikatortypen unterschieden: Ertragsorientierte (Price/Earnings-Ratio, P/E-Ratio), umsatzorientierte (Price/Sales-Ratio, P/S-Ratio) und buchwertorientierte Multiplikatoren (Price/Book-Ratio, P/B-Ratio).[305] Daneben gibt es eine Fülle von teilweise selbst kreierten branchenspezifischen Multiplikatoren wie z.B. das Verhältnis Aktienkurs/Net Asset Value[306], das bei Banken-Analysen verwendet wird, oder das Verhältnis Aktienkurs/Anzahl der Netzteilnehmer in der Telekom-Branche.[307]

Ertragsorientierte Multiplikatoren basieren auf Ertrags- oder Cash Flow-Größen und man unterscheidet das Kurs-Gewinn-Verhältnis (KGV bzw. P/E-Ratio) und das Kurs-Cash-Flow-Verhältnis (Price/Cash Flow-Ratio, P/CF-Ratio). Das P/E-Ratio wird vom Gewinn und dem Aktienkurs determiniert und ist deshalb auch vom Diskontierungssatz (und damit dem Risiko) der erwarteten Gewinnwachstumsrate und der (Dividenden-) Ausschüttungsquote (PR) abhängig.[308] Dies macht folgende Bestimmung des Aktienkurses nach dem *Gordon Growth Model* deutlich:[309]

(24) $$P_0 = \frac{\text{DPS}_1}{r_E - g_n} = \frac{\text{EPS}_0 \times \text{PR} \times (1 + g_n)}{r_E - g_n} \Leftrightarrow \frac{P_0}{\text{EPS}_0} = \frac{\text{PR} \times (1 + g_n)}{r_E - g_n}$$

mit DPS_1 = Dividende pro Aktie (Dividends per Share) in t=1
r_E = Eigenkapitalkosten

303 Vgl. Cornell, B., Valuation, 1993, S. 56-57.
304 Vgl. Lohmann, L., Corporate Finance, 1998, S. 170.
305 Vgl. Pratt, S.P./Reilly, R.F./Schweihs, R.P., Valuing, 1996, S. 225f.
306 Net Asset Value (NAV) wird aus dem gesamten Anlagevermögen abzüglich immateriellen Vermögensgegenständen und Verbindlichkeiten bestimmt. Vgl. Downes, J./ Goodman, J.E., Investment, 1995, S. 362.
307 Vgl. Merrill Lynch, Broker Report BRE S.A., 1998, S. 1-4.
308 Vgl. Damodaran, A., Valuation, 1996, S. 292.
309 Vgl. Bodie, Z./Kane, A./Marcus, A.J, Investments, 1996, S. 525 f. Bei diesem Modell wird eine unendliche positive Dividendenwachstumsrate i.H.v. g_n unterstellt.

g_n = Dividendenwachstumsrate (konstant bis t=∞)
PR = Payout Ratio (Ausschüttungsquote)

Das P/E-Ratio (P_0/EPS_0) ist danach umso höher, je höher die Ausschüttungsquote, je niedriger der Diskontierungssatz und je höher das Gewinnwachstum ist. Hohe Aussagekraft hat das P/E-Ratio auch in nicht-kapitalintensiven Branchen mit niedrigen Abschreibungen, da Gewinne hier von Abschreibungen unverzerrt bleiben.[310] Das Problem der Steigerung des P/E-Ratio durch eine Steigerung der Ausschüttungsquote und die Problematik der Gewinnverzerrung durch Abschreibungen in kapitalintensiven Branchen kann durch die Verwendung von Cash Flow-Größen, also durch Anwendung des P/CF-Ratio weitgehend vermieden werden, da sie frei von Einflüssen aus bilanziellen Bewertungsmaßnahmen sind.

Weitere Nachteile der Anwendung von P/E- und P/CF-Ratio sind vor allem die Unbrauchbarkeit der Kennzahlen bei negativen Gewinnen und die hohe Sensitivität bezüglich der Gewinnvolatilität, was besonders bei Firmen in zyklischen Branchen wie der Automobil-Branche zu extremen Schwankungen in den P/E-Ratio führen kann.[311]

P/E-Ratio-Vergleiche zwischen Ländern erweisen sich grundsätzlich als schwierig. Zwar sind P/E-Ratio unabhängig von Steuersätzen, jedoch müssen Unterschiede in der Inflation und Zinssätzen, welche sowohl auf die Eigenkapitalkosten (r_E) als auch auf Unterschiede in der erwarteten Wachstumsrate der Bruttosozialprodukte der Länder wirken[312], bereinigt werden.[313] Außerdem impliziert eine Vergleichbarkeit zwischen Ländern eine gleiche Vorgehensweise der Gewinnermittlung, was bei unterschiedlichen Rechnungslegungsstandards nicht gegeben ist. Deshalb werden finanzierungsneutrale EBIT- und EBITDA-Größen dem Reingewinn (Earnings, Net Income) vorgezogen.[314]

In den letzten Jahren finden Gewinnmultiplikatoren, basierend auf dem *Enterprise Value* anstatt auf dem Aktienkurs, besonders in Technologiebranchen häufiger Anwendung.[315] Der Enterprise Value (EV) berechnet sich aus dem Markt-

---

310 Vgl. Mc Carter, M.B./Ashwald, K.F., Comparable, 1992, S. 152.
311 Vgl. Damodaran, A., Valuation, 1996, S. 307-308.
312 Dies wirkt sich wiederum auf g_n aus.
313 In der Praxis korrelieren P/E-Ratio und Inflation bzw. Zinssätze negativ, P/E-Ratio und erwartete Wachstumsraten des Bruttosozialproduktes positiv miteinander. Vgl. Damodaran, A., Valuation, 1996, S.300 f.
314 Vgl. Cornell, B., Valuation, 1993, S. 71.
315 Vgl. Carnegie AB, Valuation Guide, 1997, S. 53.

wert des Eigenkapitals[316] zuzüglich den Nettobuchschulden (Buchwert des Fremdkapitals abzüglich liquider Mittel) und misst, ins Verhältnis zum EBIT oder EBITDA gesetzt, den Preis des Unternehmens unter dem Aspekt der operativen, finanzierungsneutralen Ertragskraft.[317] Das EV/EBITDA-Ratio berücksichtigt aber keine Steueraufwendungen und ist unüblich bei Banken und Versicherungen, die eine Analyse auf dem nicht-operativen Level bevorzugen.

Buchwertorientierte Multiplikatoren (Price/Book-Ratio) werden vor allem zur Bewertung von substanzstarken Unternehmen verwendet, die eine hohe Korrelation von Aktienkurs und dem Buchwert des Eigenkapitals pro Aktie (B_0) vorweisen können. Bei konsistenten Rechnungslegungsstandards können deshalb sogar Vergleiche zwischen Branchen mit unterschiedlicher Ertragslage (auch negativer), Abschreibungsintensitäten und Steuersätzen vorgenommen werden.[318] Allerdings sind Price/Book-Ratio (genau wie Price/Earnings-Ratio) stark abhängig von Rechnungslegungsstandards, was den Ländervergleich sowie den Branchenvergleich erschwert, wenn nämlich branchenspezifische Rechnungslegungspraktiken beispielsweise Abschreibungen oder immaterielle Vermögensgegenstände unterschiedlich handhaben. So werden i.d.R. immaterielle Vermögensgegenstände wie selbsterstellte Patente, wegen der ungenauen Bestimmbarkeit der Herstellungskosten, für die Bestimmung des Buchwerts des Eigenkapitals nicht bilanziert. Darüber hinaus ist für die Bewertung von Dienstleistungsunternehmen mit nicht signifikant hohen fixen Anlagen ein Buchwertmultiplikator nicht empfehlenswert. Das P/B-Ratio wird von der Eigenkapitalrendite (ROE) positiv determiniert:

(25) $$P_0 = \frac{DPS_1}{r_E - g_n} = \frac{EPS_0 \times PR \times (1+g_n)}{r_E - g_n} \Leftrightarrow \frac{P_0}{B_0} = \frac{ROE \times PR \times (1+g_n)}{r_E - g_n}$$

mit $ROE = EPS_0 / B_0$

316 Der Marktwert des Eigenkapitals berechnet sich aus dem Marktwert der ausstehenden Aktien. Dazu werden üblicherweise noch Minderheitsanteile (von beteiligten Gesellschaften, die bei konsolidierten Abschlüssen vom Reingewinn subtrahiert werden und in der Bilanz separat neben dem Eigenkapital ausgewiesen sind) addiert. Der fiktive Marktwert dieser Minderheitsanteile kann durch den geschätzten Reingewinn der nächsten Periode, multipliziert mit dem geschätzten P/E ratio der nächsten Periode berechnet werden.

317 Vgl. Pfyl, T./Scilingo, D., Enterprise Value, 1997, S. 646; Carnegie AB, Valuation Guide, 1997, S. 53. Der EV bildet den Wert der gesamten Unternehmens ab, der z.B. für einen Akquirierer interessant ist, der die Schulden bedienen muss und Zugriff auf liquide Mittel hat.

318 Vgl. Carnegie AB, Valuation Guide, 1997, S. 53 f.; Damodaran, A., Valuation, 1996, S. 318-319.

Umsatzorientierte Multiplikatoren, vor allem das Kurs-Umsatz-Verhältnis (Price/Sales-Ratio, P/S-Ratio), sind sehr häufig verwendete Multiplikatoren, da sie, ungleich der Price/Earnings- und der Price/Book-Ratio, nicht negativ werden können, nicht von Rechnungslegungsstandards beeinflusst werden, Umsätze weniger volatil (bezüglich ökonomischer Veränderungen) sind als Gewinngrößen und P/S-Ratio Effekte der Preisänderungspolitiken und andere strategische Unternehmensentscheidungen sichtbar machen.[319] Die Nachteile liegen in der Kostenkontrolle: Verzerrungen ergeben sich bei Unternehmen mit unterschiedlichen Kostenstrukturen und Umsatzrenditen (Profit Margins), denn eine erhöhte Profit Margin (=EPS/Sales per Share) erhöht das P/S-Ratio.[320]

(26) $$P_0 = \frac{\mathrm{DPS}_1}{r_E - g_n} = \frac{\mathrm{EPS}_0 \times \mathrm{PR} \times (1+g_n)}{r_E - g_n} \Leftrightarrow \frac{P_0}{S_0} = \frac{\mathrm{PM} \times \mathrm{PR} \times (1+g_n)}{r_E - g_n}$$

mit $\mathrm{PM} = \mathrm{EPS}_0/S_0$ (Profit Margin, Umsatzrendite)

Die Bewertung von substanzschwachen Geschäftsbereichen, welchen Dienstleistungsbranchen mit homogenen Kostenstrukturen zugeordnet werden können, ist deshalb mit dem Umsatzorientierten Price/Sales-Ratio am genauesten.[321]

Multiplikator	**Zähler-Größen**	**Nenner-Größen**	**Determinanten des Multiplikators** allgemeine	spezielle	**Anwendung**
P/E-Ratio	Aktienkurs (P), Enterprise Value (EV)	Earnings (Reingewinn), EBIT, EBITDA, Cash Flow	Eigenkapitalkosten (r_E), Dividendenwachstumsrate (g_n), Ausschüttungsquote(Payout Ratio, PR)	-	Dienstleistungsunternehmen, nicht-zyklische Branchen
P/S-Ratio	Aktienkurs (P)	Umsatz (Sales, Net Sales)		Profit Margin (PM)	Dienstleistungsunternehmen, bei negativen Gewinnen, bei Unterschieden in Rechnungslegungsstandards
P/B-Ratio	Aktienkurs (P)	Buchwert des Eigenkapitals (Book Value, B)		ROE	Kapitalintensive Branchen, bei negativen Gewinnen, bei Unterschieden in Rechnungslegungsstandards

***Darstellung 13**: Multiplikatormethoden (Quelle: Eigene Darstellung)*

319 Vgl. Damodaran, A., Valuation, 1996, S. 338.
320 Vgl. Damodaran, A., Valuation, 1996, S. 339.
321 Vgl. Pratt, S.P./Reilly, R.F./Schweihs, R.P., Valuing, 1996, S. 227 f.

Zusammenfassend lässt sich sagen, dass Multiplikatormethoden aufgrund der Einfachheit der Anwendung und der wenigen enthaltenen Informationen nur zusammen mit anderen marktwertorientierten Methoden der Unternehmenssteuerung und –bewertung angewandt werden sollten. Multiplikatormethoden machen insbesondere keine Aussagen über Wertschaffung oder –vernichtung, da sie nicht zu den Shareholder-Value-Methoden zählen. Darüber hinaus sollten vor allem Konglomerate mit Geschäftsbereichen die unterschiedlichen Branchen zuzuordnen sind, sorgfältig Branchen bzw. Peer-Gruppen auswählen und nur die für ihre Branche geeigneten Multiplikatoren verwenden, um Verzerrungen und Fehlallokationen von Kapital zu vermeiden. Die Übersicht in *Darstellung 13* gibt darüber Auskunft.

3.4 HAUPTANWENDUNGSPROBLEME MARKTWERTORIENTIERTER METHODEN IN KONZERNEN

Der Schwierigkeitsgrad einer marktwertorientierten Bewertung von wirtschaftlichen Gebilden die aus mehreren Geschäftsbereichen bestehen, nimmt - wenn vom Internationalisierungsgrad abstrahiert wird - mit zunehmender Übereinstimmung von wirtschaftlich abgegrenztem Geschäftsbereich und organisatorischer Selbständigkeit ab. Deshalb ist die Schwierigkeit einer marktwertorientierten Bewertung besonders in Konglomeraten, die meist aus rechtlich selbständigen Gesellschaften bestehen, geringer als in diversifizierten Einzelunternehmen.[322] Der Marktwert des gesamten Konglomerats ergibt sich dann additiv aus den Werten der einzelnen Geschäftsbereiche.[323] Trotzdem soll an dieser Stelle kurz auf Bewertungsprobleme von Konzernen eingegangen werden, die rechtlich nicht-selbständige Tochtergesellschaften besitzen. Problembereiche ergeben sich in diesem Fall in struktureller, leistungswirtschaftlicher und finanzwirtschaftlicher Hinsicht.[324] Die Bewältigung dieser Probleme kann zugleich als Anforderung an die marktwertorientierte Bewertung im Konzern verstanden werden.

Strukturelle Fragen ergeben sich im Rahmen der Konzernorganisation. Grundsätzlich sollten Geschäftsbereiche (definiert als weitgehend autonome Konzern-Teileinheiten mit eigenständigem Leistungsprogramm für das es einen

---

[322] Vgl. Küting, K./Lorson, P., Geschäftsfelder, 1997, S. 6.
[323] Vgl. Küting, K./Lorson, P., Geschäftsfelder,1997, S. 6.
[324] Vgl. Vogel, J., Beteiligunscontrolling, 1997 S. 66-79; dazu Copeland, T., et al., Unternehmenswert, 1998, S. 334-360.

externen Markt gibt)[325] und die Konzernzentrale als *Value Center* verstanden werden, die einen eigenen Wertbeitrag zum Marktwert des Eigenkapitals des Konzerns leisten müssen, indem sie die Zurechenbarkeit aller Cash Flows, der Eigenkapitalkosten und des Fremdkapitals sicherstellen. Die Konzernzentrale, welche als Finanzholding mit einem geringen Maß an zentralen Funktionen ausgestattet ist und nur strategische Aufgaben hat, entspricht daher eher dem Value Center- Konzept als eine Konzernzentrale in Form einer operativen Holding (diese hat ebenfalls wie die Töchter eine operative Tätigkeit) oder einer strategischen Holding (Mutter greift in das operative Geschäft der Töchter nur bei strategischer Relevanz ein).[326] Eine Bewertung der Konzernzentrale in Form einer operativen oder strategischen Holding erfolgt dabei grundsätzlich ebenso wie die Bewertung der Geschäftsbereiche.[327]

Im **leistungswirtschaftlichen Bereich** stellen interne Leistungsbeziehungen im Konzern insoweit ein Problem dar, als das die zentrale Festlegung von Transferpreisen innerhalb des Konzerns, die dauerhaft von Marktpreisen abweichen, zu Verzerrungen bei der Marktwertermittlung des Value Centers führen kann, da bei kostenorientiert gebildeten Verrechnungspreisen Cash Flows des empfangenden Geschäftsbereichs zu niedrig und Cash Flows des liefernden Geschäftsbereichs zu hoch ausgewiesen werden.[328] Es sollten deshalb *marktpreisorientierte Transferpreise* zur Anwendung kommen.

Darüber hinaus gilt die Ermittlung der *Cash-Flow-Komponenten der Zentrale* als schwierig. Kostenanteile der Zentrale wie Gehälter, Tantiemen, Personalkosten der Stabsabteilungen, Versicherungsleistungen, Raumkosten, Werbe- und F&E-Aufwendungen auf Konzernebene etc., die den Geschäftsbereichen nicht zuzuordnen sind, vermindern den aggregierten Marktwert des Gesamtkapitals der Geschäftsbereiche.[329] Die Realisierung von *Steuervorteilen* der Konzernzentrale kann zum einen durch zeitliche Verlustverlagerung durch Verrechnung zwischen Geschäftsbereichen erfolgen,[330] wobei Konglomerate mit stark schwankenden Spartenerträgen stärker davon profitieren als homogenere Kon-

---

325 Vgl. Kilger, W., Industriebetriebslehre, 1986, S. 121 f.

326 Vgl. Vogel, J., Beteiligunscontrolling, 1997 S. 190; Vgl. zu den Holding-Begriffen Hoffmann, F., Konzernhandbuch, 1993, S. 14 f.

327 Vgl. Küting, K./Lorson, P., Geschäftsfelder, 1997, S. 6.

328 Vgl. Copeland, T., et al., Unternehmenswert, 1998, S. 339; Küting, K. /Lorson, P., Geschäftsfelder, 1997, S. 6.

329 Vgl. Copeland, T., et al., Unternehmenswert, 1998, S. 340-241.

330 Bevor der verlustbringende Geschäftsbereich diesen Verlust in späteren Perioden mit einem Verslustvortrag auf die dann erwirtschafteten Gewinne selbst ausnutzen kann. In Deutschland ist dies möglich aufgrund § 9 Nr. 2 u. 2a GewStG. (Schachtelprivileg).

zerne.[331] Zum anderen können Steuervorteile durch eine Steuerplanung im Sinne von Standortwahl und Verrechnungspreissystemen, die Gewinne steueroptimal entstehen lassen, auf Konzernebene erzielt werden.[332]

Finanzwirtschaftliche Probleme ergeben sich hauptsächlich in der Schätzung der individuellen Kapitalstrukturen der Geschäftsbereiche und in der Ermittlung der Eigenkapitalkosten. Auf die Problematik der divisionalen Eigenkapitalkostenzuteilung wurde bereits in *Kapitel 3.2.2* im Zusammenhang mit dem CAPM eingegangen. Eine Anpassung muss zwangsweise erfolgen, da in Konglomeraten Tochtergesellschaften in unterschiedlichen Branchen ganz unterschiedlichen Risiken ausgesetzt sind, so dass eine einheitliche hurdle rate (wacc) zu einer Verzerrung des Marktwerts des Gesamtkonzerns führen würde. Die gewichteten Gesamtkapitalkosten werden jedoch auch entscheidend von der Kapitalstruktur und damit von der Höhe des Fremdkapitals bestimmt. Da die Konzernfinanzierung meist zentral erfolgt, um finanzwirtschaftliche Synergiepotentiale auszunutzen wird die Kapitalstruktur der Geschäftsbereiche in der Praxis auf Basis einer branchenüblichen Kapitalstruktur geschätzt; oder es wird die Konzernkapitalstruktur unterstellt. In beiden Fällen entsteht eine Abweichung zum tatsächlichen Fremdkapitalbestand und Zinsaufwand der Teileinheiten, der jedoch vernachlässigbar ist, wenn bei der Aggregation der Teileinheiten diese wieder dem Marktwert des Konzernfremdkapitals bzw. den Zinsaufwendungen entsprechen.[333]

Die Unterstellung einer branchenüblichen Kapitalstruktur ist in Konglomeraten sinnvoll, da Fremdkapitalquoten je nach Branche sehr differieren können. So ist in der Versicherungsbranche ein höherer Fremdfinanzierungsbedarf vorhanden als in der Fertigungsindustrie, was sich im Rating[334] des Fremdkapitals wiederspiegelt: Branchen mit hohen Fremdfinanzierungspotentialen erhalten i.d.R. niedrigere Bonitäts-Ratings.[335]

---

[331] Vgl. Copeland, T., et al., Unternehmenswert, 1998, S. 343; Küting, K. /Lorson, P., Geschäftsfelder, 1997, S. 7.

[332] Vgl. Küting, K. /Lorson, P., Geschäftsfelder, 1997, S. 7.

[333] Vgl. Vogel, J., Beteiligunscontrolling, 1997 S. 79 f.; Copeland, T., et al., Unternehmenswert, 1998, S. 344 f.

[334] Bekannte Rating-Agenturen sind z.B. Standard and Poors Corp. (S&P), Moody's Investor Services, Fitch Investor Service und Duff and Phelps. Ein Rating von S&P bewertet die Bonität von Anleihen im Bereich AAA (beste Qualität, geringes Ausfallrisiko) bis hin zu C (geringster Anlegerschutz, in Gefahr des Zahlungsverzugs). Vgl. Steiner, M. /Bruns, C., Wertpapiermanagement, 1996, S. 162-163.

[335] Vgl. Copeland, T., et al., Unternehmenswert, 1998, S. 343; Küting, K. /Lorson, P., Geschäftsfelder, 1997, S. 7.

Eine tatsächliche Kapitalstruktur der Teileinheiten hingegen lässt sich nur bestimmen, wenn ausschließlich auf Basis der Planabschlüsse der Teileinheiten gerechnet wird, was ein konsistentes Konzernrechnungswesen voraussetzt.[336]

Zusätzliche Probleme der Marktwertermittlung entstehen in **internationalen Konzernen**. Landesspezifische Inflationsprognosen zukünftiger Einzahlungen sowie Bilanzanpassungen aufgrund von verschiedenen Rechnungslegungsstandards müssen dabei ebenso berücksichtigt werden wie die Prognose von Devisenterminkursen, um zukünftige Cash Flows ausländischer Tochtergesellschaften (deren Jahresabschlüsse bereits in die Währung der Konzernmutter umgerechnet wurden) zu prognostizieren. Weitere Faktoren sind z.B. politische Risiken und Auswirkungen von Hedgestrategien zur Absicherung von Währungsverlusten.[337]

3.5 VALUE MANAGEMENT KONGLOMERATER KONZERNPORTFOLIOS MITTELS MARKTWERTORIENTIERTER MODELLE

Die gewonnenen Informationen aus den beschriebenen Modellen können im Rahmen des Value Managements dazu verwendet werden, Konzernportfolios (Portfoliowertmanagement) oder einzelne Geschäftsbereiche (Geschäftsbereichsmanagement) strategisch zu steuern.[338]

Eine Besonderheit in Konglomeraten ist dabei, dass sie Geschäftsbereiche in verschiedenen Branchen besitzen, deren Wert (bzw. Wertbeitrag zum Gesamtkonzern) von verschiedenen Branchenfaktoren abhängig ist. Es ist deshalb im Rahmen des *Portfoliowertmanagements* sinnvoll, Portfoliorestrukturierungen (Investitions-/Desinvestitionsentscheidungen) und Ressourcenallokationen (Lenkung von Unternehmensressourcen in wertschaffende Bereiche) auf Basis der Dimensionen Wertschaffung des Geschäftsbereichs und Wachstum im Verhältnis zum Branchendurchschnitt durchzuführen *(siehe Darstellung 14)*. Eine Wertschaffung aus marktwertorientierter Sicht kann mit den in vergangenen Kapiteln bereits definierten Indizes und Verhältniszahlen (im folgenden Wertindizes genannt), ausgedrückt werden. Dabei ergibt sich eine negative Wertschaffung bzw. ein negativer Wertbeitrag eines Geschäftsbereiches z.B. durch einen Value Return on Investment (VROI) von kleiner

---

[336] Vgl. Vogel, J., Beteiligungscontrolling, 1997, S. 79 f.
[337] Vgl. Copeland, T., et al., Unternehmenswert, 1998, S. 361-387.
[338] Vgl. dazu Lewis, T., Total Value Management, 1994, S. 78 f.

eins. Für Geschäftsbereiche mit den Kombinationen *positiver Wertbeitrag und unterdurchschnittliches Wachstum im Vergleich zur Branche*, kann bspw. die Strategie „Verkauf an ‚best buyer'" empfohlen werden, da diese Sparte aufgrund der schlechten Performance im Vergleich zur Branche mindestens solange im Portfolio gehalten werden sollte, bis sich ein angemessener Verkaufspreis findet.

Wertschaffung	**Wachstum Geschäftsbereich im Verhältnis zum Branchendurchschnitt**	
	unterdurchschnittlich (<1)	***überdurchschnittlich (>1)***
positiv VROI > 1 ROIC/WACC > 1 CVAIndex > 1 CFROI/WACC$_R$ > 1	♦ Externes Wachstum ♦ Verkauf an "best buyer"	♦ Investition mit Wachstum
negativ VROI < 1 ROIC/WACC < 1 CVAIndex < 1 CFROI/WACC$_R$ < 1	♦ Schrumpfung ♦ Zerlegung ♦ Desinvestition	♦ Rentabilitätssteigerungen oder ♦ Desinvestition

***Darstellung 14**: Wertbeitragsportfolio*
(Quelle: in Anlehnung an Lewis, T., Total Value Management, 1994, S. 79 f.)

Im *Geschäftswertmanagement* werden Geschäftsbereiche nach ihren Wertindizes in Klassen der Wertschaffung eingeteilt: wertschaffende (Index > 1) , wertneutrale (Index = 1) und wertvernichtende (Index < 1) Geschäftsbereiche, so dass mit dem spezifischen Know-how der Geschäftsbereiche alternative strategische Stoßrichtungen auf ihre Erfolgswahrscheinlichkeit hin überprüft werden können. So können "Wertschaffern" über höhere Margen (was etwa über höhere Marketinganstrengungen oder eine höhere Kosteneffizienz erreichbar ist) oder eine effizientere Nutzung der Aktiva (z.B. höherer Kapitalumschlag) neue Cash Flows zugeführt werden oder durch weitere Investitionen (vorzugsweise durch internes Wachstum) solche weiter ausgebaut werden.[339]

[339] Vgl. dazu Boston Consulting Group, Unternehmenswert, 1992, S. 5 f.

4 BRANCHENVERGLEICH DER METHODEN

4.1 ÜBERSICHT UND VORGEHENSWEISE

Aus der Natur der dargestellten unterschiedlichen Ansätze zur Ermittlung der Wertschaffung von Geschäftsbereichen ergibt sich die Frage, wie sinnvoll es ist, alle Geschäftsbereiche nach *einer* Methode zu bewerten und steuern, insbesondere, wenn Geschäftsbereiche in unterschiedlichen Branchen operieren, die unterschiedliche Strukturen und Merkmale besitzen (wie z.B. Wettbewerbs-, Risiko-, Investitions-, Anlage- oder Kapitalstrukturen), die sich wiederum auf die Werttreiber der Modelle auswirken. Zur Beantwortung dieser Frage muß festgestellt werden, wie die Inputs (Parameter) der Modelle den Output (Wert des Unternehmens bzw. Geschäftsbereichs) beeinflussen, d.h. wie sensitiv der Unternehmenswert in bezug auf eine Veränderung seiner Werttreiber (Value Driver) reagiert. Die *Wertschaffungsgrenze* der jeweiligen Methoden, d.h. die Grenze, ab welcher aus kapitalmarktorientierter Sichtweise eine Wertschaffung vorliegt (z.B. CVAI = 1 beim CVA-Ansatz oder ROIC = $wacc_R$ beim EVA-Ansatz) hängt intuitieverweise von den Inputvariablen des jeweiligen Modells ab, so dass die Stärke der Abhängigkeit anhand von Sensitivitätsanalysen gemessen werden muß.

Die Messung der Sensitivitäten der Werttreiber[340] wird in einem *ersten Schritt* praktisch anhand der Bewertung des Marktwertes des Eigenkapitals der General Electric Company durchgeführt (*Kapitel 4.2*). Auf eine Analyse der Werttreiber des CVA-Ansatzes wird verzichtet, da dieser Ansatz in einer Gesamtbetrachtung über den gesamten Periodenzeitraum dem DCF-Ansatz entspricht und somit eine Analyse der speziellen CVA-Werttreiber nur auf Periodenebene interessant ist.[341] Im *zweiten Schritt* werden werttreiberrelevante Branchenfaktoren identifiziert, indem jedem Werttreiber eines Bewertungsmodells ein bestimmter durchschnittlicher Branchen-Proxy zugeordnet wird, der den Werttreiber über einen längeren Zeitraum möglichst gut nachbilden soll, um nachher von der Ausprägung der Proxy-Variable Rückschlüsse auf die Eignungsfähigkeit der Bewertungsmodelle für bestimmte Branchen ziehen zu können (*Kapitel 4.3*).[342] Beispielsweise wird dem Werttreiber „Umsatzwachstumsrate" die Proxy-Variable „Net Sales Growth Rate 5YA" zugeordnet, welche die durchschnittli-

[340] Genauer gesagt die Sensitivität des Shareholder Value bezüglich einer Veränderung der Werttreiber.

[341] Vgl. *Kapitel 3.3.4*

[342] Es wird aus Einfachheitsgründen mit Proxy-Variablen gearbeitet, da die tatsächlichen Werttreiber der Modelle für gesamte Branchen, in manchen Fällen aufwendig zu berechnen sind.

che Wachstumsrate der Net Sales in den letzten fünf Jahren angibt. Zu diesem Zweck wurden ausgehend von der *WORLDSCOPE-Datenbank*[343] die ca. fünfzig größten amerikanischen Unternehmen einer Branche – gemessen an der Marktkapitalisierung - ausgewählt und Durchschnitte über die Proxy-Variablen der einzelnen Unternehmen gebildet. Anhand dieser Branchen-Proxies und den Sensitivitätsgraden der Werttreiber der Bewertungsmodelle können dann in einem *dritten Schritt* (*Kapitel 4.4*) plausible Aussagen über die Vorteilhaftigkeit der Modelle in spezifischen Branchen getroffen werden.

4.2 SENSITIVITÄTSANALYSEN ANHAND VON WERTTREIBERN

4.2.1 DCF- (WACC-) BASIERTE ANALYSE

Zur Analyse der Wettreiber der Discounted-Cash-Flow-Methode (WACC-Ansatz) wurden diese zuerst aus einer ex post-Berechnung des Marktwertes (für das Jahr 1988) der General Electric Company über einen Untersuchungszeitraum von 1988 bis 1997 identifiziert, um sie dann anschließend einer Sensitivitätsanalyse zu unterziehen. Durch eine ex post-Berechnung wird das Prognoseproblem der Werttreiber umgangen, so dass eine relativ genaue Bestimmung des Marktwerts des Unternehmens erfolgen kann, welcher dann zwischen den Bewertungsmethoden besser vergleichbar ist.[344] Eine exaktere Bewertung des Konglomerats würde sich durch eine Bewertung der einzelnen Geschäftsbereiche und anschließende Addition der Teil-Unternehmenswerte ergeben,[345] da spartenspezifische Kapitalkosten berücksichtigt werden könnten,[346] jedoch hätte dies eine Beschaffung schwer zugänglicher Daten erfordert (z.B. die Zuteilung divisionaler Eigen- und Fremdkapitalkosten) und die Berechnung komplexer gemacht. Zudem ist für die Analyse der Werttreiber der Modelle eine detaillierte Bewertung unerheblich.[347]

---

343 Die Worldscope-Datenbank enthält Jahresabschlüsse und Kennzahlen der weltweit größten 15.000 Unternehmen, gemessen an der Marktkapitalisierung.

344 Für eine Sensitivitätsanalyse des Unternehmenswertes ist es jedoch unerheblich, *wie* die Werttreiber berechnet werden, sondern wie sie durch Variation den Unternehmenswert beeinflussen.

345 Vgl. dazu *Kapitel 3.4*

346 Vgl. zu Sparten-Betas Kapitel *3.2.2.*

347 Eine Analyse der Werttreiber hätte alternativ auch anhand von Beispielzahlen erfolgen können.

Ausgehend von den konsolidierten Bilanz- und GuV-Daten der Jahre 1988 bis 1997 wurden die **Free Cash Flows** pro Jahr des Untersuchungszeitraums berechnet (vgl. im folgenden die *Anhänge B1,* sowie die Free-Cash-Flow–Definition in *Kapitel 3.3.2.1.*[348] Dabei wurden die adjustierten Steuern (Adjusted Taxes) aus Income Taxes – Deferred Taxes[349] + Tax Shield from Interest Expense[350] – Taxes on Interest Income[351] berechnet. Sie betragen für das Jahr 1988 2.642 Mio. US-$. Die Investitionsausgaben in das Net Working Capital (Total Current Assets-Total Current Liabilities) wurden als Differenz des NWC zum Vorjahr berechnet. Zur Berechnung der Investitionsausgaben in die Capital Expenditures (Capex) wurde die Kennzahl Capex/Total Assets verwendet.

Die Berechnung der **Eigenkapitalkosten** erfolgte mithilfe des CAPM. Zur Ermittlung der erwarteten Rendite des Marktportefeuilles wird im allgemeinen über den gesamten Prognosezeitraum die historische Rendite eines breit gestreuten Aktienindexes als Marktindex verwendet[352]. Es wurde deshalb über die jährlichen Renditen des S&P 500 der geometrische Mittelwert berechnet:[353] Die Rendite des Marktportefeuilles beträgt danach $(31{,}01/11{,}22)^{1/9} - 1 = 11{,}59\ \%$. Als risikoloser Zins wurde der des 30-jährigen Treasury Bonds festgelegt, so dass sich im ersten Jahr (1988) eine Risikoprämie von 2,74 % (11,59 % – 8,85 %) ergibt. Die Betawerte von General Electric wurden p.a. auf monatlicher Basis im Zeitraum von 31.12.1988 – 31.12.1997 durch die Varianzen und Kovarianzen der Aktienkursveränderungen und der S&P 500-Renditen bestimmt.[354]

Die **Fremdkapitalkosten** (Cost of Debt) bestimmten sich aus dem effektiven Fremdkapitalzins (Effective Interest Rate), der sich wiederum aus dem gewichteten Mittel der Zinssätze des verzinslichen Fremdkapitals bildet.[355] Der Steuerkorrekturfaktor wurde aus Income Taxes/Pretax Income ermittelt, was dem Grenzsteuersatz bzw. der Effective Tax Rate entspricht. Die Gewichtung der

---

[348] Durch Rundungen (in der Ansicht) des verwendeten Tabellenkalkulationsprogramms, entsprechen aufsummierte Einzelgrößen manchmal nicht genau den Totalgrößen, jedoch wird die Rechengenauigkeit durch Verwendung von 13 Nachkommastellen (insbes. beim wacc dadurch erhöht).

[349] Deferred Taxes = Steuerrückstellungen.

[350] Tax Shield from Interest Expense = (Income Taxes /Pretax Income) × Interest Expense.

[351] Taxes on Interest Income = (Income Taxes /Pretax Income) × Interest Income.

[352] Vgl. Ross, S.A. / Westerfield, R.W./ Jaffe, J., Finance, 1996, S. 233.

[353] Der geometrische Mittelwert wird aufgrund der Annahme der Wiederanlage der erwirtschafteten Gewinne, besonders bei (Perfomance-)Indizes angewandt. Vgl. dazu Steiner, M. /Bruns, C., Wertpapiermanagement, 1996, S. 51.

[354] Vgl. *Anhang G*, sowie zur Berechnung des Beta *Kapitel 3.2.2.*. Das errechnete Beta im Jahr 1997 (1,25) weicht nur minimal ab von dem einzigen veröffentlichten Beta von General Electric in der WORLDSCOPE-Datenbank im Jahr 1997 (1,09).

[355] Der effektive Fremdkapitalzins wurde als Kennzahl aus der Datenbank übernommen.

Fremdkapitalkosten wurde schließlich mit dem Verhältnis Debt/Total Capital (und analog die Eigenkapitalkosten mit 1 – Debt/Total Capital) vorgenommen, wobei das Fremdkapital (Debt) aus Short Term Debt + Long Term Debt berechnet wurde[356], sowie das Gesamtkapital (Total Capital) aus den dem Fremdkapital zuzüglich der Börsenkapitalisierung (Shares Out × Closing Share Price).[357]

Die Discounted Cash Flows sowie der Continuing Value ($FCF_{1997}/wacc_{1997}-g$) wurden im nächsten Schritt mit den $wacc_{1997}$ auf das Jahr 1988 abgezinst, aufkumuliert und zum nichtbetriebsnotwendigen Vermögen, das aus den Bargeldreserven und Sichteinlagen (Cash) besteht, addiert.[358] Die unendliche Wachstumsrate (*g*) wurde mit 3 % angesetzt, welche kleiner ist als die langfristige Wachstumsrate der US-Volkswirtschaft, gemessen am Bruttosozialprodukt.[359]
Unter Abzug des Fremdkapitals wurde schließlich ein Marktwert des Eigenkapitals i.H.v. 76.324.430 US-$ bzw. 21,13 US-$ pro Aktie errechnet. Der Kurs von General Electric am 31.12.87 betrug 11.19 US-$, so dass die Aktie damals nach der DCF-Methode um 88% unterbewertet war. Gründe für diese Unterbewertung könnten in der Ineffizienz des Kapitalmarktes liegen oder in einem „conglomerate discount", welcher bei breit diversifizierten Unternehmen anzutreffen ist, bei welchen die Summe der Marktwerte der einzelnen Geschäftsbereiche größer ist als der Marktwert des Gesamtunternehmens.[360]

Zur Durchführung einer **Sensitivitätsanalyse** wurden basierend auf der Free-Cash-Flow-Prognose mittels Werttreiber nach *Rappaport, Durchschnitte* der Werttreiber gebildet. In der Praxis wird zwar eine *Prognose* der Werttreiber vorgeschlagen[361], jedoch sind in einer ex post-Analyse die Mittelwerte der Werttreiber über den (ex post-) Untersuchungszeitraum genauer, da alle prognoserelevanten Daten bereits in den Mittelwerten enthalten sind. Es wurden vorwiegend arithmetische Mittel über die Werttreiber des Untersuchungszeitraums gebildet, jedoch wurde für die durchschnittliche Umsatzwachstumsrate

---

356 Es wurden bei der Gewichtung der Fremdkapitalkosten, als auch bei der folgenden Berechnung des Marktwerts des Eigenkapitals, keine Marktwerte des Fremdkapitals berechnet, da eine nur minimale Abweichung von Marktzins und vereinbartem Fremdkapitalzins unterstellt wurde. Diese Annahme ist realistisch und wird in der Praxis häufig getroffen. Vgl z. B. Jackson, A. /Mauboussin, M.J./Wolf, C.R., Primer, 1996, S. 21.

357 Das Zirkularitätsproblem (vgl. dazu *Kapitel 3.2.1*) wurde durch die Annahme, dass der Marktwert des Eigenkapitals (der noch bestimmt werden muss) der Börsenkapitalisierung entspricht, umgangen.

358 Der Betrag wurde aus der Bilanzposition „Cash and equivalents" entnommen.

359 Vgl. Bodie, Z./ Kane, A./ Marcus, A.J, Investments, 1996, S. 502. Von 1974 bis 1990 wuchs das Bruttosozialprodukt der USA im Mittel um 2,5 % p.a.

360 Vgl. Servaes, H., Conglomerate, 1996, S. 1201-1225.

361 Vgl. *Kapitel 3.3.2.1*

der geometrische Durchschnitt (compounded annual growth rate, CAGR) bevorzugt, so dass der Umsatz theoretisch bis zum Ende des Untersuchungszeitraums auf den tatsächlichen Umsatz gleichmäßig anwuchs.[362]

Der Durchschnitt der gewogenen Kapitalkosten (wacc) wurde aus den Durchschnitten der beeinflussenden Faktoren (Beta, Effective Tax Rate, Cost of Debt, Riskfree Rate, Market Yield und Debt/Total Capital) gebildet. Da in der Free Cash Flow-Berechnung der adjustierte Steuersatz und im wacc der effektive Steuersatz benutzt wird[363] und Interdependenzen zwischen beiden bestehen, wurde bei der Sensitivitätsuntersuchung des (adjustierten) Steuersatzes, der effektive Steuersatz in Abhängigkeit des adjustierten Steuersatzes berechnet. Es wurde dabei von einem konstanten Verhältnis von Faktor 1,44 ausgegangen, was dem Verhältnis der Mittelwerte über den Untersuchungszeitraum entspricht (30,3 %/21,0 %).

Die Prognose-Formel des Free Cash Flows von *Rappaport* wurde, zum Zweck der Sensitivitätsanalyse auf zwei Arten modifiziert: Erstens schlägt *Rappaport* zwar vor, die Wachstumsraten n_{NWC} und n_{Capex} (NWC/ΔNS und Capex/ΔNS) zu Prognosezwecken jährlich anzupassen, jedoch kann in einer ceteris paribus - Sensitivitäsanlayse, in welcher alle Value Drivers über den Untersuchungszeitraum, bis auf einen konstant gehalten werden, statt der Investitionsrate in das NWC bzw. Capex eine jährliche Marge NWC/NS (=NWC Margin, m_{NWC}) bzw. Capex/NS (Capex Margin, m_{Capex}) berechnet werden, ohne die Analyse zu verfälschen. Zweitens benutzt Rappaport eine FCF-Definition die im NOPAT bereits Abschreibungen berücksichtigt[364], so dass die Abschreibungen (Depreciaton & Amortisation, D&A) explizit in der Prognose-Formel berücksichtigt werden mußten. Zu diesem Zweck wurde die Prognose-Formel umgestellt:[365]

$$(27)\quad \begin{aligned} FCF_{t,\text{konstVD}} &= \left[NS_{t-1}(1+g_{NS})r_{NS}(1-\tau)\right] + \left[NS_{t-1}(1+g_{NS})m_{D\&A}\right] \\ &\quad - \left[NS_{t-1}(1+g_{NS})m_{NWC}\right] - \left[NS_{t-1}(1+g_{NS})m_{Capex}\right] \\ &= NS_{t-1}(1+g_{NS})\left[r_{NS}(1-\tau) - m_{NWC} - m_{Capex} + m_{D\&A}\right] \end{aligned}$$

---

362 Im Fall von General Electric von 49.414 Milliarden bis auf 89.111 Milliarden US-Dollar.
363 Vgl. z. B. auch Jackson, A./Mauboussin, M.J./Wolf, C.R., Primer, 1996, S. 36.
364 Vgl. Rappaport, A., Shareholder Value, 1998, S. 193. Mandl, G./Rabl, K., Unternehmensbewertung, 1997, S. 335 f.
365 Vgl. dazu *Darstellung 8 (unten)* in *Kapitel 3.3.2.1*.

Demnach wächst der FCF bei im Zeitablauf *konstanten* Werten für die Value Driver mit der Wachstumsrate des Umsatzes g_{NS}, so dass in der Praxis EBIT-, NWC-, D&A- und Capex Margins, sowie die Steuersätze antizipiert und angepaßt werden müssen.[366] Zum Zweck einer Sensitivitätsanalyse der Value Driver sind jedoch konstante Annahmen (hier: gebildete Durchschnitte) der Value Driver zu bevorzugen, denn die Analyse kann so einfacher durchgeführt werden ohne dass die Aussagekraft der Ergebnisse dadurch verändert wird.[367] Die Unterstellung einer Wachstumsrate der übrigen Value Drivers im Zeitablauf neben der Umsatzwachsumsrate hätte die Analyse unnötig verkompliziert. Die Berechnung der Free Cash Flows in der Sensitivitätsanalyse erfolgte dann wie bei der anfänglichen Bewertung von General Electric.

Das **Ergebnis der Sensitivitätsanalyse** ist in *Darstellung 15* und im *Anhang B1* zusammengefaßt. Es wurden Intervalle der Werttreiber untersucht, indem die Auswirkung einer Veränderung der Value Driver auf den Shareholder Value mit dem Streuungs- bzw. Variabilitätsmaß Standardabweichung (sd) gemessen wurde. Der Shareholder Value (Marktwert des Eigenkapitals) verändert sich z.B. bei einer EBIT Margin von 32 % nicht (Ausgangssituation). Steigt die EBIT Margin hingegen um 5 %-Punkte auf 37 %, steigt der Shareholder Value gegenüber der Ausgangssituation (dSHV) um 26 %. Über das untersuchte Intervall der EBIT Margin von 0 bis 60 %, in welcher sich dSHV von –162 % bis +142 % bewegt, ergibt sich eine Sensitivität von sd=0.9 (oder 90 %-Punkten). Höchst sensitiv ist demnach der Shareholder Value bei einer Veränderung der Umsatzwachstumsrate, der Kapitalkosten und der Terminal Growth Rate. Die Messung der wacc-, Beta- und Terminal Growth Rate- Sensitivität erwies sich als schwierig, da diese Faktoren direkt voneinander abhängig sind und es zu Unendlichkeitsbetrachtungen kommt. Liegt der wacc beispielsweise nahe der Terminal Growth Rate (g), so wird der Continuing Value (FCF im Jahr 1997 dividiert durch $wacc_{1997} - g$) nahezu unendlich groß und damit auch die Veränderung des Shareholder Value (SHV). Die Standardabweichung des wacc kann deshalb nur in einem Intervall mit wacc > 3 % berechnet werden und ist stark abhägig vom *Beginn* des Intervalls. So würde ein Intervall des wacc von [4 %, 20 %] eine Standardabweichung des wacc von 1.67 ergeben, ein Intervall von [3,1 %; 20,1 %][368] ergäbe 16,45.[369] Standardabweichungen dieser Value Driver sind deshalb *innerhalb* des DCF-Modells schlecht vergleichbar, jedoch können im Vergleich zu denselben Value Driver der EVA-Methode (bei gleicher Inter-

---

366 Vgl. z. B. Thomson, A.,1998, DCF, S. 5 f.

367 Vgl. dazu auch Mandl, G./Rabl, K., Unternehmensbewertung, 1997, S. 337.

368 Mit einem Intervall-Schritt von 1 %.

369 Vgl. dazu *Anhang B2*. Analoge Überlegungen können für die Variablen g und Beta gemacht werden.

vall-Länge und -Schritte) relative Aussagen gemacht werden. Die Intervalle aller Value Driver wurden ökonomisch sinnvoll um den Wert des Value Driver der Ausgangssituation (bei dSHV=0) gewählt.

DCF Value Driver	Value Driver (D) für dSHV=0%	Untersuchungsintervall	Intervallschritt (S)	dSHV (D min)	dSHV (D max)	dSHV (D-5S)*	dSHV (D-1S)	dSHV (D+1S)	dSHV (D+5S)	sd im Intervall**
Net Sales growth	7%	-30% ; 30%	1%	-103%	430%	-32%	-6%	10%	50%	1,45
EBIT Margin	32%	0% ; 60%	1%	-162%	142%	-25%	-5%	6%	26%	0,90
NWC Margin	2%	-30% ; 30%	1%	208%	-177%	35%	9%	-3%	-29%	1,14
Capex Margin	9%	0% ; 20%	1%	59%	-70%	33%	7%	-6%	-31%	0,40
D&A Margin	5%	0% ; 10%	1%	-31%	33%	-31%	-5%	8%	33%	0,21
Adjusted Tax rate	21%	0% ; 60%	1%	15%	-55%	4%	1%	-1%	-4%	0,20
Beta	1	0 ; 2	0.05	76%	-33%	13%	2%	-2%	-10%	0,32
Debt/Total Capital	50%	0% ; 100%	1%	-39%	122%	-5%	-1%	2%	7%	0,44
Cost of debt	9%	0% ; 20%	1%	115%	-47%	42%	4%	-9%	-28%	0,47
wacc	9%	4% ; 20%	1%	590%	-76%	590%	23%	-17%	-54%	1,67
Terminal Growth Rate	3%	0% ; 8%	1%	-24%	366%	-24%	-10%	14%	366%	1,25

Anmerkung: Veränderungen des Value Driver (D) mit %-Intervallschritten in Prozentpunkten (z.B. D=7% => D+1S =8%)

* Ausnahme Terminal growth Rate: D-3%
** Standardabweichung ausgedrückt als Faktor: z.B. 1,45 = 145%-Punkte

D =	Ausprägung des Value Driver
dSHV =	Veränderung des Shareholder Value
sd =	Standardabweichung
S =	Intervallschritt

***Darstellung 15**: Ergebnis der DCF-Sensitivitätsanalyse*

4.2.2 EVA-BASIERTE ANALYSE

Ausgehend vom investierten Kapital (vgl. im folgenden *Anhang C1*) wurden pro Periode die EVA aus NOPAT abzüglich den Kapitalkosten (wacc × Invested Capital) berechnet. Das **investierte Kapital** (C_{t-1}, IC) je Periode wurde dabei aus der Datenbank übernommen, da eine Eigenberechnung aufgrund der schweren Zugänglichkeit von Management-Daten nicht möglich war. Zum Beispiel müssen zur Berechnung des investierten Kapitals Goodwill-Amortisationen bekannt sein, die in der Bilanz in der Position „Non-cash charges" enthalten sind. Weiterhin sind LIFO-Reserven oder Non-capitalized Leases nicht aus der Bilanz direkt zu entnehmen.[370] Für 1987 lagen keine Angaben über das investierte Kapital vor, welches zur Bestimmung des EVA 1988 notwendig war. Deshalb wurde es vereinfacht aus Operating Cash + Accounts Receivable + Inventories + Other Current Assets – Accounts Payable (=NWC des EVA) + Net Property Plants and Equipment (=IC) der Bilanz des Jahres 1987 errechnet und betrug 45.040 Mio. US-$.

Der **Net Operating Profit Before Tax (NOPBT)** entspricht der EBITDA-Definition in *Kapitel 3.3.2.1.* Im Gegensatz zum DCF-Modell werden in der EVA-Methode die adjustierten Steuern (Cash Tax Rate) vor Abschreibungen

[370] Vgl. zu den Anpassungen des Invested Capital Darstellung 10.

(adjustiert auf die NOPBT bzw. EBITDA und nicht auf die EBIT) berechnet. Der EVA_{1988} ergab sich dann aus 8.901 Mio. ($NOPAT_{1988}$) – 9,98 % ($wacc_{1988}$) × 45.040 Mio. (IC_{1987}) = 4.406 Mio. US-$.

Diskontiert mit dem wacc der jeweiligen Periode entsprechend dem DCF-Verfahren betrug der abgezinste, kumulierte EVA 25.952 Mio. Da der EVA_{1997} negativ war (-1.043 Mio.) wurde der **Continuing Value** aus dem normalisierten[371] EVA berechnet. Dabei wurde eine einfache Normalisierung aus dem arithmetischen Mittel der EVA im Prognosezeitraum (1988-1997) vorgenommen. Der normalisierte EVA_{1997} betrug damit 3.778 Mio. US-$.

Addiert man zum Continuing Value die kumulierten, abgezinsten EVA, erhält man den Market Value Added (MVA), der für General Electric im Jahr 1988 56,215 Mrd. US-$ betrug. MVA zuzüglich Beginning Capital (C_{1987}) zuzüglich Cash, abzüglich Debt ergibt den Marktwert des Eigenkapitals (Market Value of Equity), der am 31.12.1988 19,05 US-$ pro Aktie betrug. Der Börsenwert (11,19 US-$) der Aktie von General Electric war damit gegenüber dem Marktwert um 70 % unterbewertet, was ungefähr der Unterbewertung nach dem DCF-Modell entspricht (88 %).

Der **MVA** kann schneller auch ex-post (nicht über die geschätzten EVA) berechnet werden, und zwar aus Marktkapitalisierung (Share Price × Shares Outstanding) + Debt – Invested Capital. In diesem Fall wird unterstellt, dass der Marktwert des Eigenkapitals gleich der Börsenkapitalsierung ist. Der MVA von General Electric ist ex post nur etwa halb so hoch (27.819 Mio.) wie aus der ex ante-Berechnung. In der Praxis sind solche Differenzen jedoch häufiger zu beobachten. Eine Untersuchung von *Hostettler (1996)* von 63 Schweizer Aktiengesellschaften ergab Bewertungsunterschiede des MVA zwischen der ex post- und der ex ante-Berechnung von 550 % (Zehnder AG) und mehr und Bewertungsunterschiede im Marktwert des Eigenkapitals von bis zu 242 % (Bucher AG).[372] Der Vergleich der beiden MVA-Werte gibt Ursachen auf mögliche Unter- oder Überbewertungen durch den Kapitalmarkt oder auch auf falsche Prognosen der Entwicklung zukünftiger EVA. Letzteres ist jedoch im Fall General Electric auszuschließen, da die EVA bereits ex post berechnet wurden.

Vor der Durchführung der **EVA-Sensitivitätsanalyse** wurden wie bei der DCF-Analyse, über den Untersuchungszeitraum arithmetische Mittel der Werttreiber gebildet (bzw. für die Umsatzerlöse das geometrische Mittel). Die EVA der Perioden wurden dann anschließend mit der EVA-Prognoseformel (siehe *Glei-*

---

[371] *Normalisiert* = wie EVA in „normalem Jahr" gewesen wäre. Vgl. dazu Damodaran, A., Valuation, 1999, S. 11.

[372] Vgl. Hostettler, S., EVA, 1997, S. 334 f.

chung (18)) geschätzt. Die Veränderung des Shareholder Value (dSHV) konvergiert im EVA-Modell bei einem Turnover (TO) von nahe Null gegen unendlich, da das investierte Kapital aus NS/TO je Periode geschätzt wird. Der (adjustierte) Steuersatz (Cash Tax Rate) hat im Modell ebenfalls eine enorme Hebelwirkung ab einem Steuersatz von ca. 60 % (siehe *Anhang C2*), da die adjustierten Steuern im EVA-Modell, im Gegensatz zum DCF-Modell, direkt als *Faktor* in die EVA-Prognose eingehen, während die FCF-Prognose des DCF-Modells den Steuersatz im NOPLAT berücksichtigt, wovon anschließend NWC- und Capex-Investitionen *subtrahiert* werden (siehe dazu *Gleichung (27)*).

EVA Value Driver	Value Driver (D) für dSHV=0%	Untersuchungsintervall	Intervallschritt (S)	dSHV (D min)	dSHV (D max)	dSHV (D-5S)*	dSHV (D-1S)	dSHV (D+1S)	dSHV (D+5S)	sd im Intervall**
Net Sales Growth	7%	-30% ; 30%	1%	-82%	330%	-25%	-5%	8%	39%	1,12
Operating Profit Margin	37%	0% ; 60%	1%	-201%	127%	-26%	-4%	7%	29%	0,97
Turnover	0,6	0,1 ; 1,1	0,02	-489%	53%	-12%	4%	11%	22%	1,19
ROIC	17%	0% ; 34%	1%	-201%	205%	-58%	-10%	14%	62%	1,22
Cash Tax Rate	18%	0% ; 60%	1%	12%	-44%	3%	0%	-1%	-4%	0,16
Beta	1	0 ; 2	0.05	90%	-42%	15%	3%	-3%	-13%	0,38
Debt/Total Capital	50%	0% ; 100%	1%	-50%	143%	-6%	-1%	2%	8%	0,52
Cost of Debt	9%	0% ; 20%	1%	135%	-61%	49%	4%	-11%	-35%	0,57
wacc	9%	4% ; 20%	1%	687%	-115%	687%	27%	-21%	-71%	1,99
Terminal Growth Rate	3%	0% ; 8%	1%	-16%	243%	-16%	-7%	10%	243%	0,83

Anmerkung: Veränderungen des Value Driver (D) mit %-Intervallschritten in Prozentpunkten (z.B. D=7% => D+1S =8%)

* Ausnahme Terminal growth Rate: D-3%

** Standardabweichung ausgedrückt als Faktor: z.B. 1,12 = 112 % - Punkte

D =	Ausprägung des Value Driver
dSHV =	Veränderung des Shareholder Value
sd =	Standardabweichung
S =	Intervallschritt

***Darstellung 16**: Ergebnis der EVA-Sensitivitätsanalyse*

Am stärksten reagiert der Marktwert des Unternehmens im EVA-Modell auf eine Veränderung der Werttreiber ROIC, Turnover und der gewichteten Kapitalkosten (siehe *Darstellung 16*). Im Vergleich zur DCF-Methode wirkt sich das Umsatzwachstum, die Veränderung der Terminal Growth Rate und ein Anstieg des Steuersatzes weniger stark auf den Shareholder Value aus, hingegen führt vor allem ein Anstieg der Kapitalkosten zu einer größeren (positiven) Veränderung des Shareholder Value. Ein Grund der stärkeren Sensitivität des Modells bezüglich der gewichteten Kapitalkosten liegt in der doppelten Berücksichtigung des wacc im EVA-Modell. Die EVA der Perioden werden berechnet als Überschußrendite des ROIC zum wacc, multipliziert mit dem investierten Kapital und anschließend nochmals mit dem wacc abgezinst (siehe *Anhang C1*). Da im EVA-Modell eine Periodenbetrachtung angestrebt wird (EVA je Periode als Vergleichsmaß bzw. Performancemaß) und das DCF-Modell nur aus Sicht des gesamten Prognosezeitraums Aussagen zuläßt, ist der Abzinsungseffekt im EVA-Modell, aufgrund der relativ zu den Free Cash Flows niedrigeren EVA je Periode, stärker ausgeprägt, d.h. die Sensitivität des Shareholder Value bezüglich einer Veränderung des wacc und der Terminal Growth Rate ist höher. Gemessen an der Standardabweichung reagiert der Shareholder Value bezüglich der Terminal Growth Rate im EVA-Modell deshalb fast doppelt so sensitiv wie im DCF-Modell. Die Standardabweichung der Terminal Growth Rate beträgt im EVA-Modell 0,83 gegenüber 1,25 im DCF-Modell.

4.2.3 CFROI-BASIERTE ANALYSE

Der Cash Flow Return on Investment der General Electric Company berechnete sich aus dem über die Nutzungsdauer als konstant angenommenen und jährlich zufließenden Gross Cash Flow des Jahres 1988 als interner Zinsfuß mit einer Bruttoinvestitionsbasis (Gross Operating Assets, GOA) und nicht-abschreibbaren Aktiva (Non-depreciating Assets, NDA) des Jahres 1988 (vgl. im folgenden *Anhang D1* sowie *Kapitel 3.3.5*). Der Gross Cash Flow entspricht dabei dem Gross Operating Cash Flow aus der Cash-Flow-Abgrenzung in *Darstellung 8* und betrug 1988 8.901 Mio. US-$.

Die *Gross Operating Assets*, setzten sich im Fall von General Electric vereinfacht (ohne Inflationsanpassung, und kleinere Anpassungen wie Pension Adjustments und LIFO Inventory Reserves) aus Depreciating Assets und Non-depreciating Assets zusammen. Depreciating Assets (abschreibbare Aktiva) wurden aus Gross Plant (inkl. Accumulated Depreciation and Equipment Leased to Others) abzüglich Land and Improvements und zuzüglich Intangible Assets, die sich hauptsächlich aus dem Goodwill zusammensetzen, berechnet.[373] Die Non-depreciating Assets berechneten sich aus Monetary Assets abzüglich Non-debt Liabilities zuzüglich Inventories und Land and Improvements. Die *Accrued Expenses* setzten sich aus „progress collections and price adjustments accrued" und „All other GE current costs and expenses" zusammen und wurden aus den Bilanzen des Untersuchungszeitraumes entnommen.[374]

Die geschätzte Nutzungsdauer der Gross Operating Assets kann vereinfacht unter der Annahme einer linearen Abschreibung der Adjusted Gross Plants (Total Depreciating Assets – Intangible Assets) geschätzt werden[375] (Adjusted Gross Plants/ Depreciation & Amortisation) und betrug 1988 10,99 Jahre, so dass für die CFROI-Sensitivitätsanalyse der gleiche Zeitraum (von 1988 – 1997) unterstellt werden konnte wie bei der DCF- und EVA-Analyse.

---

[373] Vgl. z. B. General Electric Company, General Electric Annual Report 1997, S. 56, 1998. Der Goodwill beträgt im Jahre 1997 92 % der gesamten Intangible Assets.

[374] Vgl. z. B. General Electric Company, General Electric Annual Report 1997, S. 26, 1998.

[375] Vgl. Madden, B.J., CFROI Valuation, 1999, S. 113.

Der *CFROI* (interne Zinsfuß) des Jahres 1988, mit Gross Operating Assets in Höhe von 56.641 Mio., konstanten Gross Operating Cash Flows von 8.901 Mio. über den Nutzungsdauerzeitraum von 1988-1997 und Non-depreciating Assets i.H.v. 23.181 Mio. US-$, berechnete sich schließlich durch lineare Interpolation und betrug 11,7 %.[376] Bei einem gewichteten Kapitalkostensatz (wacc) im Jahr 1988 von 9,98 % wäre die „Investition" Gross Operating Assets vorteilhaft, d.h. wertschaffend.

Im Rahmen der **Sensitivitätsanalyse** wurde ceteris paribus die prozentuale Veränderung des CFROI (dCFROI) bei einer Veränderung der Value Driver Nutzungsdauer (*T*, Asset Life), EBIT Margin (EBIT/Net Sales), Gross Operating Asset Turnover (Net Sales/GOA), Adjusted Tax Rate sowie der Abschreibungsintensität (Depreciation/GOA) und der Anteil der nicht-abschreibbaren Aktiva an der Bruttoinvestitionsbasis (NDA/GOA) untersucht (vgl. *Anhang D2* und *Darstellung 17*).

Bei einem (unrealistischen) *Turnover* von nahe Null, wird der CFROI im Verhältnis zum CFROI der Ausgangssituation (mit einem Turnover von 0,87) rapide negativ. Bei der eher realistischen Annahme eines kontinuierlichen Umsatzwachstums steigt der CFROI jedoch linear mit dem Turnover an.

Die Veränderung des CFROI aufgrund einer Änderung der *Adjusted Tax Rate* ist im Gegensatz zur DCF- und EVA-Analyse linear, da bei der CFROI-Sensitivitätsanalyse nur *eine* Periode der Steuerzahlung berücksichtigt wird (1988). Die Mehrperiodigkeit in der Analyse liegt lediglich in der Berechnung des internen Zinsfußes (CFROI) unter der Annahme konstanter Gross Operating Cash Flows in Höhe von 8.901 Mio. US-$ über die Nutzungsdauer. Trotz linearer Veränderung des CFROI mit einer Veränderung des Steuersatzes reagiert dCFROI sensitiver auf eine Veränderung der Adjusted Tax Rate. Die Standardabweichung der Veränderung beträgt 0,3 gegenüber einer Standardabweichung von 0,16 im EVA-Modell und 0,20 im DCF-Modell.

Die *Nutzungsdauer* der Gross Operating Assets (Asset Life) beeinflusst den CFROI ab einer Nutzungsdauer von 10 Jahren nur schwach und die der CFROI konvergiert c.p. bei einer theoretisch unendlichen Nutzungsdauer gegen 15.71 %. Dies entspricht einer Änderung (gegenüber des CFROI von 11.7 %) in Höhe von dCFROI=34.79 %.

---

[376] Die Nutzungsdauer wurde, um einen Vergleich mit den Werttreibern der DCF- und EVA-Methoden zu ermöglichen, genauso lange angesetzt wie der Untersuchungszeitraum dieser Methoden (1988-1997). Eine genaue Berechnung des CFROI mit einer Asset Life von 10,99 Jahren hätte einen CFROI von 13,01 % ergeben.

CFROI Value Driver	Value Driver (D) für dSHV=0%	Untersuchungsintervall	Intervallschritt (S)	dSHV (D min)	dSHV (D max)	dSHV (D-5S)*	dSHV (D-1S)	dSHV (D+1S)	dSHV (D+5S)	sd im Intervall**
EBIT Margin	19%	0% ; 60%	1%	-130%	245%	-31%	-5%	8%	33%	1,10
GOA Turnover	0,9	0,1 ; 1,1	0,02	-114%	31%	-10%	1%	7%	18%	0,43
Adjusted Tax Rate	28%	0% ; 60%	1%	47%	-55%	9%	3%	-1%	-8%	0,30
Depreciation/GOA	4%	0% ;10%	1%	-42%	61%	-42%	-10%	10%	51%	0,34
NDA/GOA	41%	0% ; 100%	1%	-35%	35%	-4%	-1%	1%	4%	0,20
Asset Life	9	0 ; 100	1	-472%	35%	-90%	-8%	6%	21%	0,62

Anmerkung: Veränderungen des Value Driver (D) mit %-Intervallschritten in Prozentpunkten (z.B. D=19% => D+1S =20%)

* Ausnahme Depreciation/GOA: D-4%
** Standardabweichung ausgedrückt als Faktor: z.B. 1,10 = 110 % - Punkte

D =	Ausprägung des Value Driver
dSHV =	Veränderung des Shareholder Value
sd =	Standardabweichung
S =	Intervallschritt

***Darstellung** 17: Ergebnis der CFROI-Sensitivitätsanalyse*

4.2.4 MULTIPLIKATOR-BASIERTE ANALYSE

Eine Sensitivitätsanalyse der Multiplikator-Methoden kann analytisch erfolgen, da sie nur von wenigen Determinanten beeinflusst werden und dementsprechend eine nur geringe Aussagekraft in bezug auf den zu schätzenden Unternehmenswert haben.[377] Als Alternative zu der in *Kapitel 3.3.6* dargestellten Bewertung des Marktwerts des Eigenkapitals mithilfe branchenüblicher Multiplikatoren (vgl. *Gleichung (23)*), kann eine Über- bzw. Unterbewertung des Unternehmens durch einen direkten Vergleich von Unternehmens- und Branchenmultiplikator abgelesen werden. Der Marktwert des Unternehmens ist deshalb neben dem (nicht-beeinflussbaren) Branchenmultiplikator auch –je nach Multiplikatortyp- von Gewinnmargen (PM), Ausschüttungsquoten (PR) und Eigenkapitalrentabilitäten (ROE) des eigenen Unternehmens abhängig, sowie, bei Unterstellung des Dividendenwachstumsmodells, von den Eigenkapitalkosten (r_E) und der Dividendenwachstumsrate (g_n). Die Faktoren Eigenkapitalkosten und Dividendenwachstumsrate determinieren jeden Multiplikator, während speziell die Profit Margin das P/S-Ratio und der ROE das P/B-Ratio determinieren.[378]

Die Sensitivität der Über- bzw. Unterbewertung des Unternehmens im Vergleich zur Branche, ist durch Differentation der Gleichungen *(24) bis (26)* nach diesen speziellen Faktoren ersichtlich:

[377] Vgl. im folgenden *Kapitel 3.3.6.*
[378] Vgl. dazu *Gleichungen (24) bis (26).*

(28) $$\mathrm{d}\frac{P_0}{S_0}\Big/\mathrm{dPM} = \mathrm{d}\frac{P_0}{B_0}\Big/\mathrm{dROE} = \mathrm{d}\frac{P_0}{\mathrm{EPS}_0} = \frac{\mathrm{PR}\times(1+g_n)}{r_E - g_n}$$

Eine Veränderung der Profit Margin, als auch eine Veränderung des ROE determinieren das P/S- bzw. das P/B-Ratio in –einem linearen Verhältnis. Eine Steigerung des ROE um 10 % erhöht z.B. das P/B-Ratio ebenfalls um 10 % welches das Unternehmen c.p. überbewertet, da die Differenz zwischen Unternehmens- und Branchenmultiplikator steigt. Geschäftsbereiche mit sehr hohen Profit Margins bzw. ROEs relativ zur Branche werden deshalb tendenziell überbewertet, wenn man P/S-Ratios bzw. P/B-Ratios zugrunde legt.

Die Sensitivität der Multiplikatoren bezüglich der gemeinsamen Werttreiber g_n und r_E ist abhängig von den speziellen Werttreibern Profit Margin und ROE und darüber hinaus von dem zugrundeliegenden Bewertungsmodell. Ein hier unterstelltes einstufiges Dividendenwachstumsmodell (Dividend Discount Model, DDM) lässt die Dividenden mit der Wachstumsrate g_n unendlich wachsen. Zweistufige oder dreistufige Modelle gehen von mehreren Wachstumsphasen aus. So unterstellt das dreistufige DDM eine anfängliche Phase des hohen Wachstums, gefolgt von einer Phase mit abnehmenden Wachstumsraten und einer Phase mit konstanten Wachstumsraten.[379] Die Qualität der Prognose unterscheidet sich deshalb je nach dem zugrundeliegenden Modell erheblich, so dass im folgenden Branchenvergleich nur spezielle Faktoren der Multiplikatoren berücksichtigt werden. Die relevanten Value Drivers des Marktwertes des Unternehmens sind deshalb bei den Multiplikatormethoden der ROE (bei Verwendung des P/B-Ratio), die Profit Margin (bei Verwendung des P/S-Ratios) und die Multiplikatoren der Branchendurchschnitte, welche den Unternehmenswert alle 1:1 (linear) beeinflussen.

Wie aus *Darstellung 18* ersichtlich ist, hängt die Qualität einer Multiplikator-Analyse zum einen von dem zugrundeliegenden Branchenmultiplikator ab und zum anderen von der definierten Branche bzw. der Peer Group. Je nach Multiplikator ist General Electric im Januar 1999 im Vergleich zum Peer Group-Durchschnitt um 157 % (EV/EBITDA-Ratio) überbewertet bzw. um 98 % (P/E-Ratio) und um 207 % (P/S-Ratio). Im obigen Fall wurde eine Peer Group aus den Hauptkonkurrenten von General Electric im Hauptgeschäft Electrical Equipment zusammengestellt. Wird das P/E-Ratio des Gesamtmarktes (gemessen am S&P 500) dem P/E-Ratio von General Electric gegenübergestellt, ergibt sich nur noch eine Überbewertung von 50 %. Multiplikatoranalysen können deshalb nur einen groben Anhaltspunkt für eine Über- oder Unterbewertung von Unternehmen und Geschäftsbereichen geben und sollten nur in Verbindung mit den fundierteren DCF/CVA-, EVA-, oder CFROI- Analysen angewandt werden.

---

379 Vgl. Damodaran, A., Valuation, 1996, S. 207.

Mio. US-$	Price 11/01/99	Mio. Shares	Market Value of Equity	+Debt	-Cash	=Enterprise Value (EV)	EBITDA 1998E	Sales 1997	EPS 1997	EV/ EBITDA	P/E Ratio	P/S Ratio
AO Smith	25,69	23,6	606	132	26	712	107	833	1,33	6,7	19,3	0,73
Coltec Industries	19,25	69,1	1.330	611	18	1.923	277	1.315	1,42	6,9	13,6	1,01
Cooper Industries	45,38	103,5	4.697	2.123	19	6.801	998	5.288	3,21	6,8	14,1	0,89
Eaton	71,94	71,4	5.137	1.590	91	6.636	973	7.563	6,33	6,8	11,4	0,68
Emerson Electric	63,44	438,2	27.799	2.581	210	30.170	2.638	12.299	2,5	11,4	25,4	2,26
General Electric	99,69	3.267,7	325.757	4.973	844	329.886	14.660	89.302	2,46	22,5	40,5	3,65
W.W. Grainger	41	95,2	3.903	191	46	4.048	490	4.136	2,27	8,3	18,1	0,94
Honeywell	76	125,9	9.568	1.511	74	11.005	1.304	8.028	3,65	8,4	20,8	1,19
Hubbell	36,25	65,8	2.385	154	301	2.238	288	1.379	2,36	7,8	15,4	1,73
MagneTek	11,81	30,8	364	270	2	632	111	1.197	1,03	5,7	11,5	0,30
Mettler-Toledo	25,75	38,3	986	378	16	1.348	124	878	0,51	10,9	50,5	1,12
Rockwell Int'l.	43,5	190,6	8.291	1.064	103	9.252	1.084	7.762	2,12	8,5	20,5	1,07
TB Wood's	12,25	5,8	71	33	2	102	21	124	1,47	4,9	8,3	0,57
York Int'l	39,94	40,1	1.602	420	12	2.010	286	3.194	2,35	7,0	17,0	0,50
									Mean	8,8	20,5	1,19
									Median	7,4	17,5	0,98
S&P500	1.263,88										27,0	

***Darstellung 18**: General Electric Multiplikator-Vergleich*
(Quelle: Goldman Sachs Investment Research, Electrical Equipment, Januar 1999)

4.3 ANALYSE WERTTREIBERRELEVANTER BRANCHENFAKTOREN

Die Auswahl der amerikanischen Branchen für welche Proxy-Variablen der Wertgeneratoren identifiziert wurden, erfolgte nach der Zukunftsträchtigkeit der Branche im aktuellen M&A-Markt. Dazu zählen laut *Credit Suisse First Boston* die Branchen Telekommunikation, Computer Software (inkl. Ausrüster- und Service-Unternehmen), Banken und Versicherungen[380] und Pharma, die in den „Top 10 Industry Rankings“[381] im M&A-Geschäft enthalten sind.[382] Ebenfalls unter den ersten zehn Branchen, gemessen am aggregierten Gesamtvolumen des Jahres 1999, sind die Automobil-Branche und die Versorger (Elektrizität, Gas,Wasser), welche ebenfalls in die Untersuchung mit einbezogen wurden. Als Proxy-Variablen für die Value Drivers der Modelle wurden Variablen ausgewählt von denen eine starke Korrelation mit dem jeweiligen Werttreiber vermutet wurde. Value Drivers und Branchen-Proxies sind in *Darstellung 19* veranschaulicht. Die Werttreiber die den Marktwert des Eigenkapitals beeinflussen wurden in drei Hauptgruppen kategorisiert: Faktoren der Wettbewerbsintensität, der Investitionsintensität und der Kapitalkosten. Falls in der Datenbank vorhanden waren, wurden Proxy-Variablen über einen längeren Zeitraum (meist Fünf-

[380] Stellvertretend für Banken, Versicherungen und sonstige Finanzdienstleister, wurde in der Untersuchung die Bankenbranche ausgewählt.
[381] Vgl. z. B. o.V., Rankings, 1999, S. 1.
[382] Vgl. Credit Suisse First Boston, M&A Update, 1998, S. 5.

jahres-Durchschnitte, 5YA) ausgewählt, um zufällige Schwankungen auszuschließen.

	DCF		EVA		CFROI		Multiples	
	Value Driver	**Branchen-Proxy**	**Value Driver**	**Branchen-Proxy**	**Value Driver**	**Branchen-Proxy**	**Value Driver**	**Branchen-Proxy**
Wettbewerbs-intensität	EBIT Margin	Operating Margin 5YA	Operating Profit Margin	Operating Margin 5YA	EBIT Margin	Operating Margin 5YA	Profit Margin	Operating Margin 5YA
	Net Sales Growth	Net Sales Growth 5YA	Net Sales Growth	Net Sales Growth 5YA			ROE	ROE 5YA
	Adjusted Tax Rate	Effective Tax Rate	Cash Tax Rate	Effective Tax Rate	Adjusted Tax Rate	Effective Tax Rate		
							Branchenmultiplikatoren:	
Investitions-intensität	NWC Margin	NWC/Net Sales	Turnover	Asset Turnover 5YA	GOA Turnover	Asset Turnover 5YA	P/E-Ratio	P/E-Ratio 5YA
	Capex Margin	Capex/Net Sales	ROIC	ROIC	NDA/GOA	Asset Turnover / Fixed Asset Turnover	P/B-Ratio	P/B-Ratio 5YA
	D&A Margin	Depreciation/ Net Sales			Asset Life	Accumulated Depreciation/ Gross Assets	P/CF-Ratio	P/CF-Ratio 5YA
							P/S-Ratio	P/S-Ratio
Kapital-kosten	Beta	Beta	Beta	Beta				
	Debt /Tot Capital	Long Term Debt/ Total Capital	Debt/ Tot Capital	Long Term Debt/ Total Capital				
	Cost of Debt	Effective Interest Rate	Cost of Debt	Effective Interest Rate				

***Darstellung 19**: Value Drivers und Branchen-Proxies*

Nicht vorhandene Variablen wurden manuell aus den Bilanzen der einzelnen Unternehmen der Branche berechnet. Im folgenden (*siehe Darstellung 20*)[383] wurden Branchendurchschnitte der 18 Proxy-Variablen aus der *WORLDSCOPE-Datenbank* berechnet, indem die circa fünfzig größten - gemessen an der Marktkapitalisierung - amerikanischen Unternehmen einer Branche herausgefiltert wurden.

Da sowohl zu stark positive als auch zu stark negative Ausprägungen der Variablen bei hoher Sensitivität der Werttreiber zu stärkeren Schwankungen des Marktwerts des Eigenkapitals führen, wurde der Mittelwert der Beträge der Ausprägungen definiert:

(29) $$\text{Betrags-Mittelwert} = \frac{1}{N}\sum_{n}|a_n|$$

[383] Die amerikanische Branchenbezeichnung wurde dabei beibehalten.

Anschließend wurde die relative Ausprägung der Variable einer Branche zum Betrags-Mittelwert gesetzt.

	Automotive		**Banks**		**Computer Software**		**Drugs Cosmetics Healthcare**		**Telecom**		**Utilities**		$\frac{1}{N}\sum_n \lvert a_n \rvert$
	absolut	*relativ*	absolut	*relativ*	absolut	*relativ*	absolut	*relativ*	absolut	*relativ*	absolut	*relativ*	
Anzahl Unternehmen in der Branche	78		46		101		62		85		57		
Operating Margin 5YA [%]	6,9	*0,35*	20,5	*1,06*	-16,1	*0,83*	9,7	*0,50*	-45,8	*2,36*	17,6	*0,90*	**19,4**
Net Sales Growth 5YA [%]	11,6	*0,32*	16,0	*0,44*	127,9	*3,55*	21,7	*0,60*	26,4	*0,73*	12,6	*0,35*	**36,0**
Effective Tax Rate [%]	38,2	*0,86*	35,6	*0,80*	45,2	*1,01*	63,4	*1,42*	44,6	*1,00*	41,0	*0,92*	**44,7**
ROE 5YA [%]	8,8	*0,84*	18,1	*1,73*	5,4	*0,52*	17,2	*1,64*	1,9	*0,18*	11,5	*1,09*	**10,5**
NWC/Net Sales [%]	15,0	*0,31*	N/A	*N/A*	49,2	*1,03*	46,6	*0,97*	122,7	*2,56*	-6,5	*0,14*	**48,0**
Capex/Net Sales [%]	5,4	*0,59*	N/A	*N/A*	14,1	*1,53*	5,7	*0,61*	12,9	*1,40*	8,0	*0,87*	**9,2**
Depreciation/Net Sales [%]	3,9	*0,33*	N/A	*N/A*	9,0	*0,78*	5,1	*0,44*	25,5	*2,21*	14,3	*1,24*	**11,5**
Asset Turnover 5YA	1,5	*1,92*	0,1	*0,12*	1,2	*1,51*	0,9	*1,17*	0,5	*0,70*	0,4	*0,59*	**0,8**
ROIC [%]	9,2	*1,22*	7,0	*0,92*	-2,4	*0,32*	16,3	*2,14*	-3,8	*0,51*	6,8	*0,89*	**7,6**
Asset Turnover/ Fixed Asset Turnover [%]	52,9	*0,87*	N/A	*N/A*	37,5	*0,62*	38,5	*0,64*	66,3	*1,10*	107,2	*1,77*	**60,5**
Gross Assets / Accumulated Depreciation [%]	239,4	*0,93*	N/A	*N/A*	205,8	*0,80*	265,2	*1,03*	318,8	*1,24*	259,9	*1,01*	**143,7**
Beta	0,8	*0,78*	1,2	*1,24*	1,3	*1,28*	1,1	*1,08*	1,1	*1,11*	0,5	*0,49*	**1,0**
Long Term Debt/ Total Capital [%]	35,6	*0,96*	42,0	*1,13*	17,7	*0,48*	23,7	*0,64*	56,7	*1,52*	47,4	*1,27*	**37,2**
Effective Interest Rate [%]	8,5	*0,96*	2,5	*0,28*	19,7	*2,23*	7,7	*0,88*	7,7	*0,87*	6,8	*0,78*	**8,8**
P/E Ratio 5YA	12,1	*0,36*	14,4	*0,42*	31,3	*0,92*	61,8	*1,82*	-67,7	*1,99*	16,9	*0,50*	**34,0**
P/B Ratio 5YA	2,4	*0,90*	2,2	*0,85*	0,1	*0,04*	6,8	*2,58*	2,1	*0,78*	2,3	*0,86*	**2,6**
P/CF Ratio 5YA	3,9	*0,39*	10,4	*1,05*	14,1	*1,42*	14,8	*1,49*	9,0	*0,91*	7,3	*0,74*	**9,9**
P/S Ratio	0,7	*0,03*	3,5	*0,15*	92,7	*3,88*	10,1	*0,42*	33,0	*1,38*	3,5	*0,15*	**23,9**

***Darstellung 20**: Absolute und relative Ausprägung (zum Betragsmittelwert) der Proxy-Variablen*

Die Telekom-Branche weist relativ zu anderen Branchen z.B. eine niedrige Wettbewerbsintensität (gemessen an der (hohen) 5-jährigen, operativen Gewinnmarge die 2,36-fach über dem Durchschnitt aller Branchen liegt), eine hohe Investitionsintensität (hohe NWC- und Capex-Margen sowie hohe Abschreibungsraten, ausgedrückt durch Depreciation/Net Sales) sowie hohe Fremdkapitalkosten (durch einen hohen effektiven Fremdkapitalzinssatz und einen relativen Verschuldungsgrad, ausgedrückt durch die Proxy-Variable „Long Term Debt/Total Capital [%]). Die Automobilbranche belegt bezüglich der relativen Ausprägung der Wettbewerbsintensitätsfaktoren (Operating Margin, Net Sales Growth, ROE und Effective Tax Rate) nur untere bis mittlere Ränge, was auf eine hohe Wettbewerbsintensität in der Branche hindeutet. Bezüglich der Performance, die mit Multiplikatoren gemessen werden kann, liegen vor allem die Pharma- und die Computer-Branche auf den oberen Rängen, während die Automobil-Branche weiter zurückliegt.

Um eine Aussage über die Anwendbarkeit der wertorientierten Bewertungs- und Steuerungsmethoden auf die jeweilige Branche treffen zu können, werden im folgenden Kapitel die Analyse der Wertgeneratoren der Modelle und die der werttreiberrelevanten Branchenfaktoren zusammengeführt.

4.4 ERGEBNIS UND ÜBERSICHT

Zur Bestimmung der Vorteilhaftigkeit eines bestimmten Bewertungsmodells für eine bestimmte Branche wird die intuitive Annahme getroffen, dass eine höhere Ausprägung eines (Proxy-) Value Driver in einer bestimmten Branche von einem sehr sensitiven Werttreiber stärker beeinflusst wird als von einem weniger sensitiven Werttreiber. Dementsprechend weisen Geschäftsbereiche in Branchen mit einer relativ hohen Ausprägung eines sensitiven Value Driver tendenziell höhere Schwankungen im Marktwert des Unternehmens auf als Geschäftsbereiche mit niedrigeren Ausprägungen, so dass entsprechende Unternehmen oder Geschäftsbereiche durch Anwendung anderer Bewertungsmodelle unter Umständen treffender bewertet und damit gesteuert werden können. Die Vorteilhaftigkeit eines Modells (L) für eine bestimmte Branche (i) kann deshalb durch eine Modellsensitivität ($\delta_{L,i}$) beschrieben werden, die eine mit dem Sensitivitätsgrad des Value Driver (ω_n) gewichtete Summe der relativen Branchenausprägungen des Value Driver –Proxies ($b_{n,i}$) darstellt:

(30) $$\delta_{L,i} = \sum_{n=1}^{N} \omega_n b_{n,i}$$

In folgender *Darstellung 21* sind die Sensitivitäten der Value Driver, ausgedrückt in der Standardabweichung, sowie die relativen Ausprägungen der Value-Driver-Proxies der untersuchten Branchen zu ihrem Mittelwert gegenübergestellt. Die Modellsensitivität sagt aus, wie sensitiv der Marktwert des Eigenkapitals eines bestimmten Bewertungsmodells bezüglich der Werttreiber in einer bestimmten Branche reagiert und ist um so höher, je höher die Sensitivität der Werttreiber und je höher die relative Branchenausprägung des Value Driver (-Proxies) ist. Beispielsweise beeinflusst der Werttreiber Net Sales Growth (Umsatzwachstum) im DCF-Modell, mit einer Standardabweichung der Shareholder Value-Veränderung von 1,45, die *Computersoftware-Branche* viel stärker als die Branche Automotive, da in der Branche Computersoftware ein relativ hohes Umsatzwachstum von Faktor 3,55 über dem Mittelwert der untersuchten Branchen vorliegt. Ebenso sind die Kapitalkosten, gemessen am Beta-Faktor und dem effektiven Fremdkapitalzinssatz der Softwareindustrie relativ hoch, so dass insgesamt das Discounted-Cash-Flow-Modell in dieser Branche sehr sensitiv bezüglich einer Veränderung der Werttreiber reagiert.

DCF

Value Driver	Sensitivität	Proxy	Automotive	Banks	Computer	Drugs	Telecom	Utilities
			Relative Branchenausprägung					
Net Sales Growth	1.45	Net Sales Growth 5YA	0.32	0.44	3.55	0.60	0.73	0.35
NWC Margin	1.14	NWC/Net Sales	0.31	N/A	1.03	0.97	2.56	0.14
EBIT Margin	0.90	Operating Margin 5YA	0.35	1.06	0.83	0.50	2.36	0.90
Cost of Debt	0.47	Effective Interest Rate	0.96	0.28	2.23	0.88	0.87	0.78
Debt/Total Capital	0.44	Long Term Debt/Total Capital	0.96	1.13	0.48	0.64	1.52	1.27
Capex Margin	0.40	Capex/Net Sales	0.59	N/A	1.53	0.61	1.40	0.87
Beta	0.32	Beta	0.78	1.24	1.28	1.08	1.11	0.49
D&A Margin	0.21	Depreciation/Net Sales	0.33	N/A	0.78	0.44	2.21	1.24
Adjusted Tax Rate	0.20	Effective Tax Rate	0.86	0.80	1.01	1.42	1.00	0.92
Modellsensitivität:			**2.73**	**2.77**	**9.71**	**4.08**	**8.76**	**3.35**

EVA

Value Driver	Sensitivität	Proxy	Automotive	Banks	Computer	Drugs	Telecom	Utilities
			Relative Branchenausprägung					
ROIC	1.22	ROIC	1.22	0.92	0.32	2.14	0.51	0.89
Turnover	1.19	Asset Turnover 5YA	1.92	0.12	1.51	1.17	0.70	0.59
Net Sales Growth	1.12	Net Sales Growth 5YA	0.32	0.44	3.55	0.60	0.73	0.35
Operating Profit Margin	0.97	Operating Margin 5YA	0.35	1.06	0.83	0.50	2.36	0.90
Cost of Debt	0.57	Effective Interest Rate	0.96	0.28	2.23	0.88	0.87	0.78
Debt/Total Capital	0.52	Long Term Debt/Total Capital	0.96	1.13	0.48	0.64	1.52	1.27
Beta	0.38	Beta	0.78	1.24	1.28	1.08	1.11	0.49
Cash Tax Rate	0.16	Effective Tax Rate	0.86	0.80	1.01	1.42	1.00	0.92
Modellsensitivität:			**5.96**	**4.14**	**9.13**	**6.63**	**6.44**	**4.50**

CFROI

Value Driver	Sensitivität	Proxy	Automotive	Banks	Computer	Drugs	Telecom	Utilities
			Relative Branchenausprägung					
EBIT Margin	1.10	Operating Margin 5YA	0.35	1.06	0.83	0.50	2.36	0.90
Asset Life	0.62	Gross Assets/Accumulated Depreciation	0.93	0.00	0.80	1.03	1.24	1.01
GOA Turnover	0.43	Asset Turnover 5YA	1.92	0.12	1.51	1.17	0.70	0.59
Adjusted Tax Rate	0.30	Effective Tax Rate	0.86	0.80	1.01	1.42	1.00	0.92
NDA/GOA	0.20	Asset Turnover/ Fixed Asset Turnover	0.87	N/A	0.62	0.64	1.10	1.77
Modellsensitivität:			**2.23**	**1.46**	**2.49**	**2.24**	**4.19**	**2.51**

MULTIPLIKATOREN

Value Driver	Sensitivität	Proxy	Automotive	Banks	Computer	Drugs	Telecom	Utilities
			Relative Branchenausprägung					
Profit Margin	1	Operating Margin 5YA	0.35	1.06	0.83	0.50	2.36	0.90
ROE	1	ROE 5YA	0.84	1.73	0.52	1.64	0.18	1.09
P/E Ratio	1	P/E Ratio 5YA	0.36	0.42	0.92	1.82	1.99	0.50
P/B Ratio	1	P/B Ratio 5YA	0.90	0.85	0.04	2.58	0.78	0.86
P/CF Ratio	1	P/CF Ratio 5YA	0.39	1.05	1.42	1.49	0.91	0.74
P/S Ratio	1	P/S Ratio	0.03	0.15	3.88	0.42	1.38	0.15
Modellsensitivität für das P/B Ratio:			**1.73**	**2.57**	**0.56**	**4.22**	**0.96**	**1.95**
Modellsensitivität für das P/S Ratio:			**0.39**	**1.20**	**4.70**	**0.92**	**3.74**	**1.05**

***Darstellung 21**: Ergebnis der Sensitivitätsanalysen*

Die DCF-Sensitivität in der Software-Branche ist mit einem Sensitivitätsfaktor von 9,71 am höchsten, gefolgt von den Branchen Telecom und Drugs. Die EVA-Sensitivität ist ebenfalls in der Software-Branche am höchsten (Faktor 9,13), jedoch reagiert die Veränderung des Shareholder Value nach dem CFROI-Vefahren am sensibelsten in der Telekommunikations-Industrie, bedingt durch die hohe Sensitivität bezüglich der EBIT-Margin (Standardabweichung 1,1) als auch durch die hohe relative Branchenausprägung des Value Drivers von Faktor 2,36.

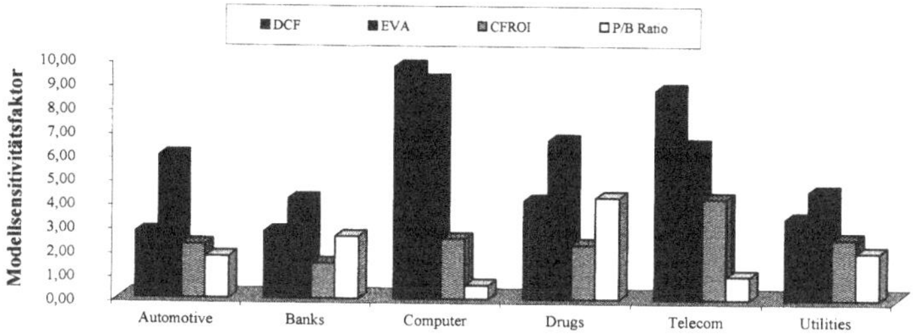

	Automotive	Banks	Computer	Drugs	Telecom	Utilities
DCF	2,73	2,77	9,71	4,08	8,76	3,35
EVA	5,96	4,14	9,13	6,63	6,44	4,50
CFROI	2,23	1,46	2,49	2,24	4,19	2,51
P/B Ratio	1,73	2,57	0,56	4,22	0,96	1,95

***Darstellung 22**: Modellsensitivitäten der Branchen*

Die *Multiplikatorsensitivität* der Branchen ist abhängig von dem jeweils verwendeten Branchenmultiplikator und (beim P/B- und P/S-Ratio) von den speziellen Werttreibern ROE und Profit Margin.[384] So ist der Marktwert des Eigenkapitals bei Verwendung des P/B-Ratio abhängig vom ROE und dem P/B-Ratio der Branche, welche den Marktwert des Eigenkapitals jeweils im Verhältnis 1:1 beeinflussen. Die P/B-Ratio-Sensitivität der Computersoftware-Branche beträgt demnach 0,56 ($1 \times 0{,}52 + 1 \times 0{,}02$). Im folgenden wird stellvertretend für die Multiplikatormethoden, das Price/Book-Ratio (P/B-Ratio) verwendet.

Das Ergebnis der Sensitivitätsanalysen der Werttreiber bezüglich der untersuchten Branchen ist in *Darstellung 22* graphisch veranschaulicht.[385]

Hohe Steuerungs- und Bewertungsunterschiede von Geschäftsbereichen in der **Automobil-Branche** (Automotive) erhält man dort durch die Verwendung der EVA-Methode, mit deren Anwendung der Marktwert des Eigenkapitals (bzw. der CFROI im CFROI-Modell) insgesamt rund doppelt so sensitiv auf Veränderungen der Werttreiber reagiert wie unter Anwendung der übrigen Methoden (DCF, CFROI und P/B-Ratio). Ausschlaggebend dafür sind hauptsächlich die hohe Sensitivität des EVA bezüglich des Turnover im Vergleich zum CFROI-Modell und die hohe Sensitivität und relative Branchenausprägung des ROIC. Die Verhältnismäßig hohe Investitionstätigkeit in der Automobil-Branche, ausgedrückt durch Turnover und ROIC ist nicht untypisch für die Branche, mit der Folge, dass Geschäftsbereiche in dieser Branche durch Anwendung der EVA-Methode möglicherweise falsch bewertet bzw. gesteuert werden können.

---

[384] Vgl. dazu *Kapitel 4.2.4.*

[385] Vgl. im folgenden auch *Darstellung* .

Die **Banken-Branche** ist sehr EVA-sensitiv, was zum einen daran liegt, dass die Investitionsintensität in dieser Branche nur schwach ausgeprägt ist und Angaben über Abschreibungs- Capex- und NWC Margins, welche im DCF-Modell maßgeblich den Unternehmenswert beeinflussen, nicht vorlagen. Zum anderen haben Banken und andere Finanzdienstleistungsunternehmen relativ hohe Kapitalrenditen (ROE, ROIC), so dass vor allem EVA und P/B-Ratio in Banken hoch sind und deshalb diesen Faktoren zugrundeliegende Bewertungs- und Steuerungsmethoden sensitiver auf Veränderungen reagieren. Zur Bewertung und Steuerung von Banken werden vielfach spezifische Modelle angewandt, die spezielle, bankenrelevante Value Driver beinhalten. Als Hauptwerttreiber (Macro Value Driver) werden Wachstum, Rendite und Risiko genannt. Bankenspezifische Micro Value Driver der *Rendite* sind z.B. die Nettozinsspanne (Net Interest Margin), welche maßgeblich von der Zinssatzvolatilität beeinflusst wird, außerdem Nicht-Zinseinkünfte und die Kreditausfallrate. Das *Risiko* wird gemessen an regulatorischen Erfordernissen, Kapitalkosten und an der Kreditausfallrate.[386] Das Banken-EVA-Modell der *Carnegie-Gruppe* berechnet z.B. den fairen Wert der Aktie auf Basis eines risikoadjustierten Eigenkapitals, auf den positive oder negative EVA-Werte addiert werden, welche geschätzte Ertragspotentiale relativ zu geforderten Renditen während eines Prognosezeitraums reflektieren.[387] Der EVA berechnet sich in diesem Fall durch (ROE-wacc)× Adjustiertes Eigenkapital.

Der Shareholder Value in der **Computersoftware-Branche** wird beeinflusst durch ein hohes und schnelles Branchenwachstum, ausgedrückt durch das Umsatzwachstum. Hohe Multiplikatoren, vor allem des P/S-Ratio, lassen auf potentielles Wachstum schließen, da eine derart hohe Bewertung des Aktienkurses weit in der Zukunft liegende Cash Flows bereits heute antizipiert. Der Marktwert des Eigenkapitals in Hochtechnologie-Branchen besteht generell aus dem Marktwert der existierenden Aktiva und dem Marktwert aus zukünftigen Wachstumschancen, letzterer beträgt i.d.R. ein Vielfaches des ersteren.[388] Die Software-Industrie weist vergleichsweise zu anderen Branchen außerdem eine sehr hohe Kapitalintensität, ausgedrückt durch hohe Betawerte und hohe Fremdkapitalkosten auf. Der relativ hohe, von den Kapitalgebern geforderte effektive Fremdkapitalzinssatz (Effective Interest Rate), lässt weiterhin auf ein hohes Ertragsrisiko in der Branche schließen, das über die hohen Zinsforderungen zu kompensieren versucht wird. Eine Geschäftsbereichssteuerung unter alleiniger Anwendung des EVA oder des DCF-Ansatzes, welche bezüglich der genannten Faktoren sehr sensitiv reagieren, wird deshalb tendenziell mit hohen

---

386 Vgl. Black, A. et al., 1998, Shareholder Value, 1998, S. 153.

387 Vgl. Carnegie AB, Valuation Guide, 1997, S. 63 f.

388 Vgl. Ross, S.A./Westerfield, R.W./Jaffe, J., Finance, 1996, S. 121.; Black, A. et al., 1998, Shareholder Value, 1998, S. 170 f.

Bewertungsunterschieden behaftet sein und es wäre sinnvoll andere quantitative Bewertungs- und Steuerungsmethoden in die Entscheidung miteinzubeziehen.

Die **Telekommunikations-Branche** weist als Hochtechnologie-Branche ebenfalls ähnliche Investitionsstrukturen (hohe Investitionsintensität) auf wie die Software-Industrie, wodurch investitionssensible DCF- und EVA-Methoden in dieser Branche relativ stark auf Änderungen von NWC- Capex und Abschreibungsraten reagieren. Hohe Fremdkapitalkosten, durch einen relativ hohen durchschnittlichen Verschuldungsgrad in der Branche, erschweren ebenfalls die Steuerung von Telekommunikations-Geschäftsbereichen mithilfe von DCF- und EVA-Methoden. Allerdings sind Gewinnmargen im Vergleich zur Software-Branche höher, was auf eine niedrigere Wettbewerbsintensität hindeutet und die DCF-, aber vor allem die CFROI-Methode, mit einem starken Einfluss der EBIT Margin auf den Shareholder Value, sensibel reagieren lässt. Ein relativ niedriger P/B-Multiplikator im Vergleich zu einem hohen P/S-Multiplikator, weist ebenfalls, bei steigenden Umsätzen, auf niedrigere Gewinnmargen hin, so dass P/B-Multiplikatoren das Unternehmen eher unterbewerten. Die weitere Öffnung europäischer Telekommunikationsmärkte und Veränderungen in der Regulation von Telekommunikationsbetrieben werden jedoch in naher Zukunft als Katalysatoren für einen erhöhten Wettbewerbsdruck dienen. Demgegenüber werden sich die Gewinnmargen weiterhin durch die zunehmende Wichtigkeit neuer „Intelligent Network Services“ wie Chargecards, Voice Mail oder Virtual Private Networks (VPNs) auf hohem Niveau bewegen.[389]

Der Marktwert des Eigenkapitals in der **Pharmazeutischen Industrie** (Drugs, Cosmetics, Healthcare) wurde in den 70er und 80er Jahren stark beeinflusst von der Fähigkeit des Managements, mit Ressourcen in Forschung und Entwicklung sogenannte „Blockbuster Drugs“, das sind pharmazeutische Produkte mit jährlichem Umsatz von über einer Milliarde US-Dollar, zu generieren. Zunehmende Produktentwicklungszeiten und kürzere Produktlebenszyklen (Stichwort Zeitfallen-Dilemma) als auch eine laxere US-Gesetzgebung bezüglich „mee-too“-Produkten[390] erhöhen den Druck, Umsatzzahlen auch *nach* dem Auslauf von Patenten aufrechtzuerhalten und stimulieren damit die Identifizierung alternativer Ertragsquellen, so dass Forschungs- und Entwicklungskosten in letzter Zeit eher abnahmen.[391] Die Steuerung von pharmazeutischen Geschäftsbereichen durch die EVA-Methode wird durch die im investierten Kapital enthaltenen kapitalisierten F&E-Aufwendungen deshalb schwieriger, da der ROIC in der Pharmabranche eine relativ hohe Ausprägung hat. Marktwerte in dieser Branche sind

---

389 Vgl. Black, A. et al. 1998, Shareholder Value, 1998, S. 181 f.

390 Die Kommerzialisierung von Imitaten ist nach US-Recht schon vor Auslauf des Patentes möglich. Vgl. Black, A. et al., 1998, Shareholder Value, 1998, S. 167 f.

391 Vgl. Black, A. et al., 1998, Shareholder Value, 1998, S. 167.

deshalb volatiler bei Anwendung des EVA-Ansatzes, während DCF-Modelle und der CFROI-Ansatz, bedingt durch die hohe Wettbewerbsintensität, ausgedrückt durch niedrige operative Gewinnmargen und Umsatzwachstumsraten, weniger sensitiv sind. Ein relativ hohes P/B-Ratio, beeinflusst durch eine hohe Eigenkapitalrendite (ROE), die wiederum von einer niedrigen Kapitalausstattung determiniert wird, führt ebenfalls, bei Anwendung dieses Multiplikators, zu tendenziell stärker schwankenden Marktpreisen in der Pharma-Branche. Alternative Bewertungs- und Steuerungsmethoden sollten deshalb zum Vergleich angewandt werden.

Die Modellsensitivitäten in der **Utilities-Branche** (Versorger) weisen keine großen Unterschiede auf. Die EVA-Methode macht Unternehmenswerte in dieser Branche bei einer Veränderung der Value Driver leicht volatiler als das DCF- und das CFROI-Vefahren, da bei niedriger Investitionsintensität (in das NWC) und niedriger Wettbewerbsintensität (niedriges Umsatzwachstum und hohe Gewinnmargen) der ROIC in der Branche relativ hoch ausgeprägt ist. Zunehmender Wettbewerb durch weitere Privatisierungen und regulatorische Veränderungen (Umweltauflagen), sowie technologische Innovationen, insbesondere in der Nutzung von bestehenden Infrastrukturen für informationstechnologische Zwecke, werden in naher Zukunft, zusammen mit weiteren Globalisierungs- und Konsolidierungstendenzen die Branchenstruktur (ähnlich wie in der Telekommunikations-Branche) jedoch verändern.[392]

Eine weiterführende Untersuchung der Value Driver der Bewertungs- und Steuerungsmodelle im Rahmen der Shareholder Value-Analyse bzw. Wertsteigerungsanalyse, kann dazu verwendet werden, finanzwirtschaftliche und leistungswirtschaftliche **Wertpotentiale** im Unternehmen aufzudecken. Finanzwirtschaftlich kann kurzfristig überschüssige Liquidität ausgeschüttet werden, langfristig kann eine Verbesserung des Cash-Managements (Aktivgeschäft), als auch des Kapitalstrukturmanagements (Passivgeschäft) erfolgen. Im leistungswirtschaftlichen Bereich sind Value Driver für Investitions- und Desinvestitionsentscheidungen (Konzentration auf das Kerngeschäft), als auch zur Identifizierung von Synergiepotentialen zwischen Geschäftsbereichen und zur Schaffung einer effizienten Organisationsstruktur anzuwenden.[393] Dazu sollten allerdings *branchenspezifische Value Driver*, sogenannte Micro-Driver (operative Wertfaktoren), neben den allgemeineren, von den Micro-Driver determinierten Macro-Driver untersucht werden. Beispielsweise kann im Erdölgewerbe das Umsatzwachstum weiterhin in Explorationswachstumsrate, Rohölpreis und Wechselkurs unterteilt werden, um sie an spezifische Entscheidungen im Verantwor-

---

[392] Vgl. Black, A. et al., 1998, Shareholder Value, 1998, S. 183 f.
[393] Vgl. Hachmeister, D., Discounted, 1994, S. 62 f.

tungsbereich von Geschäftsbereichsleitern und Linienmanagern binden zu können.[394]

Wertsteigerungsanalysen lassen sich insbesondere mit *Computersoftware-Programmen* durchführen, z.B. mit „The Value Planner (TVP)", das zur ALCAR-Softwarefamilie zählt.[395] Die Gefahr einer blinden Zahlengläubigkeit steigt jedoch mit ausgeklügelten Softwareprodukten und es empfiehlt sich die Verwendung solcher Software-Pakete nicht gleich zu Beginn der Strategiebewertung, sondern in einem Stadium, zu dem die wesentlichen strategischen Fragen bereits beantwortet sind und in Form quantitativer Daten für die erste Analyserunde vorliegen.[396]

---

394 Vgl. dazu Copeland, T., et al., Unternehmenswert, 1998, S. 131 f. sowie Black, A. et al., 1998, Shareholder Value, 1998, S. 178.

395 Das Akronym ALCAR stammt von den Entwicklern Alfred Rappaport und Carl Noble Jr. Das Programm wurde an der Northwestern University, Evanstone/Chicago entwickelt und erschien erstmals 1979 am Markt. Vgl. Klien, W./Michel, U., Planung, 1994, S. 162.

396 Vgl. Klien, W./Michel, U., Planung, 1994, S. 164.

5 ANPASSUNG DER METHODEN AN DEUTSCHE ERFORDERNISSE

5.1 ANPASSUNGEN DER RAHMENBEDINGUNGEN

Grundsätzlich sind die diskutierten Methoden zur Unternehmensbewertung und -steuerung auch in deutschen Unternehmen anwendbar, was in der deutschen Managementpraxis auch geschieht.[397] Jedoch sind vor dem Hintergrund eines zunehmenden *Wettbewerbs um Anlagekapital*, Anpassungen der Rahmenbedingungen marktwertsteigernder Methoden notwendig, die zum Teil in Deutschland bereits durchgeführt worden, oder gerade noch im Gange sind. Neben der Liberalisierung und Globalisierung der Finanzmärkte und dem technologischen Fortschritt, der die Finanztransaktionen beschleunigt und Anlagekapital schnell und flexibel auf die weltweit besten Renditemöglichkeiten reagieren lässt - besonders im Rahmen der europäischen Währungsunion und einem einheitlichen europäischen Kapitalmarkt - ist vor allem das veränderte Anlegerverhalten die wesentliche Ursache für den zunehmenden Wettbewerb um internationales Anlagekapital. Denn eine zunehmende Markttransparenz (und damit verbundene Risikobereitschaft) privater Anleger, sowie eine Delegation der Verwaltung privater Ersparnisse an professionelle Kapitalgeber (institutionelle Investoren) hat in den letzten Jahren dazu geführt, dass deren Renditeforderungen gestiegen sind.[398] Eine gesetzliche Harmonisierung der Rechnungslegungsvorschriften um Finanzinformationen der Kapitalgeber weltweit vergleichbar zu machen, ist im Sinne einer marktwertorientierten Unternehmensführung und Wertsteigerung deshalb ebenso notwendig, wie ein auf freiwilliger Basis geführtes Investor Relations.

Der Informationsbedarf der Kapitalgeber kann von den kapitalnachfragenden Unternehmen durch das Medium der **Rechnungslegung** gedeckt werden. Vor diesem Hintergrund ist ein Trend vom bloßen Gewinnermittlungszweck der Rechnungslegung („financial accounting") zu einer verstärkt kundenorientierten Informationsvermittlung („business reporting") zu beobachten.[399] Dieser Wandel zeichnet sich in Deutschland mit Inkrafttreten des Kapitalaufnahmeerleichterungsgesetzes (KapAEG, in Kraft getreten am 24.4.1998) und des Gesetzes zur Kontrolle und Transparenz im Unternehmensbereich (KonTraG, in Kraft getreten am 1.Mai 1998) ab.[400] Mit dem KapAEG wurde z.B. Konzernmuttergesellschaften ein Wahlrecht zwischen einem nach deutschen oder nach internati-

---

[397] Vgl. Peemöller, H./ Bömelburg, P./Denkmann, A., 1994, S. 741 f.

[398] Vgl. dazu Bergmann, E./Butzlaff, J.M., Anlegerverhalten, 1998, S. 204.

[399] Vgl. AICPA, Business Reporting, 1994, S. 4.

[400] Vgl. Böcking, H.-J., Rechnungslegung, 1998, S. 18.

onalen Grundsätzen (vorrangig US-GAAP und IAS) aufzustellenden Konzernabschluss eingeräumt.[401] Im KonTraG wurden vorrangig aktien- und handelsrechtliche Vorschriften geändert, um zu einer verbesserten internen und externen Unternehmensüberwachung (Kontrolle) sowie einer gegenüber den Marktteilnehmern erhöhten Unternehmenspublizität (Transparenz) zu gelangen. Hervorzuheben ist neben der Pflicht zur Erweiterung des Konzernanhangs um eine Kapitalflussrechnung (Cash-Flow-Rechnung) auch die Aufstellung einer Segmentberichterstattung im Anhang.[402]

Eine *Segmentberichterstattung* ist besonders in breit diversifizierten Unternehmen mit Geschäftsbereichen, die unterschiedlichen Einflussfaktoren und Risiken unterliegen, sinnvoll, da Investoren und Analysten - ebenso wie das Management - an einer divisionalen Wertsteigerung interessiert sind und deshalb einen Einblick in die Chancen und Risiken der einzelnen Geschäftsbereiche eines Unternehmens verlangen. So können verlässlichere Prognosen des Unternehmenswertes durch Anwendung segmentspezifischer Diskontierungsfaktoren gemacht werden. Zwar sind die veralteten Vorschriften der Segmentpublizität für Publikumsgesellschaften in Deutschland,[403] die sich im groben auf die Aufschlüsselung der *Umsatzerlöse* nach Tätigkeitsbereichen und geographisch bestimmten Märkten im Anhang beliefen, durch die Pflicht der Erweiterung des Anhanges um eine gesonderte Segmentberichterstattung weitgehend überholt worden, jedoch gibt es in Deutschland noch keine detaillierten Regelungen, wie eine solche Segmentberichterstattung auszusehen hat.[404] Die Segmentberichterstattung nach IAS 14 (rev.) verlangt eine interne Segmenteinteilung, d.h. eine Segmentierung gemäß einer betriebsinternen Einteilung der Geschäftsbereiche („management approach"), die weniger vom Management beeinflussbar ist als die zuerst vorgesehene Einteilung nach dem sog. „risk and reward approach", der eine Abgrenzung der Segmente nach ihren jeweiligen Risiken und Chancen vorsieht.[405] Nach SFAS 131 der amerikanischen Rechnungslegungsvorschriften wird der „management approach" noch konsequenter umgesetzt, so sind etwa Aufwendungen und Erträge nach der internen Kostenrechnung aufzugliedern. Des weiteren sind Segmentinformationen sehr detailliert anzugeben, so etwa auch Zinserträge und -aufwendungen der einzelnen Segmente.[406] Eine Ausgestaltung der deutschen Segmentpublizität durch den Gesetzgeber oder das nach

[401] Diese Vorschrift wurde kodifiziert im § 292a HGB und gilt nur bis zum 31.12.2004, da eine Überarbeitung der Konzernrechnungslegungsvorschriften notwendig ist. Vgl. Böcking, H.-J./Orth, C., KonTraG, 1998, S. 1241-1242.

[402] Vgl. § 271, Abs. 1 HGB in der Fassung des KonTraG.

[403] Vgl. § 285 Nr. 4 und § 314 Abs. 1, Nr. 3 HGB.

[404] Vgl. Böcking, H-J./Orth, C., KonTraG, 1998, S. 1875.

[405] Vgl. Risse, A., Accounting, 1996, S. 747.; Krawitz, N., Segmentberichterstattung, 1997, S. 581.

[406] Vgl. Krawitz, N., Segmentberichterstattung, 1997, S. 578 f.

dem KonTraG neu eingerichteten Rechungslegungsgremiums DRSC (Deutsches Rechnungslegungs Standards Committee e.V.) sollte sich deshalb idealerweise an den US-GAAP orientieren, da diese im Vergleich zu den IAS eine weitergehende Konvergenz zwischen in- und externem Rechnungswesen erreichen und daher am ehesten den Informationsbedürfnissen der Kapitalgeber und anderen Rechnungslegungsempfängern, im Sinne eines Business Reporting, entsprechen.

Die Informationslücke zwischen Kapitalgebern und –nehmern, die zwangsläufig bei der in der Praxis nicht vorhandenen strengen Informationseffizienz auftritt,[407] kann auf freiwilliger Basis durch eine aktive Informationspolitik (**Investor Relations**) geschlossen werden. Mit Investor Relations wird im allgemeinen der langfristige Prozess positiver Meinungsbildung verstanden, der für eine nachhaltige und angemessene Unternehmensbewertung entscheidend ist.[408] Durch indirekte Instrumente (z.B. Geschäftsberichte, Quartalsberichte, Pressemitteilungen) und direkte Instrumente (z.B. Pressekonferenzen, Präsentationen für institutionelle und private Anleger, Einzelgespräche und Roundtable-Gespräche mit Investoren) können Anleger zukünftige Risiken besser einschätzen, so dass der Markt eine geringere Risikoprämie für die Aktie fordert.[409] Günstigere Kapitalbeschaffungskosten, als auch ein verbreiterter Aktionärskreis können bis zu 10 % - 15 % der Wertentwicklung des Unternehmens ausmachen.[410] Eine Grenze der Wertsteigerung ist jedoch dort erreicht, wo die Konkurrenz Schlüsse aus den Informationen ziehen kann, die deren relative Wettbewerbsposition verbessern und die eigene Zukunftserwartungen mindern.[411]

In Deutschland ist das Börsenumfeld von einer starken Abhängigkeit des Auslandskapitals geprägt (der Umsatz deutscher Aktien an deutschen Wertpapierbörsen betrug 1996 rund ein viertel des Gesamtumsatzes von 8,9 Billionen DM), einer niedrigen Eigenkapitalausstattung der Unternehmen, einer zunehmenden Kreditfinanzierung und einer vergleichsweise niedrigen Aktiennachfrage, bedingt durch ein geringes Angebot (an deutschen Börsen notierten 1996 rund 2.000 AG's, dagegen in USA: 8.000, Großbritannien und Japan: je 3.000).[412] Dies ist nicht zuletzt Ursache durch die Prägung der Unternehmenslandschaft durch mittelständische, familiengesteuerte Unternehmen, die nur zu einem geringen Anteil als Aktiengesellschaft firmieren.[413] Der Investor-

---

[407] Vgl. zur Informationseffizienz die *Fußnote in Kapitel 3.3.1*, sowie *Kapitel 3.1.2.*
[408] Vgl. Leven, F.-J., Investor Relations, 1998, S. 46 f.; Bötzel, S./Schwilling, A., Wertmanagement, 1998, S. 183.
[409] Leven, F.-J., Investor Relations, 1998, S. 47.
[410] Vgl. Bötzel, S./Schwilling, A., Wertmanagement, 1998, S. 183 u. S. 185.
[411] Vgl. Bühner, R., Strategie, 1993, S. 214.
[412] Vgl. dazu
[413] Vgl. Schander, A.A./Lucas, J.H., Information, 1998, S. 76 f.

Relations-Manager konzentriert sich deshalb in Deutschland vor allem auf institutionelle Investoren (Unternehmen, Banken, Versicherungen, Investmentfonds, öffentliche Haushalte), die 1996 rund 73 % des Aktionärskreises in Deutschland ausmachten. Dagegen hatten private Haushalte einen Anteil von nur 15 %, Ausländer 12 %.[414] Im internationalen Vergleich sind die Investor-Relations (IR)-Aktivitäten deutscher Unternehmen eher gering: Bei einer Untersuchung der Investor-Relations-Aktivitäten der *Deutschen Morgan Grenfell* im Jahr 1996[415] erreichten die Gesamtheit aller deutschen Unternehmen 44 % der erreichbaren Punkte (DAX-Gesellschaften erreichten im Durchschnitt 60 %, Nicht-DAX-Gesellschaften 29,9 %). Vergleichbare IR-Scores in Großbritannien und Schweden werden mit 85% angegeben. Interessanterweise erhielten Branchen mit einer hohen Exportquote tendenziell ein besseres Ergebnis. So erreichte die Chemiebranche ein IR-Score von 73 %, die Automobilbranche 54 % (gefolgt von Versorger und Stahl: 50 %; Elektro: 40 %, Bauwirtschaft, Konsum und Maschinenbau: rund 30 %).

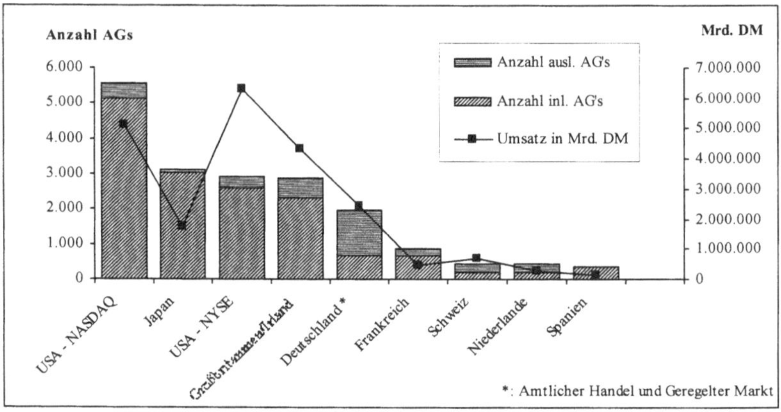

Darstellung 23: *Aktienmärkte im internationalen Vergleich, Stand 1996*
(Quelle: in Anlehnung an Schander, A.A. / Lucas, J.H., Information, 1998, S.77-78)

Verstärkte Investor-Relations-Aktivitäten und eine verbesserte Publizität deutscher Aktien werden jedoch internationale Investoren anziehen, die auf der Suche nach Anlagemöglichkeiten börsennotierte Unternehmen zu einer stärkeren

[414] Vgl. Leven, F.-J., Investor Relations, 1998, S. 56.
[415] Die Untersuchung analysierte folgende Kriterien: Personelle Ausstattung der IR-Abteilungen, Zugang zum Top-Management und wichtigen Daten, Aktivitäten der IR-Abteilungen, Detailliertheit, Umfangheit und Zeitgerechtigkeit der Finanzberichterstattung, sowie Berichterstattung über Gewinnziele. Vgl. Deutsche Morgan Grenfell, Evolution, 1996, S. 25-27.

Öffnung drängen. Die Chance für eine weitere Verbesserung und Professionalisierung der Investor Relations stehen also gut.[416]Bemerkbar hat sich dieser Trend bereits in dem Börsenmarktsegemt *Neuer Markt* gemacht, der 80 % des Handelsvolumens aller europäischen Wachstumsmärkte stellt und durch eine hohe Attraktivität der Bewertung, eine hohe Funktionalität und vor allem eine hohe Öffentlichkeitswirkung eine starkes Interesse in- und ausländischer Investoren auf sich zieht.[417]

5.2 BESONDERE ANPASSUNGEN

Besondere Probleme der Anpassung marktwertorientierter Bewertungs- und Steuerungsmethoden an deutsche Erfordernisse ergeben sich vor allem in der Ermittlung der Kapitalkosten und der Berechnung der Cash Flows, was auf den Besonderheiten der deutschen Rechnungslegung und den Steuergesetzen beruht. Davon sind besonders die DCF/CVA-Verfahren, sowie der EVA- und der CFROI-Ansatz betroffen. Bei den Multiplikatormethoden werden (abgesehen vom Price/Cash Flow –Ratio) keine Cash-Flow-Größen verwendet und die Kapitalkosten setzen sich nur aus den Eigenkapitalkosten zusammen.

Nach Abschaffung der Vermögens- und Gewerbekapitalsteuer in Deutschland (mit Wirkung ab 01.01.1997) hat sich die Berechnung des **Tax Shield** in den gewichteten Kapitalkosten (wacc) vereinfacht, so dass in einer Nach-Steuer-Betrachtung der Bewertung von Unternehmen nur noch die Gewerbeertragssteuer und die Körperschaftssteuer bzw. Einkommenssteuer berücksichtigt werden müssen. Die Gewerbeertragssteuer wird für Einzel-, Personen- oder Kapitalgesellschaften erhoben, Bemessungsgrundlage ist der Gewerbeertrag.[418] Der Gewerbeertrag errechnet sich aus dem Gewinn des Gewerbebetriebes bzw. dem körperschaftssteuerlichen Einkommen, zuzüglich Hinzurechnungen (besonders 50 % der Zinsen auf Dauerschulden) und abzüglich Kürzungen.[419] Zu beachten ist, dass die Gewerbeertragssteuer (als Betriebsausgabe) ihre eigene Bemessungsgrundlage kürzt. Der effektive Gewerbeertragssteuersatz t_{GE} bei einem Hebesatz der Gemeinde[420] von H ergibt sich durch $t_{GE} = H/(2000+H)$.[421] Der Körperschaftssteuersatz in Deutschland beträgt für unbeschränkt Steuerpflichti-

[416] Vgl. Leven, F.-J., Investor Relations, 1998, S. 56.
[417] Vgl. Hofmann, J., Risikobörse, 1999,S. 49.
[418] Vgl. § 2 Abs. 1 und § 7 GewStG.
[419] Vgl. §§ 7, 8 u. 9 GewStG.
[420] Steuerberechtigte sind die Gemeinden. Vgl. § 1 GewStG.
[421] Vgl. Drukarczyk, J., Unternehmensbewertung, 1998, S. 32 f.

ge 45 % für thesaurierte Gewinne (t_{KO}, Tarifbelastung) und 30% für ausgeschüttete Gewinne (Ausschüttungsbelastung)[422], so dass der effektive Körperschaftssteuersatz vom Ausschüttungsgrad (au) abhängt, der sich in Abhängigkeit der Gewinnausschüttung nach Steuern (GA = Dividende/Jahresüberschuss nach Steuern) ergibt.[423] Der Steuerkorrekturfaktor t_{DE} des deutschen Tax Shield ($1 - t_{DE}$), nach gegenwärtigem deutschen Steuerrecht, berechnet sich dann wie folgt:[424]

$$(31) \qquad t_{DE} = 0{,}5t_{GE} + t_{KO}(1 - 0{,}5t_{GE})(1 - \text{au})$$

$$\text{mit} \quad \text{au} = \frac{\frac{\text{GA}}{1-0{,}3}}{\frac{\text{GA}}{1-0{,}3} + \frac{1-\text{GA}}{1-0{,}45}}$$

Bei Vollausschüttung (au = 1) besteht der gesamte Steuervorteil t_{DE} nur aus dem Steuervorteil -aus der Abzugsfähigkeit der Fremdkapitalzinsen - der Gewerbeertragssteuer: $0{,}5t_{GE}$. Bei Gewinnthesaurierung wird der Steuervorteil entsprechend *Gleichung (31)* größer, mit der Folge eines niedrigeren Tax Shield, niedrigeren gewichteten Kapitalkosten und höheren diskontierten Cash Flows.

Der **Free Cash Flow,** welcher in den DCF-Modellen, dem CVA- und dem CFROI-Modell eingeht,[425] lässt sich nach deutschen externen Rechnungslegungserfordernissen im Rahmen unterschiedlicher Finanzierungsrechnungen ermitteln. Es wird zwischen einer Finanzierungsrechnung I, die direkt Ein- und Auszahlungen plant, einer Finanzierungsrechnung II A, die Zahlungsströme durch periodisierte Größen der Gewinn- und Verlustrechnung und Veränderungen der Bilanzposten ermittelt und einer Finanzierungsrechnung II B, die den Jahresabschluss mit den Veränderungen in den Bilanzposten verknüpft, unterschieden.[426] Die durch das KonTraG vorgeschriebene Erweiterung des Anhanges um die Kapitalflussrechnung lässt die Art der Darstellung der Cash-Flow-Rechnung grundsätzlich offen, jedoch muß das Unternehmen eine Cash-Flow-Rechnung nach IAS 7, par 18. bzw. SFAS No. 95 vornehmen, falls sich das Unternehmen nach § 292a HGB dazu entschließt, einen Rechnungsabschluss nach IAS bzw. US-GAAP aufzustellen. Die Finanzierungsrechnung nach Typ II B ist zwar weniger aussagekräftig als Typ II A, da sie keine Umsätze und Zahlungsstromstrukturen anzeigt, sie ist in der Praxis jedoch weiter verbreitet.[427] Grund-

---

[422] Vgl. §§ 23 Abs. 1 und 27 Abs. 1 KöStG.
[423] Vgl. Bötzel, S./Schwilling, A., Wertmanagement, 1998, S. 81.
[424] Vgl. Bötzel, S./Schwilling, A., Wertmanagement, 1998, S. 80.
[425] Beim CFROI-Modell ist es der Gross Operating Cash Flow.
[426] Vgl. Buchmann, R./Chmielewicz, K., Finanzierungsrechnung, 1990, S. 5 f.
[427] Vgl. Hachmeister, D., Discounted, 1994, S. 69.

lage der Finanzierungsrechnung sollte das Gesamtkostenverfahren sein, da das Umsatzkostenverfahren (welches die Posten Material- und Personalaufwand sowie die Abschreibungen durch die Posten Herstellungs-, Verwaltungs- und Vertriebskosten ersetzt)[428], die Erfassung der Abschreibungen und wichtige Auszahlungen wie Personalkosten komplexer macht. Wird das *Umsatzkostenverfahren* gewählt und wird in Bilanz und GuV zu Vollkosten bewertet, sind die Abschreibungen für die hergestellten Produkte in den Herstellkosten, für die nicht abgesetzten Produkte in den Bestandsveränderungen erfasst, während bei einer Bewertung zu Teilkosten die Abschreibungen für alle Produkte in den sonstigen betrieblichen Aufwendungen erfasst sind. Des weiteren sind Personalkosten indirekt über Bilanzveränderungen der Erzeugnisse und des Anlagevermögens zu ermitteln.[429] In Deutschland wird deshalb das Gesamtkostenverfahren vom Großteil der deutschen Aktiengesellschaften verwendet.[430]

Ein auf deutsche Erfordernisse **angepasster EVA-Ansatz** wurde von *Röttger (1994)* entwickelt[431]. Das zentrale Kriterium stellt die Definition der Komponenten des EVA bzw. des Residualgewinns dar. Die Kapitalrendite ergibt sich durch das operative Betriebsergebnis nach Steuern im Verhältnis zum investierten Kapital, wobei das investierte Kapital im Gegensatz zum bilanzierten Buchwertkapital um einige Faktoren bereinigt wird. Das investierte Kapital stellt das Kapital dar, das zur Erzielung des operativen Ergebnisses notwendig ist und setzt sich aus dem operativen Anlagevermögen (alle Positionen des Anlagevermögens abzüglich Finanzanlagen) und dem Net Operating Working Capital (Umlaufvermögen abzüglich liquide Mittel, Wertpapiere des Umlaufvermögens und unverzinsliche Verbindlichkeiten) zusammen. Das operative Betriebsergebnis nach Steuern ist im Grunde der Jahresabschluss nach dem Gesamtkostenverfahren nach § 275 HGB abzüglich dem Ergebnis aus Finanzanlagen (z.B. liquide Mittel und Wertpapiere), welches nicht zum operativen Geschäft gehört und deshalb auch analog im investierten Kapital eliminiert wird. Zu beachten ist, dass eine Korrektur der Körperschaftssteueranrechnung im operativen Ergebnis erfolgt und nicht im Steuerkorrekturfaktor.

Bei der Bestimmung des **Kurs-Gewinn-Verhältnisses** (P/E-Ratio) im Rahmen der Multiplikatormethoden hat sich in Deutschland die Verwendung des von Sondereinflüssen bereinigten Jahresüberschusses nach DVFA/SG[432] durchgesetzt, welcher bessere Vergleiche des wirtschaftlichen Erfolgs zwischen Unter-

---

428 Vgl. § 275 Abs. 2 und Abs. 3 HGB.

429 Vgl. Hachmeister, D., Discounted, 1994, S. 68-69.

430 Vgl. Röttger, B., Performance, 1994, S. 73 f.

431 Vgl. im folgenden Röttger, B., Performance, 1994, S. 82 f.

432 Grundsätze und Verfahren zur Ermittlung dieses Ergebnisses entwickelten die Deutsche-Vereinigung für Finanzanalyse (DVFA) und die Schmalenbachgesellschaft (SG).

nehmen ermöglicht.[433] Er berechnet sich aus dem handelsrechtlichen Jahresabschluss, bereinigt um außerordentliche, ungewöhnliche und bilanzpolitisch motivierte Bestandteile. Während außerordentliche Bestandteile des Jahresüberschusses und ungewöhnliche Vorgänge relativ einfach aus dem außerordentlichen Ergebnis der Gewinn-und-Verlust-Rechnung bzw. aus dem Anhang entnommen werden können, sind bilanzpolitisch motivierte Aufwendungen und Erträge wie die Bewertung von Rückstellungen und Vorräten sowie Aufwendungen und Erträge aus der Ausnutzung von Bewertungswahlrechten nur schwer der GuV-Rechnung zu entnehmen. Der externe Analyst ist deshalb auf Zusatzinformationen des Unternehmens angewiesen.[434] Trotz der Anwendung des DVFA/SG-Ergebnisses weisen Gewinngrößen von nach HGB bilanzierenden Unternehmen im Vergleich mit nach US-GAAP oder nach IAS bilanzierenden Unternehmen erhebliche Unterschiede auf, was auf verschiedene Ansatz- und Bewertungswahlrechte (z.B. Abschreibungsmethoden, Rücklagenbildung, Goodwill, aktive latente Steuern) sowie zwingende Rechnungslegungsvorschriften (z.B. immaterielles Anlagevermögen, Beteiligungsbewertung, Vorräte aus langfristiger Fertigung, börsengängige Wertpapiere des Umlaufvermögens) zurückzuführen ist. [435] An dieser Stelle wird jedoch auf eine ausführliche Darstellung der Unterschiede verzichtet. Grundsätzlich basieren die unterschiedlichen Standards in den Rechnungslegungen auf unterschiedlichen Zielsetzungen. So ist in Deutschland die Ermittlung des steuer- und ausschüttbaren Gewinns nach dem Grundsatz des Gläubigerschutzes auf Basis des Vorsichtsprinzips die primäre Zielsetzung der Rechnungslegung, wohingegen das primäre Ziel im angelsächsischen Raum in der fairen Information der Kapitalmarktteilnehmer, nach dem Grundsatz des Aktionärsschutzes, auf Basis einer entscheidungsrelevanten Bilanzierung ist.[436] Die Abweichungen sind besonders in der GuV-Rechnung enorm und machten zum Beispiel bei der Deutschen Bank im Jahre 1995 eine Veränderung im Jahresüberschuß (HGB vs. IAS) von über 100 % aus.[437]

---

433 Vgl. Jacobs, O.H., Jahresabschlussanalsee, 1988, S. 105 f.
434 Vgl. Jacobs, O.H., Jahresabschlussanalyse, 1988, S. 106.
435 Vgl. dazu Busse von Colbe, W., Rechnungslegung, 1995, S. 373-391.
436 Vgl. Busse von Colbe, W., Rechnungslegung, 1995, S. 373-374. sowie zu der Hauptzielsetzung der US-GAAP: FASB, SFAC No. 1., pars. 9,16 und 33.
437 Vgl. Vigelius, C., US-GAAP, 1998, S. 133 f.

6 ZUSAMMENFASSUNG UND AUSBLICK

Im Ergebnis der praktischen Untersuchung lässt sich festhalten, dass unterschiedliche marktwertorientierte Bewertungs- und Steuerungsmethoden in den jeweiligen untersuchten sechs Branchenumfeldern unterschiedlich auf Veränderungen der Werttreiber des jeweiligen Modells reagieren. DCF-/CVA-Methoden sind sehr sensitiv bezüglich einer Veränderung ihrer Wertfaktoren in den Branchen Computersoftware und Telekommunikation, während besonders in den Branchen Automobile, Pharma und Banken/Finanzdienstleister die EVA-Methode zu höheren Schwankungen im Marktwert des Eigenkapitals (Shareholder Value) bei einer Veränderung der Value Driver führt. Price/Book-Ratios reagieren weitaus sensibler in den Branchen Pharma und Banken als in den übrigen untersuchten Industriezweigen. In der Versorger-Industrie sind alle Methoden etwa gleich sensitiv bezüglich einer Veränderung der Inputvariablen.

Für Konglomerate bedeutet dies, dass das Management Geschäftsbereiche, die in unterschiedlichen Branchen mit spezifischen Strukturen und Merkmalen operieren (wie z.B. Wettbewerbs-, Risiko-, Investitions-, Anlage- oder Kapitalstrukturen) verschiedene Methoden zur internen Steuerung und externen Bewertung dieser Geschäftsfelder anwenden sollte, um Fehlallokationen von Kapital und anderen Ressourcen sowie Über- und Unterbewertungen und Über- bzw. Unterschätzungen von Wertpotentialen, weitgehend zu vermeiden. Wird beispielsweise in einem Konglomerat der Cash Value Added als Shareholder-Value-Instrument angewandt, sollte in Hochtechnologie-Bereichen des Konglomerats zusätzlich eine in dieser Branche weniger sensitive Methode (z.B. der CFROI-Ansatz) als Vergleichsmaßstab angewendet werden. Zusätzlich empfiehlt es sich, relativ einfach zu berechnende Multiplikatoren mit Branchendurchschnittsmultiplikatoren zu vergleichen, um grobe Anhaltspunkte einer Über- bzw. Unterbewertung im Vergleich zur Konkurrenz zu erhalten.

Auf das Problem der ganzheitlichen Umsetzung eines Management-Wert-Konzeptes insbesondere der Berücksichtigung einer Managementkompensation, wurde im Rahmen dieser Arbeit nicht eingegangen. Es wurden lediglich die quantitativen Methoden dieses Konzeptes untersucht. Ebenfalls liefert die Untersuchung keine empirische Relevanz, sondern es wurden vielmehr aus Zeit- und Platzgründen, Plausibilitätsüberlegungen anhand aktueller M&A-Branchen angestellt. **Weitergehende empirische Untersuchungen** könnten zum Beispiel in der Feststellung von Bewertungsunterschieden durch die Anwendung verschiedener Methoden in derselben Branche erfolgen. Des weiteren könnten die Modelle auf Micro-Driver-Ebene verfeinert werden.

Neben der praktischen Untersuchung der Steuerungs- und Bewertungsmethoden in bezug auf die verschiedenen Branchenumfelder von Konglomeraten waren auch die Diversifikation und Effizienz von Konglomeraten, Besonderheiten der Steuerung von Konglomeraten, die Unterschiede in den Steuerungs- und Bewertungsansätzen sowie die Anpassungen der Methoden an deutsche Erfordernisse Gegenstand dieser Arbeit.

Eine **Aktionärsdiversifikation** ist theoretisch, unter den Annahmen des CAPM, gleichzusetzen mit Unternehmensdiversifikation, so wie sie in Konglomeraten geschieht. Dies resultiert daraus, dass im CAPM die Renditen von systematischen, undiversifizierbaren Risiken (Beta) determiniert werden und somit eine Diversifikation keine Auswirkungen auf die Rendite der Portefeuilles hat. Die Aktionärsdiversifikation ist jedoch kein wirkungsvolles Substitut für Unternehmensdiversifikation, welche durch die Einzigartigkeit der Investitionsobjekte und die damit verbundene Synergieerzielung nicht nachbildbar ist. Eine bewusst herbeigeführte Minderung des unsystematischen Risikos durch geeignete Diversifikationsstrategien, führt zu Wettbewerbsvorteilen und schafft so zweifellos Werte für die Aktionäre.

Die **Besonderheiten der kapitalmarktorientierten Steuerung von Konglomeraten** liegen neben den Problemen struktureller Art (Frage der Autonomie der Konzern-Teileinheiten) und leistungswirtschaftlicher Art (interne Leistungsverflechtungen) vor allem in der Bestimmung divisionaler Eigenkapitalkosten. Dabei werden auf Analogieansätze (Bestimmung von industry-betas, peer group-betas und pure play-betas), analytische Ansätze (Bestimmung der Eigenkapitalkosten aus theoretisch fundierten Erklärungsvariablen wie Operating Leverage oder Cash Flow-Volatilität) und auf pragmatische Ansätze wie die Methode der Portfolio-basierten Betaschätzung zurückgegriffen. Zur Bestimmung der Kapitalkosten wird in der Praxis am häufigsten das CAPM verwendet. Die Arbitrage Pricing Theory ist aber für die Kapitalkostenbestimmung von Unternehmen bzw. Geschäftsbereichen aufgrund der Berücksichtigung mehrerer externer Faktoren wie Inflation, Wechselkurse und Insolvenzrisiken von Schuldnern, besser dazu geeignet. Ebenfalls vorteilhafter gegenüber dem CAPM erweist sich das Optionspreismodell vor allem dann, wenn zukünftige, zustandsabhängige Zahlungen eine Rolle spielen.

Marktwertorientierte Steuerungs- und Bewertungsmethoden sind buchhalterischen Größen überlegen, da letztere nicht in angemessener Weise dazu geeignet sind, das Unternehmen und seine Divisionen (aktionärs-)wertorientiert zu steuern. Buchhalterische Gewinngrößen berücksichtigen keine Kapitalkosten und weisen andere Unzulänglichkeiten auf, die hauptsächlich in ihrer Manipulierbarkeit, der Vergangenheitsbezogenheit, der Nichtberücksichtigung von Risiken und Zeitpräferenzen und der mangelnden Einbindung in die Finanzpolitik zu finden sind. Unterschiede in den marktwert- bzw. kapitalmarktorientierten Bewertungs- und Steuerungsmethoden bestehen zum einen im Zweck der Anwendung der Methode und zum anderen in der Qualität der Ergebnisse. Der

CFROI-Ansatz ist aufgrund der darin verwendeten Kennzahl CFROI, welche den internen Zinsfuß der Bruttoinvestitionsbasis des Unternehmens darstellt, eher zur Steuerung als zur Bewertung von Geschäftsbereichen geeignet. CFROI und EVA sind vergangenheitsorientierte Periodenkennzahlen und lassen deshalb zukünftige Entwicklungen außer acht. Konzeptionell ist der CFROI dem EVA-Ansatz aber überlegen, da der EVA nur Gewinngrößen verwendet und die Kapitalbasis damit stark von der Bilanzpolitik (vor allem der Abschreibungspolitik) determiniert wird. Die Discounted-Cash-Flow-Methoden und die CVA-Methode sind den EVA-, CFROI- und Multiplikatormethoden grundsätzlich vorzuziehen, da sie rein kapitalmarkt- und zukunftsorientiert sind und deshalb keine Freiräume zur Kennzahlenmanipulation zulassen. Sie sind des weiteren flexibel einsetzbar und können zur internen Bewertung und Steuerung des Konzernportfolios im Rahmen von Akquisitions- und Desinvestitionsstrategien, zur Bewertung von Projekten als auch zur Berechnung des Konzern- bzw. Geschäftsbereichswertes herangezogen werden. Zur Performance-Messung ist insbesondere das CVA-Verfahren dem EVA überlegen, da es mit allen Vorteilen eines DCF-Verfahrens ausgestattet ist und darüber hinaus einen Free-Cash-Flow-Vergleich auf Periodenebene ermöglicht, der frei von buchhalterischen und vergangenheitsorientierten Einflüssen ist. Der APV-Ansatz ist theoretisch den übrigen DCF-Verfahren, besonders in Deutschland, vorzuziehen, da er durch die nicht erforderliche implizite Finanzierungsprämisse flexibler einsetzbar ist und wertbeeinflussende Finanzierungs- und Steuereffekte separat analysieren kann. Er ist deshalb besonders in komplizierten, nicht-finanzierungsneutralen Steuersystemen wie in Deutschland empfehlenswert. In der praktischen Anwendung des Discounted-Cash-Flow-Verfahrens wird jedoch meist aus Einfachheitsgründen auf die WACC-Methode zurückgegriffen.

Eine **Implementierung der Methoden in deutschen Unternehmen** ist durch eine Anpassung der gewichteten Kapitalkosten an das deutsche Steuersystem sowie durch die Berechnung der Cash Flows nach deutschen externen Rechnungslegungserfordernissen anhand von Finanzierungsrechnungen möglich. Darüber hinaus ist eine Anpassung der Rahmenbedingungen im Sinne einer Harmonisierung der Rechnungslegungsvorschriften notwendig, um Finanzinformationen der Kapitalgeber weltweit vergleichbar zu machen sowie ein auf freiwilliger Basis geführtes Investor Relations, das bei der Umsetzung der marktwertorientierten Methoden von Vorteil ist. Der Gesetzgeber hat mit Verabschiedung des KapAEG und des KonTraG bereits erste Schritte dazu eingeleitet und die Kapitalflussrechnungs- und Segmentberichterstattungspflicht eingeführt, die vor allem die Transparenz in Konglomeraten erhöht.

Abschließend ist zu erwähnen, dass vor allem im Zuge der Globalisierung, Technologisierung und der zunehmenden Privatisierung aufgrund von Budgetengpässen im öffentlichen Sektor in Europa ein „stakeholder diminishing effect" zu beobachten ist, der die angelsächsische und die kontinentaleuropäische/japanische Form des Kapitalismus konvergieren lässt.[438] Liquidere und transparentere Kapitalmärkte, getrieben von der europäischen Währungsunion sowie geringer Machtkonzentration von Stakeholdern[439] in Europa sind die Folgen, mit der Notwendigkeit einer effizienteren Kapitalallokation und einer stärkeren Shareholder-Value-Orientierung in Unternehmen, welche besonders Konglomerate dazu veranlassen wird, ihre Kernportfolios transparenter und effizienter zu restrukturieren. Verstärkt wird diese Orientierung durch die europaweite Reformierung der Rentensysteme und die zunehmende Delegation privater Ersparnisse an professionelle Kapitalanleger, die unter erhöhtem Performancedruck den Wettbewerb um internationales Anlagekapital erhöhen.

---

[438] Vgl. Black, A. et al., 1998, Shareholder Value, 1998, S. 192 ff.
[439] Damit ist vorwiegend der öffentliche Sektor gemeint.

ANHÄNGE

Anhang A: CASH VALUE ADDED

Prgonosehorizont (T) =	11
Strategic Investment=	100
Inflation=	3%
wacc=	15%
waccR=	11,65%

Millions	1992	1993	1994	1995	1996	1997	1998	1999	2000	2001	2002	2003	Future Values (1999)
Net Sales	*805,40*	160,00	170,00	250,00	185,00	200,00	215,00	200,00					
Costs, SGA Expenses		-150,00	-155,00	-220,00	-160,00	-170,00	-180,00	-155,00					
EBITDA	*101,02*	10,00	15,00	30,00	25,00	30,00	35,00	45,00					
Net Working Capital (NWC)	*-2,40*	0,00	-1,00	-6,00	5,00	-1,00	-1,00	1,00					
Non-stretegic Investments (NSI)	*-14,33*	-1,00	-3,00	-1,00	-3,00	-12,00	-4,00	-3,00					
Operating Cash Flow (OCF)		9,00	11,00	23,00	27,00	17,00	30,00	43,00					
Created Value	**84,29**												**224,22**
Operating Cash Flow Demand (OCFD)		17,08	17,60	18,12	18,67	19,23	19,80	20,40	21,01	21,64	22,29	22,96	
Demanded Value	**76,54**												**203,59**
Cash Value Added (CVA) per period		-8,08	-6,60	4,88	8,33	-2,23	10,20	22,60					
Total Cash Value Added	**7,75**												**20,63**
PV(CVA,wacc,1999-2002)	23,46												62,41
CVA Index (CVAI)	1,10												
Remaining Value für CVAI = 1,1	25,84												68,74
Remaining Value für CVAI = 1,0	23,46												62,41
Remaining Value für CVAI = 0,9	21,12												56,17

Value Driver (Margins)	
EBITDA	0,13
NWC Movements	0,00
Non-strategic Investments	-0,02
Operating Cash Flow Demand	0,10
CVA-Index	1,10

(Quelle: Ottoson, E./Weissenrieder, F., CVA, 1996, S. 8)

Anhang B1: DISCOUNTED-CASH-FLOW-METHODE AM BEISPIELGENERAL ELECTRIC

Mittelwerte p.a.					
Net Sales Growth	6,8% *	Effective Tax Rate	30,3%	Riskfree Rate	7,31%
EBIT Margin	31,9%	Adjusted Tax Rate	21,0%	Market Yield	12,0%
NWC Margin	2,5%	Beta	1,00	wacc	9,0%
Capex Margin	9,1%	Debt/Total Capital	49,6%	Terminal Growth Rate	3,0%
D&A Margin	4,8%	Cost of Debt	8,5%		

US$ 000's	1988	1989	1990	1991	1992	1993	1994	1995	1996	1997
Net Sales	49.414.000	53.884.000	57.662.000	59.379.000	56.274.000	60.206.000	59.654.000	69.576.000	78.845.000	89.111.000
Cost of goods sold	-28.831.000	-20.031.000	-21.982.000	-21.803.000	-18.890.000	-29.812.000	-30.135.000	-33.778.000	-36.797.000	-44.091.000
SG&A and other expenses	-9.039.000	-7.413.000	-6.894.000	-7.937.000	-6.672.000	-13.774.000	-12.987.000	-15.429.000	-19.618.000	-20.542.000
Depreciation&Amortisation	-2.266.000	-2.256.000	-2.508.000	-2.832.000	-2.818.000	-3.261.000	-3.207.000	-3.594.000	-3.785.000	-4.082.000
EBIT	9.278.000	24.184.000	26.278.000	26.807.000	27.894.000	13.359.000	13.325.000	16.775.000	18.645.000	20.396.000
Adjusted taxes	-2.642.873	-3.510.670	-3.832.710	-3.420.100	-3.384.237	-3.881.935	-2.997.189	-4.372.635	-4.852.861	-4.843.404
NOPLAT	6.635.127	20.673.330	22.445.290	23.386.900	24.509.763	9.477.065	10.327.811	12.402.365	13.792.139	15.552.596
Depreciation&Amortisation	2.266.000	2.256.000	2.508.000	2.832.000	2.818.000	3.261.000	3.207.000	3.594.000	3.785.000	4.082.000
GROSS OCF	8.901.127	22.929.330	24.953.290	26.218.900	27.327.763	12.738.065	13.534.811	15.996.365	17.577.139	19.634.596
dNWC	-6.322.000	-5.038.000	-7.078.000	-7.004.000	-2.636.000	-40.092.000	55.625.000	2.910.000	1.731.000	-6.117.000
Capex	-3.680.718	-5.480.289	-4.524.190	-4.997.292	-4.821.900	-4.728.313	-7.487.634	-6.453.391	-7.763.457	-8.390.731
FREE CASH FLOW (FCF)	-1.101.591	12.411.041	13.351.100	14.217.608	19.869.863	-32.082.248	61.672.177	12.452.974	11.544.682	5.126.865
Net Sales Growth [%]	4,00	9,05	7,01	2,98	-5,23	6,99	-0,92	16,63	13,32	13,02
EBIT Margin [%]	18,78	44,88	45,57	45,15	49,57	22,19	22,34	24,11	23,65	22,89
NWC Margin [%]	-12,79	-9,35	-12,27	-11,80	-4,68	-66,59	93,25	4,18	2,20	-6,86
Capex Margin [%]	-7,45	-10,17	-7,85	-8,42	-8,57	-7,85	-12,55	-9,28	-9,85	-9,42
Depreciation&Amortisation Margin [%]	4,59	4,19	4,35	4,77	5,01	5,42	5,38	5,17	4,80	4,58
Adjusted Tax Rate [%]	28,49	14,52	14,59	12,76	12,13	29,06	22,49	26,07	26,03	23,75
Effective Tax Rate [%]	27,90	30,48	29,60	30,75	31,11	31,98	31,10	31,83	31,84	26,06
Beta	1,03	1,32	0,95	1,25	0,71	0,14	0,97	1,28	1,11	1,25
Debt/Total Capital [%]	52,96	47,75	56,08	52,83	52,79	50,24	52,12	49,03	44,33	37,67
Cost of Debt (eff. interest rate) [%]	11,27	12,48	11,63	10,14	8,43	7,76	5,24	6,31	6,11	5,79
Riskfree Rate (30Y T-Bond) [% p.a.]	8,85	8,5	8,55	7,86	7,01	5,82	7,11	6,58	6,44	6,35
S&P500 closing prices 31.12	277,72	353,4	330,22	417,09	435,71	466,45	459,27	615,93	740,74	970,43
Market Yield (S&P500-Return) [% p.a.]	11,22	27,25	-6,56	26,31	4,46	7,06	-1,54	34,11	20,26	31,01
wacc [%]	9,98	10,97	9,76	9,84	8,04	5,97	7,54	8,97	8,83	9,93

US$ 000's	1988	1989	1990	1991	1992	1993	1994	1995	1996	1997
Terminal Growth Rate [%]	3									
Discounted FCF	-1.101.591	11.184.643	11.081.376	10.728.721	14.582.015	-24.004.754	39.862.766	6.825.541	5.865.330	2.186.962

Cumulative Discounted FCF	77.211.009
Continuing Value	31.562.421
Cash	13.055.000
Total Market Value	121.828.430
Debt	45.504.000
MARKET VALUE OF EQUITY	76.324.430
(Shareholder Value)	
Shares Outstanding	3.611.333.333
Shareholder Value per Share (US$)	21,13
Over(-)-/Undervaluation(+) in %	88,87

FCFs der Sensitivitätsanalyse

US$ 000's	1988	1989	1990	1991	1992	1993	1994	1995	1996	1997
Net Sales	49.414.000	52.759.842	56.332.233	60.146.512	64.219.057	68.567.356	73.210.080	78.167.165	83.459.896	89.111.000
EBIT	15.768.806	16.836.518	17.976.526	19.193.724	20.493.339	21.880.951	23.362.520	24.944.406	26.633.402	28.436.760
Taxes	-3.309.404	-3.533.485	-3.772.739	-4.028.192	-4.300.943	-4.592.162	-4.903.099	-5.235.090	-5.589.560	-5.968.031
NOPLAT	12.459.402	13.303.033	14.203.787	15.165.532	16.192.396	17.288.790	18.459.421	19.709.316	21.043.842	22.468.729
Depreciation&Amortisation	2.383.650	2.545.048	2.717.374	2.901.368	3.097.821	3.307.576	3.531.533	3.770.655	4.025.967	4.298.567
NWC	-1.222.015	-1.304.759	-1.393.104	-1.487.432	-1.588.147	-1.695.681	-1.810.496	-1.933.085	-2.063.975	-2.203.728
Capex	-4.516.095	-4.821.881	-5.148.373	-5.496.971	-5.869.173	-6.266.578	-6.690.890	-7.143.933	-7.627.652	-8.144.123
FREE CASH FLOW (FCF)	9.104.942	9.721.441	10.379.684	11.082.497	11.832.897	12.634.107	13.489.568	14.402.952	15.378.182	16.419.445

* Geometrischer Durchschnitt

Anmerkung: Durch *Rundungen* des Tabellenkalkulationsprogrammes, entsprechen aufsummierte Einzelgrößen manchmal nicht genau den Totalgrößen.

Anhang B2: WERTTREIBER-SENSITIVITÄT DER DCF-METHODE

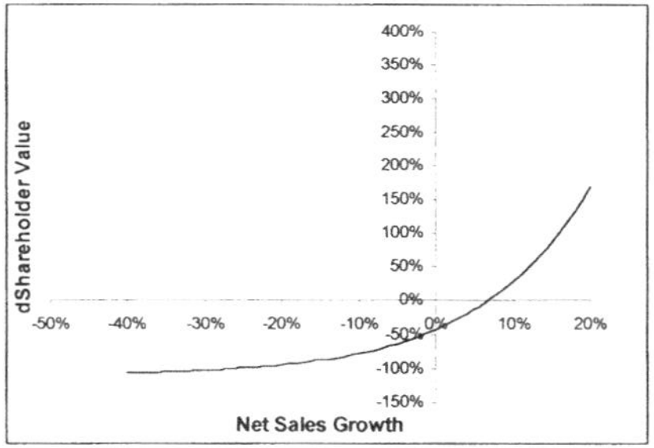

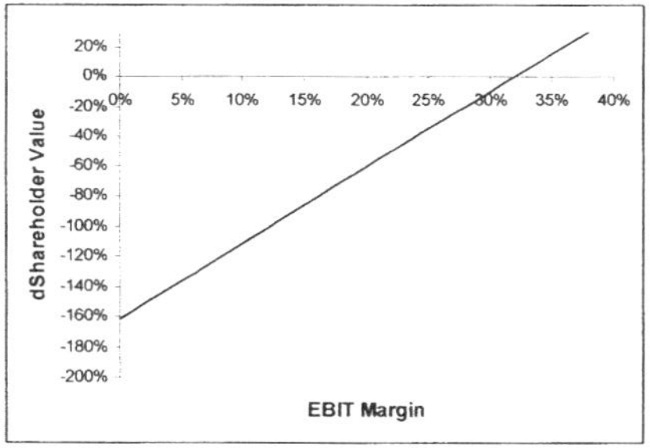

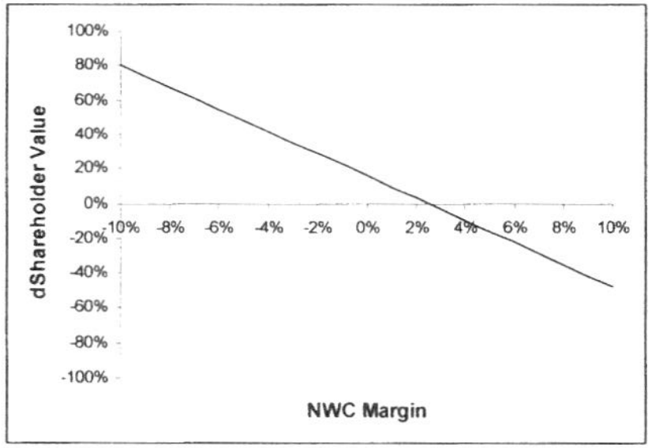

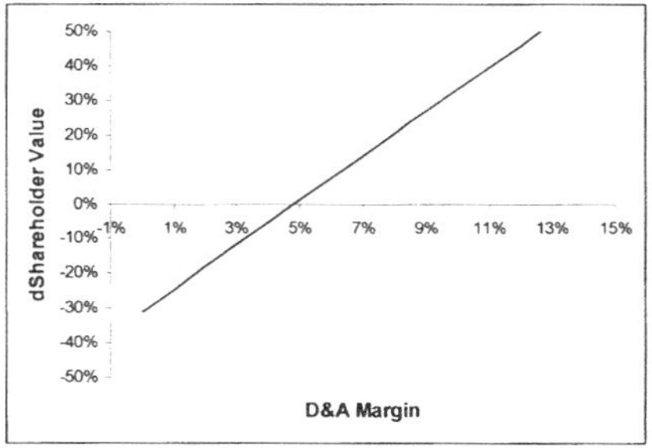

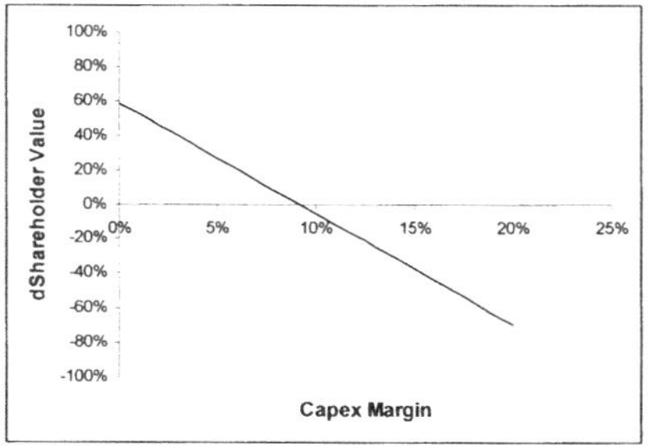

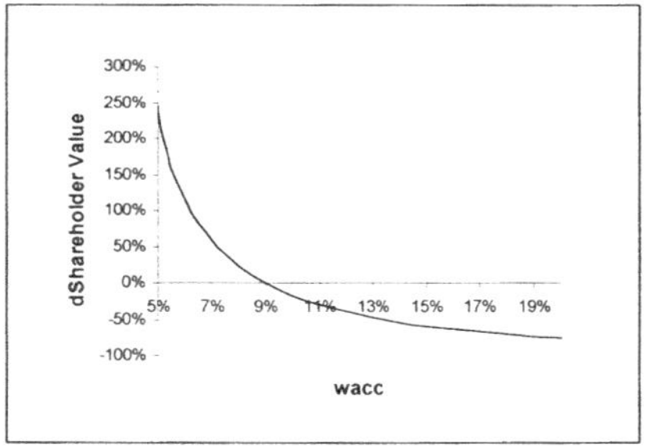

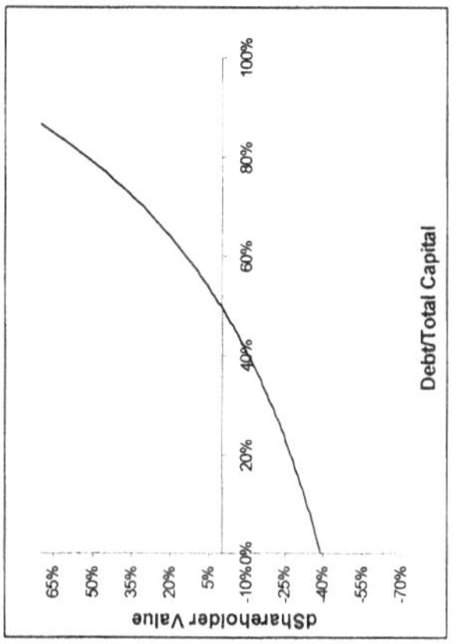
dShareholder Value
Debt/Total Capital

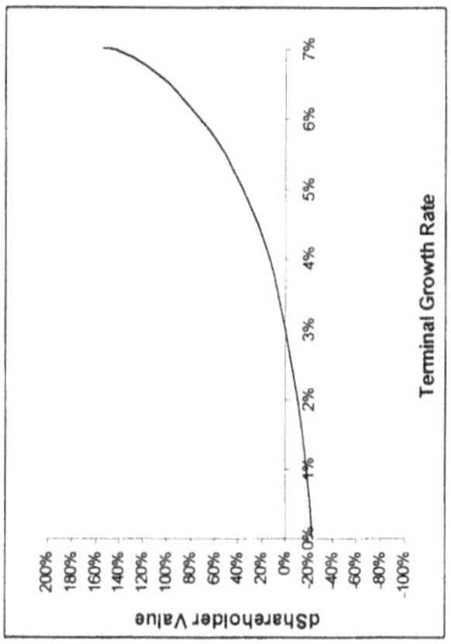
dShareholder Value
Terminal Growth Rate

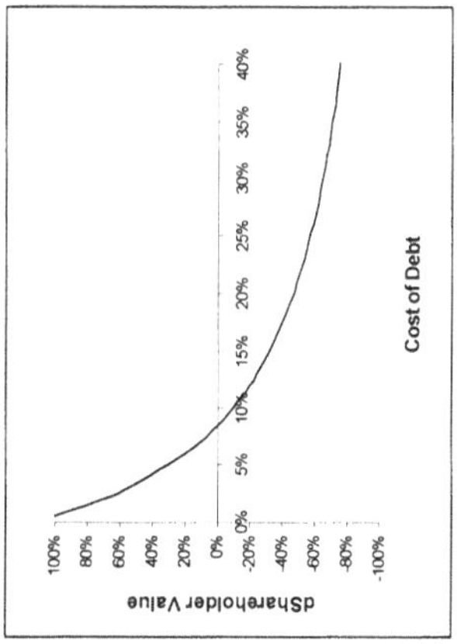
dShareholder Value
Cost of Debt

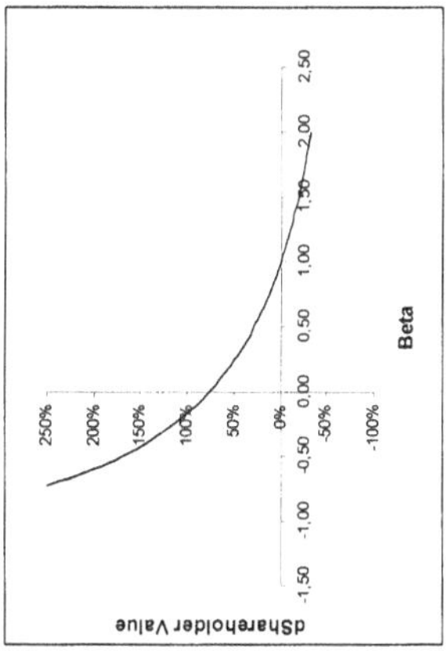
dShareholder Value
Beta

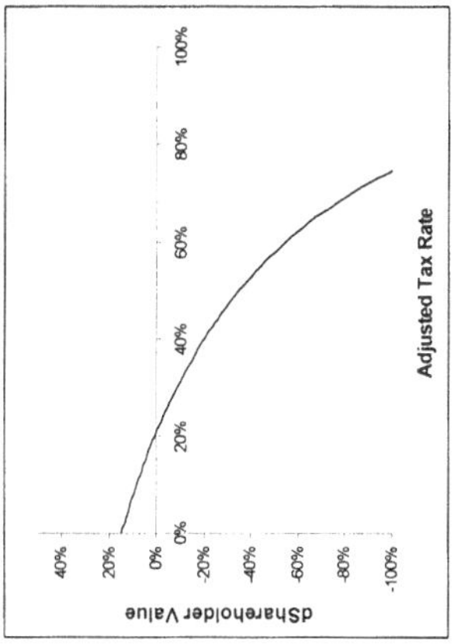
dShareholder Value
Adjusted Tax Rate

Anhang C1: ECONOMIC-VALUE-ADDED-METHODE AM BEISPIELGENERAL ELECTRIC

Mittelwerte p.a.					
Net Sales Growth	6,8% *	Cash Tax Rate	17,6%	Market Yield	12,0%
Operating Profit Margin	36,7%	Beta	100,1%	wacc	9,0% ***
Turnover	0,6	Debt/Total Capital	49,6%	Terminal Growth Rate	3,00%
Return on Invested Capital	16,8% **	Cost of Debt	8,5%		
Effective Tax Rate	30,3%	Riskfree Rate	7,31%		

US$ 000's	1988	1989	1990	1991	1992	1993	1994	1995	1996	1997
INVESTED CAPITAL	29.357.280	179.696.941	204.367.646	301.366.665	286.154.582	152.005.550	199.628.474	172.933.675	208.259.937	233.745.193
Net Sales	49.414.000	53.884.000	57.662.000	59.379.000	56.274.000	60.206.000	59.654.000	69.576.000	78.845.000	89.111.000
Cost of Goods Sold	-28.831.000	-20.031.000	-21.982.000	-21.803.000	-18.890.000	-29.812.000	-30.135.000	-33.778.000	-36.797.000	-44.091.000
SG&A and Other Expenses	-9.039.000	-7.413.000	-6.894.000	-7.937.000	-6.672.000	-13.774.000	-12.987.000	-15.429.000	-19.618.000	-20.542.000
NOPBT	11.544.000	26.440.000	28.786.000	29.639.000	30.712.000	16.620.000	16.532.000	20.369.000	22.430.000	24.478.000
Cash Taxes	-2.642.873	-3.510.670	-3.832.710	-3.420.100	-3.384.237	-3.881.935	-2.997.189	-4.372.635	-4.852.861	-4.843.404
NOPAT	8.901.127	22.929.330	24.953.290	26.218.900	27.327.763	12.738.065	13.534.811	15.996.365	17.577.139	19.634.596
EVA	4.406.647	19.710.299	7.406.880	6.109.643	3.090.570	-4.352.744	2.067.215	-1.909.403	2.301.651	-1.043.544
Normalized EVA										3.778.722
Cash Tax Rate	22,89	13,28	13,31	11,54	11,02	23,36	18,13	21,47	21,64	19,79
Operating Profit Margin, OPM [%]	23,4	49,1	49,9	49,9	54,6	27,6	27,7	29,3	28,4	27,5
Turnover (TO)	1,10	1,84	0,32	0,29	0,19	0,21	0,39	0,35	0,46	0,43
Return on Invested Capital, ROIC [%]	19,76	78,10	13,89	12,83	9,07	4,45	8,90	8,01	10,16	9,43
ROIC-wacc	9,78	67,14	4,12	2,99	1,03	-1,52	1,36	-0,96	1,33	-0,50
Effective Tax Rate [%]	27,90	30,48	29,60	30,75	31,11	31,98	31,10	31,83	31,84	26,06
Beta	1,03	1,32	0,95	1,25	0,71	0,14	0,97	1,28	1,11	1,25
Debt/Total Capital [%]	52,96	47,75	56,08	52,83	52,79	50,24	52,12	49,03	44,33	37,67
Cost of Debt (eff. interest rate) [%]	11,27	12,48	11,63	10,14	8,43	7,76	5,24	6,31	6,11	5,79
Riskfree rate (30Y T-Bond) [% p.a.]	8,85	8,5	8,55	7,86	7,01	5,82	7,11	6,58	6,44	6,35
S&P500 closing prices 31.12	277,72	353,4	330,22	417,09	435,71	466,45	459,27	615,93	740,74	970,43
Market yield (S&P500-Return) [% p.a.]	11,22	27,25	-6,56	26,31	4,46	7,06	-1,54	34,11	20,26	31,01
wacc [%]	9,98	10,97	9,76	9,84	8,04	5,97	7,54	8,97	8,83	9,93

US$ 000's	1988	1989	1990	1991	1992	1993	1994	1995	1996	1997
Terminal Growth Rate [%]	3									
Discounted EVA	4.406.647	17.762.624	6.147.690	4.610.386	2.268.095	-3.256.834	1.336.177	-1.046.554	1.169.365	-445.144
Cumulative discounted EVA	32.952.453									
Continuing Value	23.262.871	Ex post:								
MVA	56.215.324	27.819.820								
Beginning Capital	45.040.000	45.040.000								
Cash	13.055.000	13.055.000								
Total Market Value	114.310.324	85.914.820								
Total Debt	45.504.000	45.504.000								
Market Value of Equity	68.806.324	40.410.820								
(Shareholder Value)										
Shares outstanding	3.611.333.333	3.611.333.333								
Share price as of 31/12/80 (US$)	11,19	11,19								
Shareholder Value per Share (US$)	19,05	11,19								
Over(-)-/Undervaluation(+) in %	70,27									

EVAs der Sensitivitätsanalyse

US$ 000's	1988	1989	1990	1991	1992	1993	1994	1995	1996	1997
Net Sales	49.414.000	52.759.842	56.332.233	60.146.512	64.219.057	68.567.356	73.210.080	78.167.165	83.459.896	89.111.000
NOPBT (NS*TO)	18.152.456	19.381.566	20.693.900	22.095.092	23.591.160	25.188.527	26.894.053	28.715.060	30.659.369	32.735.327
Cash Taxes (NOPBT*CTR)	-3.202.471	-3.419.312	-3.650.835	-3.898.034	-4.161.972	-4.443.781	-4.744.671	-5.065.934	-5.408.951	-5.775.193
NOPAT	14.949.985	15.962.254	17.043.065	18.197.058	19.429.188	20.744.747	22.149.382	23.649.126	25.250.418	26.960.134
Invested Capital (NS/TO)	88.779.669	94.790.977	101.209.314	108.062.238	115.379.177	123.191.549	131.532.900	140.439.047	149.948.233	160.101.289
EVA (ROIC-wacc)*IC	6.980.764	7.453.434	7.958.109	8.496.956	9.072.289	9.686.577	10.342.459	11.042.751	11.790.461	12.588.798

* Geometrischer Mittelwert
** Durchschnittlicher ROIC = OPM*TO*(1-CTR)
*** Der durchschnittlichewacc wurde ebenfalls aus den Durchschnitten von *effective tax rate, beta, debt/total capital, risk free rate und market yield* berechnet.

Anhang C2: WERTTREIBER-SENSITIVITÄT DER EVA-METHODE

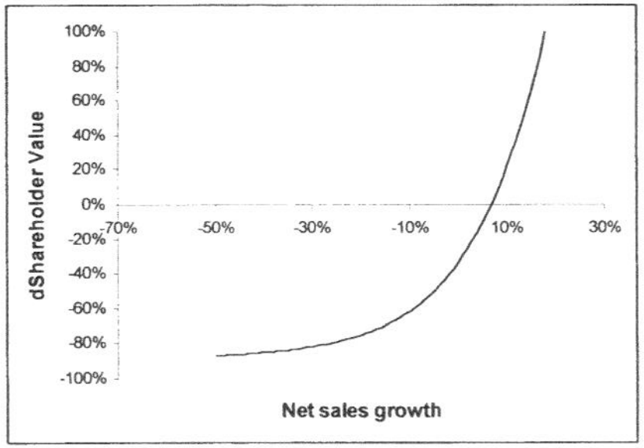

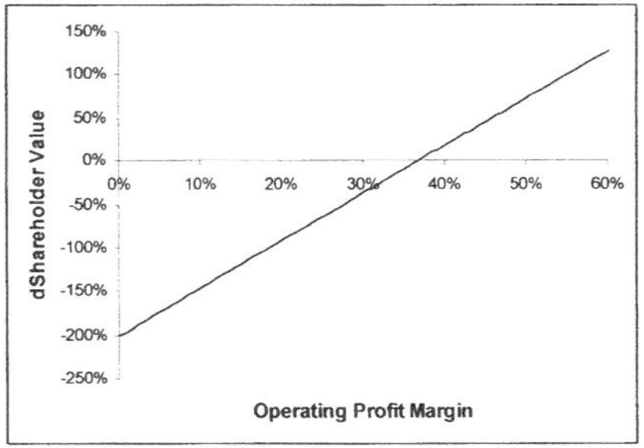

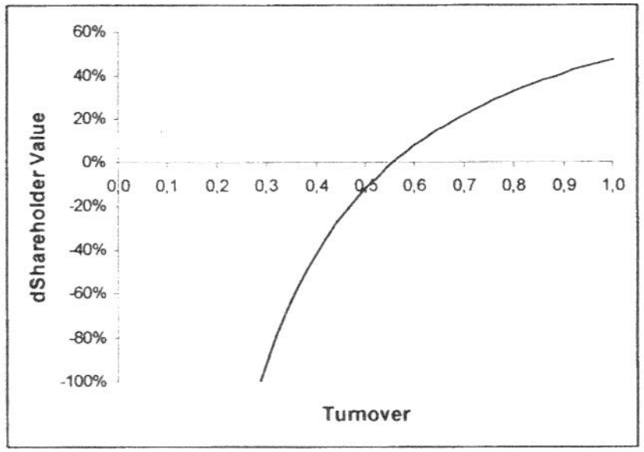

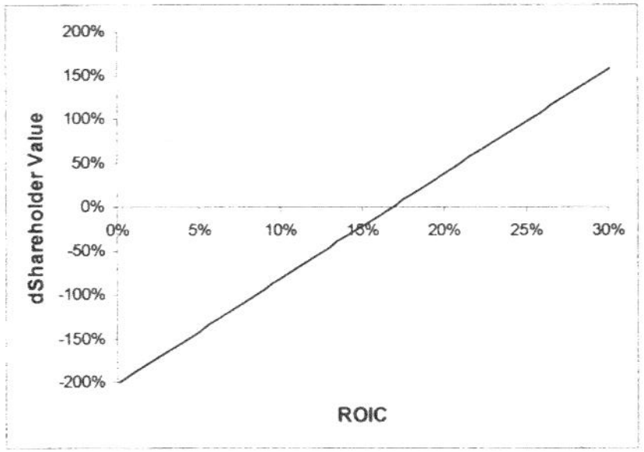

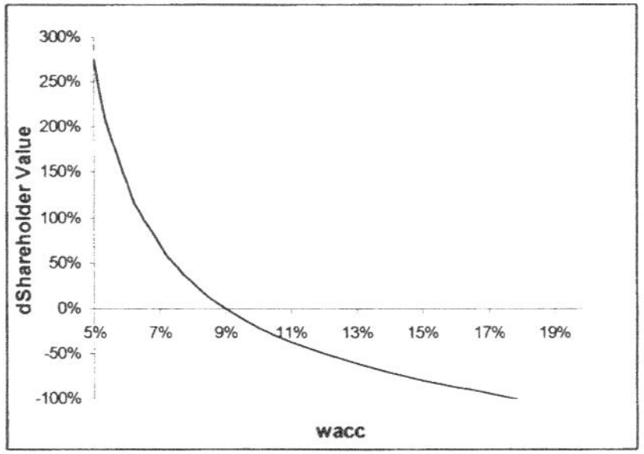

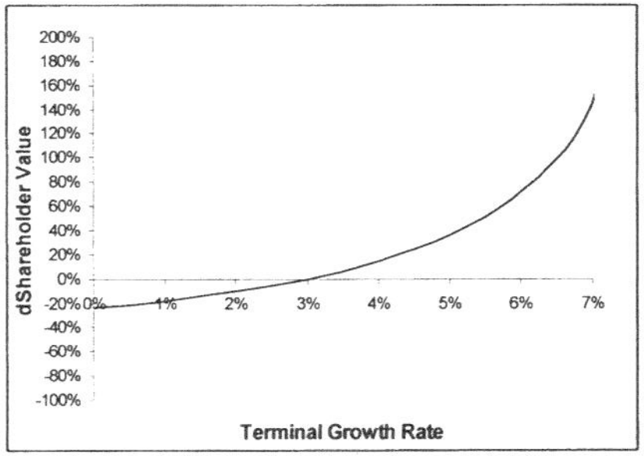

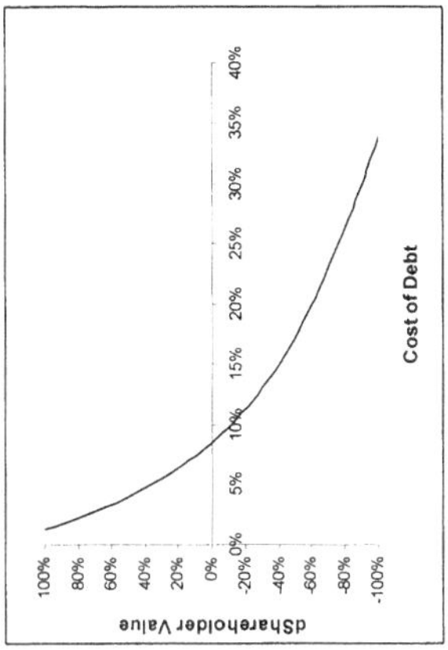
Cost of Debt
dShareholder Value
100%
80%
60%
40%
20%
0%
-20%
-40%
-60%
-80%
-100%
0%
5%
10%
15%
20%
25%
30%
35%
40%

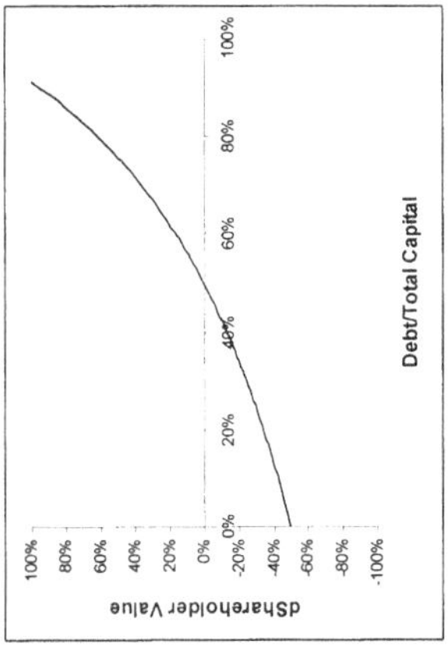
Debt/Total Capital
dShareholder Value
100%
80%
60%
40%
20%
0%
-20%
-40%
-60%
-80%
-100%
0%
20%
40%
60%
80%
100%

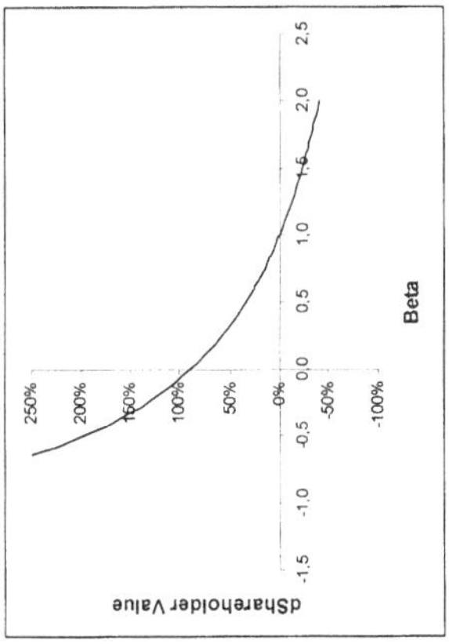
Beta
dShareholder Value
250%
200%
150%
100%
50%
0%
-50%
-100%
-1,5
-1,0
-0,5
0,0
0,5
1,0
1,5
2,0
2,5

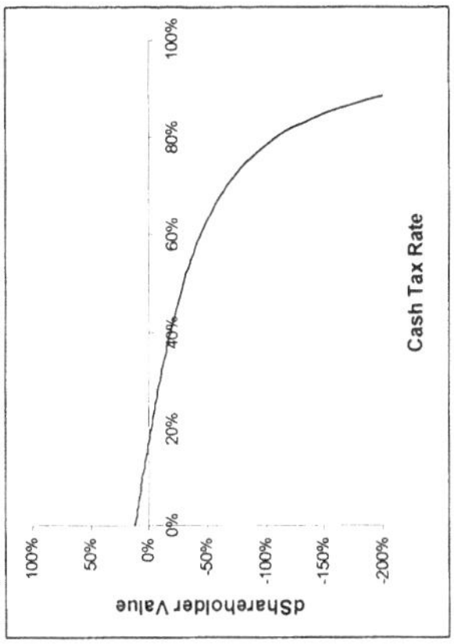
Cash Tax Rate
dShareholder Value
100%
50%
0%
-50%
-100%
-150%
-200%
0%
20%
40%
60%
80%
100%

Anhang D1: CASH FLOW ROI-METHODE AM BEISPIELGENERAL ELECTRIC

US$ 000's	1988	1989	1990	1991	1992	1993	1994	1995	1996	1997
Net Sales	49.414.000	53.884.000	57.662.000	59.379.000	56.274.000	60.206.000	59.654.000	69.576.000	78.845.000	89.111.000
Cost of Goods Sold	-28.831.000	-20.031.000	-21.982.000	-21.803.000	-18.890.000	-29.812.000	-30.135.000	-33.778.000	-36.797.000	-44.091.000
SG&A and Other Expenses	-9.039.000	-7.413.000	-6.894.000	-7.937.000	-6.672.000	-13.774.000	-12.987.000	-15.429.000	-19.618.000	-20.542.000
Depreciation & Amortisation	-2.266.000	-2.256.000	-2.508.000	-2.832.000	-2.818.000	-3.261.000	-3.207.000	-3.594.000	-3.785.000	-4.082.000
EBIT	9.278.000	24.184.000	26.278.000	26.807.000	27.894.000	13.359.000	13.325.000	16.775.000	18.645.000	20.396.000
Adjusted Taxes	-2.642.873	-3.510.670	-3.832.710	-3.420.100	-3.384.237	-3.881.935	-2.997.189	-4.372.635	-4.852.861	-4.843.404
Depreciaton & Amortisation	2.266.000	2.256.000	2.508.000	2.832.000	2.818.000	3.261.000	3.207.000	3.594.000	3.785.000	4.082.000
GROSS CASH FLOW	8.901.127	22.929.330	24.953.290	26.218.900	27.327.763	12.738.065	13.534.811	15.996.365	17.577.139	19.634.596
Gross Property Plant and Equipment	25.168.000	28.468.000	30.572.000	34.004.000	35.655.000	38.179.000	41.670.000	45.946.000	50.784.000	55.657.000
Land and Improvements	-260.000	-266.000	-347.000	-329.999	-375.000	-395.000	-416.000	-496.000	-476.000	-459.000
Intangibles Assets	8.552.000	8.822.000	9.333.000	9.809.000	9.510.000	10.364.000	11.373.000	13.342.000	16.007.000	19.121.000
TOTAL DEPRECIATING ASSETS (1)	33.460.000	37.024.000	39.558.000	43.483.001	44.790.000	48.148.000	52.627.000	58.792.000	66.315.000	74.319.000
Cash and Short-term Investments	13.055.000	17.545.000	21.317.000	27.792.000	38.539.000	60.194.000	33.556.000	43.890.000	64.080.000	76.482.000
Receivables	6.780.000	6.976.000	7.806.000	8.231.000	7.150.000	8.195.000	7.527.000	8.735.000	8.704.000	8.924.000
Other Current Assets	13.811.000	16.020.000	23.408.000	19.402.000	26.788.000	0	0	0	0	0
MONETARY ASSETS (2)	33.646.000	40.541.000	52.531.000	55.425.000	72.477.000	68.389.000	41.083.000	52.625.000	72.784.000	85.406.000
Accounts Payable	6.004.000	6.666.000	7.051.000	8.205.000	8.245.000	11.956.000	8.831.000	9.061.000	10.205.000	10.407.000
Income Taxes Payable	1.634.000	1.634.000	1.634.000	1.376.000	1.460.000	1.664.000	1.238.000	1.598.000	2.487.000	2.866.000
Accrued Expenses	9.053.000	8.965.000	9.458.000	8.042.000	7.875.000	9.022.000	7.608.000	7.710.000	9.247.000	11.207.000
NON-DEBT LIABILITIES (3)	16.691.000	17.265.000	18.143.000	17.623.000	17.580.000	22.642.000	17.677.000	18.369.000	21.939.000	24.480.000
Inventories (4)	6.486.000	6.655.000	6.707.000	6.398.000	4.574.000	3.824.000	3.880.000	4.395.000	4.473.000	5.895.000
Land and Improvments (5)	-260.000	-266.000	-347.000	-329.999	-375.000	-395.000	-416.000	-496.000	-476.000	-459.000
NON-DEPRECIATING ASSETS (6) = (2)-(3)+(4)+(5)	23.181.000	29.665.000	40.748.000	43.870.001	59.096.000	49.176.000	26.870.000	38.155.000	54.842.000	66.362.000
GROSS OPERATING ASSETS (1)+(6)	56.641.000	66.689.000	80.306.000	87.353.002	103.886.000	97.324.000	79.497.000	96.947.000	121.157.000	140.681.000
Asset Life	10,99	12,50	12,05	11,89	12,52	11,59	12,86	12,65	13,29	13,52
EBIT Margin [%]	18,78	44,88	45,57	45,15	49,57	22,19	22,34	24,11	23,65	22,89
GOA Turnover	0,87	0,81	0,72	0,68	0,54	0,62	0,75	0,72	0,65	0,63
Adjusted Tax Rate [%]	28,49	14,52	14,59	12,76	12,13	29,06	22,49	26,07	26,03	23,75
Depreciation/GOA [%]	4,00	3,38	3,12	3,24	2,71	3,35	4,03	3,71	3,12	2,90
NDA/GOA [%]	40,93	44,48	50,74	50,22	56,89	50,53	33,80	39,36	45,27	47,17
CFROI (asset life 10 years) [%]	11,66	33,59	30,29	28,35	24,61	9,34	12,67	12,48	10,57	10,08
CFROI 1988:										
Gross Cash Flow		8.901.127	8.901.127	8.901.127	8.901.127	8.901.127	8.901.127	8.901.127	8.901.127	8.901.127
Non-depreciating Assets										23.181.000
Gross Operating Assets	-56.641.000									
CFROI	11,7%									

Anhang D2: WERTTREIBER-SENSITIVITÄT DER CFROI-METHODE

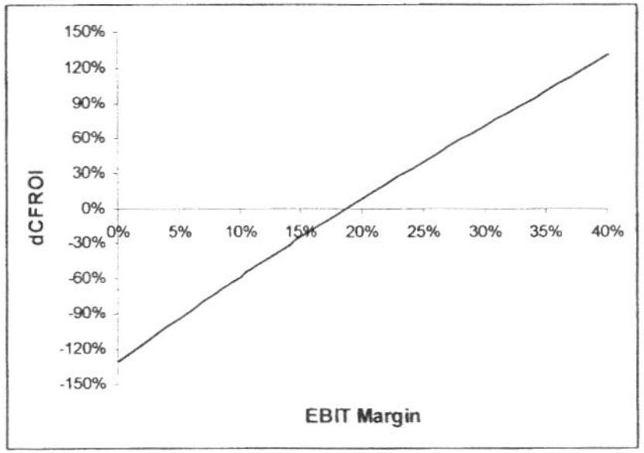

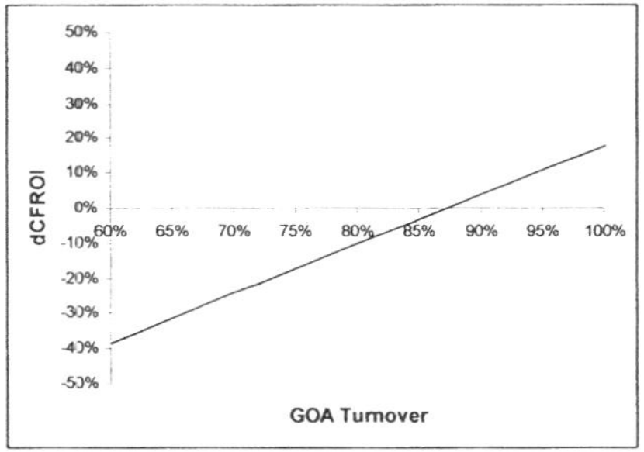

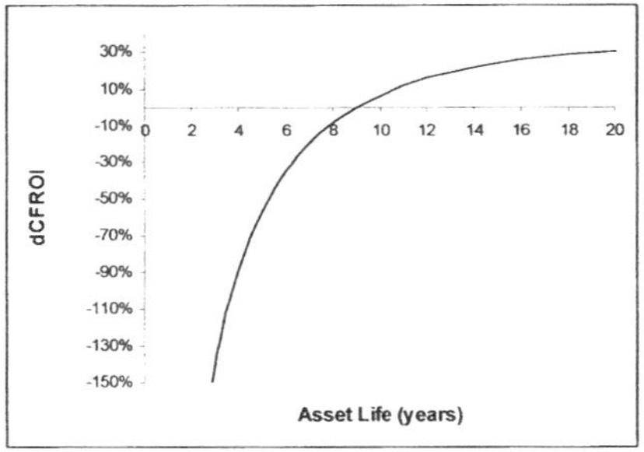

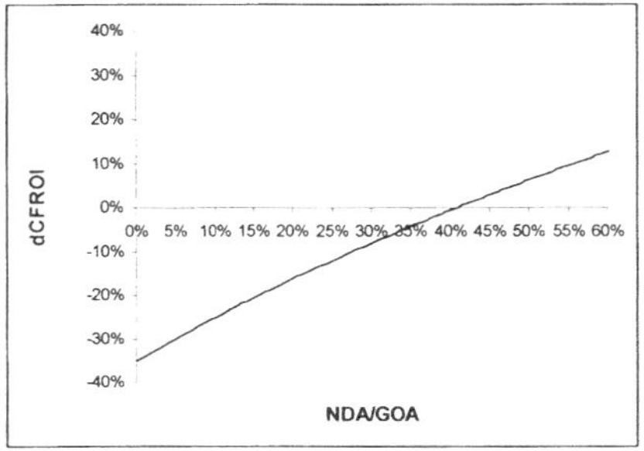

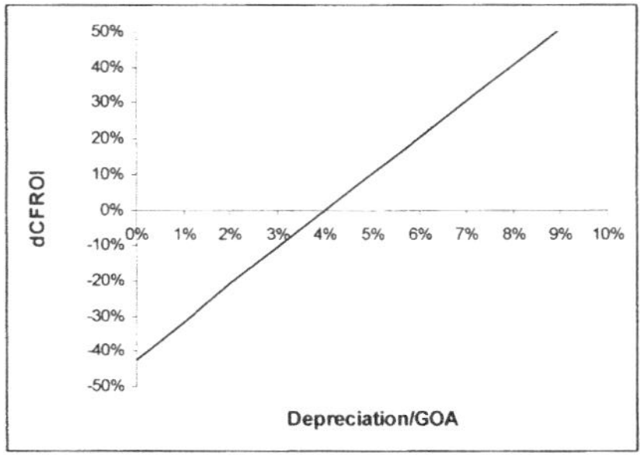

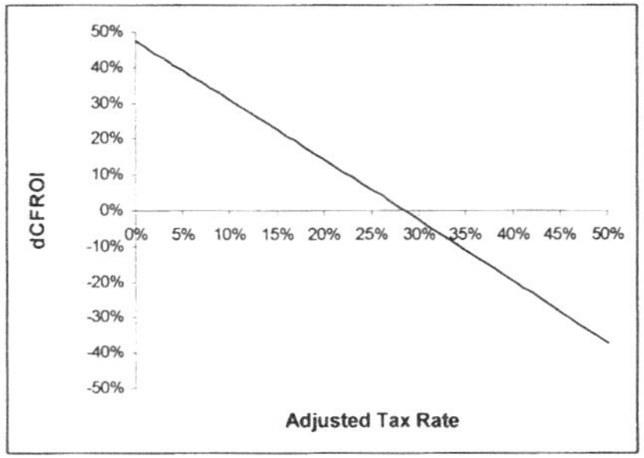

Anhang E: BERECHNUNG DER BETAWERTE VON GENERAL ELECTRIC

Datum	Aktienkurs GE	Dez 87=100%	%d p.m.	S&P500	Dez 87=100%	%d p.m.
Mrz 99	110,63	1348,15%	10,67	1.286,37	520,63%	3,88
Feb 99	99,96	1218,14%	-4,35	1.238,33	501,19%	-3,23
Jan 99	104,50	1273,54%	2,82	1.279,64	517,91%	4,10
Dez 98	101,64	1238,63%	13,25	1.229,23	497,50%	5,64
Nov 98	89,74	1093,69%	3,29	1.163,63	470,95%	5,91
Okt 98	86,89	1058,90%	9,98	1.098,67	444,66%	8,03
Sep 98	79,01	962,84%	-0,19	1.017,01	411,61%	6,24
Aug 98	79,16	964,64%	-10,55	957,28	387,44%	-14,58
Jul 98	88,49	1078,43%	-1,26	1.120,67	453,57%	-1,16
Jun 98	89,62	1092,15%	9,00	1.133,84	458,90%	3,94
Mai 98	82,22	1002,02%	-2,13	1.090,82	441,48%	-1,88
Apr 98	84,01	1023,80%	-1,16	1.111,75	449,96%	0,91
Mrz 98	85,00	1035,82%	11,29	1.101,75	445,91%	4,99
Feb 98	76,37	930,74%	0,32	1.049,34	424,70%	7,04
Jan 98	76,13	927,75%	5,62	980,28	396,75%	1,02
Dez 97	72,08	878,37%	-0,25	970,43	392,76%	1,57
Nov 97	72,26	880,61%	14,31	955,40	386,68%	4,46
Okt 97	63,21	770,34%	-5,05	914,62	370,17%	-3,45
Sep 97	66,57	811,32%	9,22	947,28	383,39%	5,32
Aug 97	60,96	742,86%	-10,78	899,47	364,04%	-5,75
Jul 97	68,33	832,66%	8,31	954,31	386,24%	7,81
Jun 97	63,08	768,78%	7,66	885,14	358,24%	4,35
Mai 97	58,60	714,08%	8,78	848,28	343,32%	5,86
Apr 97	53,86	656,42%	11,84	801,34	324,32%	5,84
Mrz 97	48,16	586,94%	-3,04	757,12	306,43%	-4,26
Feb 97	49,67	605,31%	-0,60	790,82	320,07%	0,59
Jan 97	49,97	608,99%	4,68	786,16	318,18%	6,13
Dez 96	47,74	581,78%	-4,45	740,74	299,80%	-2,15
Nov 96	49,96	608,85%	7,49	757,02	306,39%	7,34
Okt 96	46,48	566,41%	6,32	705,27	285,44%	2,61
Sep 96	43,72	532,75%	10,03	687,33	278,18%	5,42
Aug 96	39,73	484,20%	1,06	651,99	263,88%	1,88
Jul 96	39,31	479,10%	-4,68	639,95	259,01%	-4,57
Jun 96	41,24	502,63%	4,83	670,63	271,42%	0,23
Mai 96	39,34	479,46%	7,12	669,12	270,81%	2,29
Apr 96	36,73	447,59%	-0,80	654,17	264,76%	1,34
Mrz 96	37,02	451,21%	3,77	645,50	261,25%	0,79
Feb 96	35,68	434,83%	-1,63	640,43	259,20%	0,69
Jan 96	36,27	442,03%	6,60	636,02	257,41%	3,26
Dez 95	34,03	414,67%	7,95	615,93	249,28%	1,74
Nov 95	31,52	384,13%	6,13	605,37	245,01%	4,10
Okt 95	29,70	361,96%	-0,78	581,50	235,35%	-0,50
Sep 95	29,94	364,82%	8,98	584,41	236,53%	4,01
Aug 95	27,47	334,77%	-0,21	561,88	227,41%	-0,03

Datum	Aktienkurs GE	Dez 87=100%	%d p.m.	S&P500	Dez 87=100%	%d p.m.
Jul 95	27,53	335,48%	4,66	562,06	227,48%	3,18
Jun 95	26,30	320,55%	-2,08	544,75	220,48%	2,13
Mai 95	26,86	327,38%	3,57	533,40	215,88%	3,63
Apr 95	25,94	316,09%	3,70	514,71	208,32%	2,80
Mrz 95	25,01	304,80%	-0,63	500,71	202,65%	2,73
Feb 95	25,17	306,72%	6,31	487,39	197,26%	3,61
Jan 95	23,67	288,51%	0,98	470,42	190,39%	2,43
Dez 94	23,44	285,71%	11,78	459,27	185,88%	1,23
Nov 94	20,97	255,61%	-5,88	453,69	183,62%	-3,95
Okt 94	22,29	271,58%	1,56	472,35	191,17%	2,08
Sep 94	21,94	267,42%	-2,55	462,71	187,27%	-2,69
Aug 94	22,52	274,41%	-1,24	475,49	192,44%	3,76
Jul 94	22,80	277,85%	8,04	458,26	185,47%	3,15
Jun 94	21,10	257,17%	-5,56	444,27	179,81%	-2,68
Mai 94	22,35	272,32%	4,46	456,50	184,76%	1,24
Apr 94	21,39	260,69%	-4,75	450,91	182,50%	1,15
Mrz 94	22,46	273,69%	-4,45	445,77	180,42%	-4,57
Feb 94	23,50	286,43%	-2,20	467,14	189,06%	-3,00
Jan 94	24,03	292,89%	2,74	481,61	194,92%	3,25
Dez 93	23,39	285,07%	7,34	466,45	188,79%	1,01
Nov 93	21,79	265,59%	1,42	461,79	186,90%	-1,29
Okt 93	21,49	261,88%	1,17	467,83	189,34%	1,94
Sep 93	21,24	258,84%	-1,79	458,93	185,74%	-1,00
Aug 93	21,63	263,56%	-0,25	463,56	187,62%	3,44
Jul 93	21,68	264,23%	2,87	448,13	181,37%	-0,53
Jun 93	21,08	256,86%	3,93	450,53	182,34%	0,08
Mai 93	20,28	247,14%	2,34	450,19	182,20%	2,27
Apr 93	19,82	241,48%	1,68	440,19	178,16%	-2,54
Mrz 93	19,49	237,48%	6,73	451,67	182,80%	1,87
Feb 93	18,26	222,51%	-2,32	443,38	179,45%	1,05
Jan 93	18,69	227,80%	0,73	438,78	177,59%	0,70
Dez 92	18,56	226,14%	3,49	435,71	176,34%	1,01
Nov 92	17,93	218,53%	8,47	431,35	174,58%	3,03
Okt 92	16,53	201,46%	-1,92	418,68	169,45%	0,21
Sep 92	16,85	205,40%	6,53	417,80	169,10%	0,91
Aug 92	15,82	192,81%	-3,27	414,03	167,57%	-2,40
Jul 92	16,36	199,32%	-1,61	424,21	171,69%	3,94
Jun 92	16,62	202,58%	2,54	408,14	165,19%	-1,74
Mai 92	16,21	197,56%	-0,33	415,35	168,10%	0,10
Apr 92	16,26	198,21%	1,15	414,95	167,94%	2,79
Mrz 92	16,08	195,94%	-2,99	403,69	163,38%	-2,18
Feb 92	16,57	201,97%	4,48	412,70	167,03%	0,96
Jan 92	15,86	193,30%	-1,63	408,78	165,44%	-1,99
Dez 91	16,13	196,52%	19,14	417,09	168,81%	11,16

Nov 91	13,53	164,94%	-6,16	375,22	151,86%	-4,39
Okt 91	14,42	175,77%	-0,54	392,45	158,84%	1,18
Sep 91	14,50	176,72%	-6,66	387,86	156,98%	-1,91
Aug 91	15,54	189,33%	2,22	395,43	160,04%	1,96
Jul 91	15,20	185,22%	-1,01	387,81	156,96%	4,49
Jun 91	15,35	187,12%	-4,21	371,16	150,22%	-4,79
Mai 91	16,03	195,34%	9,92	389,83	157,77%	3,86
Apr 91	14,58	177,71%	1,62	375,34	151,91%	0,03
Mrz 91	14,35	174,88%	2,39	375,22	151,86%	2,22
Feb 91	14,02	170,80%	7,04	367,07	148,56%	6,73
Jan 91	13,09	159,57%	11,55	343,93	139,20%	4,15
Dez 90	11,74	143,05%	5,78	330,22	133,65%	2,48
Nov 90	11,10	135,24%	5,29	322,22	130,41%	5,99
Okt 90	10,54	128,44%	-4,59	304,00	123,04%	-0,67
Sep 90	11,05	134,62%	-11,35	306,05	123,87%	-5,12
Aug 90	12,46	151,86%	-13,44	322,56	130,55%	-9,43
Jul 90	14,40	175,44%	3,43	356,15	144,14%	-0,52
Jun 90	13,92	169,62%	0,54	358,02	144,90%	-0,89
Mai 90	13,84	168,70%	8,35	361,23	146,20%	9,20
Apr 90	12,78	155,70%	-0,39	330,80	133,88%	-2,69
Mrz 90	12,83	156,31%	4,05	339,94	137,58%	2,43
Feb 90	12,33	150,23%	-0,05	331,89	134,32%	0,85
Jan 90	12,33	150,30%	-3,49	329,08	133,19%	-6,88
Dez 89	12,78	155,73%	4,81	353,40	143,03%	2,14
Nov 89	12,19	148,58%	11,96	345,99	140,03%	1,65
Okt 89	10,89	132,70%	-1,99	340,36	137,75%	-2,52
Sep 89	11,11	135,40%	-1,23	349,15	141,31%	-0,65
Aug 89	11,25	137,09%	-1,50	351,45	142,24%	1,55
Jul 89	11,42	139,17%	13,32	346,08	140,07%	8,84
Jun 89	10,08	122,82%	-4,78	317,98	128,70%	-0,79
Mai 89	10,58	128,99%	11,77	320,52	129,72%	3,51
Apr 89	9,47	115,41%	9,83	309,64	125,32%	5,01
Mrz 89	8,62	105,08%	-1,85	294,87	119,34%	2,08
Feb 89	8,79	107,06%	-5,43	288,86	116,91%	-2,89
Jan 89	9,29	113,20%	8,10	297,47	120,39%	7,11
Dez 88	8,59	104,72%	0,23	277,72	112,40%	1,47
Nov 88	8,57	104,48%	3,15	273,70	110,77%	-1,89
Okt 88	8,31	101,29%	0,58	278,97	112,91%	2,60
Sep 88	8,26	100,71%	8,31	271,91	110,05%	3,97
Aug 88	7,63	92,98%	-5,56	261,52	105,84%	-3,86
Jul 88	8,08	98,45%	-2,56	272,02	110,09%	-0,54
Jun 88	8,29	101,04%	5,33	273,50	110,69%	4,33
Mai 88	7,87	95,93%	4,02	262,16	106,10%	0,32
Apr 88	7,57	92,22%	0,00	261,33	105,77%	0,94
Mrz 88	7,57	92,22%	-10,57	258,89	104,78%	-3,33
Feb 88	8,46	103,12%	0,83	267,82	108,39%	4,18
Jan 88	8,39	102,27%	2,27	257,07	104,04%	4,04
Dez 87	8,21	100,00%		247,08	100,00%	

	1987-1999	1988	1989	1995	1996	1997
Kovarianz	16,85	9,00	17,22	2,80	10,82	26,35
Varianz	14,24	8,69	13,06	2,19	9,77	21,13
Beta	1,18	1,03	1,32	1,28	1,11	1,25

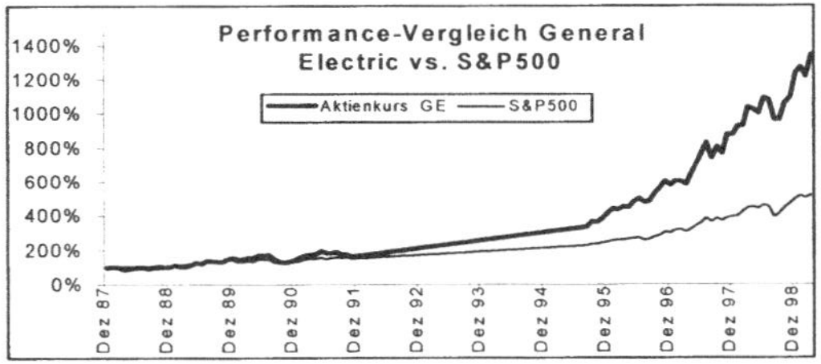

(QUELLE: MICROSOFT MONEY CENTRAL / MEDIA GENERAL DATABASE)

Literaturverzeichnis

Adelmann, M.A., 1961: The [Antimerger] Act, 1950-60, in: American Economic Review, Vol. 51 (1961), S. 236-244.

AICPA (Ed.), 1994: Improving [Business Reporting] – A Customer Focus, Meeting the Information Needs of Investors and Creditors, New York 1994.

Amit, R./Livnat, J. 1988: [Diversification] strategies, business cycles and economic performance, in: Strategic Management Journal, Vol. 9 (1988), S. 99-110.

Ansoff, I., 1957: Strategies for [diversification], in: Harvard Business Review, Vol. 35, Sept-Oct 1957, S. 113-120.

Ansoff, I., 1965: Corporate [strategy]. Business policy for growth expansion, New York 1965.

Bailey, E./Friedlaender, A., 1982: Market structure and [multiproduct] industries, in: Journal of Economic Literature, Vol. 20 (1982), S. 1024-1048.

Ballwieser, W., 1995: Aktuelle Aspekte der [Unternehmensbewertung], in: Die Wirtschaftsprüfung, Jg. 48 (1995), S. 119-129.

Ballwieser, W. (Hrsg.), 1996: US-amerikanische [Rechnungslegung] : Grundlagen und Vergleiche mit dem deutschen Recht, 2. überarb. und erw. Aufl., Stuttgart 1996.

Baughman, J., 1974: [Problems] and performance of the role of chief executive in the General Electric Company, 1892-1974, Mimeo 1974.

Bawa, V.S./Lindenberg, E.B., 1977: Capital Market Equilibrium in a [Mean-Lower] Partial Moment Framework, in: Journal of Financial Economics, Vol. 5 (1977), S. 189-200.

Becker, H., 1977: [Ursachen] und gesamtwirtschaftliche Wirkungen der Diversifikation industrieller Unternehmen, Dissertation, München 1977.

Berger, P./Ofek, E., 1995: [Diversification's Effect] on Firm Value, in: Journal of Financial Economics, Vol. 37(1995), S. 39-65

Bergmann, E./Butzlaff, J.M., 1998: Institutionelles [Anlegerverhalten] und Shareholder Value, in: Müller, M./Leven, F.J. (Hrsg.), Shareholder Value Reporting. Veränderte Anforderungen an die Berichterstattung börsennotierter Unternehmen, Wien 1998, S. 203-212

Betsch, O./Groh , A. /Lohmann, L., 1998: [Corporate Finance] - Unternehmensbewertung, M&A und innovative Kapitalmarktfinanzierung, München 1998.

Bhagat, S./Shleifer, A./Vishny, W., 1990: [Hostile] takeovers in the 1980s: The return on the corporate specialization, Brookings Papers on Economic Activity: Microeconomics, The Brookings Institution, Washington 1990.

Bischoff, J., 1994: Das [Shareholder Value-Konzept] – Darstellung - Probleme - Handhabungsmöglichkeiten,Wiesbaden 1994

Black, A. et al., 1998: In Search of [Shareholder Value]. Managing the drivers of performance, London et al. 1998.

Black, F./Scholes, M., 1972: The Valuation of [Option] Contracts and the Test of Market Efficiency, in: The Journal of Finance, Vol. 27 (1972), Nr. 2, S. 399-417.

Black, F./Scholes, M., 1973: The Pricing of [Options] and Corporate Liabilities, in: Journal of Political Economy, Vol .81 (1973), S. 637-654.

Black, F., 1993: [Beta] and Return - Announcements of the 'death' of beta seem premature, in: Journal of Portfolio Management, Vol. 20, No. 1, S. 8-18.

Böcking, H.-J., 1998a: Zum Verhältnis von Rechnungslegung und Kapitalmarkt: Vom „financial accounting" zum „business reporting", in: ZfbF, 50. Jg. (1998), S. 17-53.

Böcking, H.-J. / Nowak, K., 1998b: Der Beitrag der Discounted Cash-Flow-Verfahren zur Lösung der [Typisierungsproblematik] bei Unternehmensbewertungen, in: Der Betrieb, 51. Jg. (1998), S. 685-690.

Böcking, H.-J./Orth, C., 1998a: Neue Vorschriften zur Rechnungslegung und Prüfung durch das [KonTraG] und das KapAEG, in: Der Betrieb, Jg. 51, S. 1241-1246.

Böcking, H-J./Orth, C., 1998b: Offene Fragen und Systemwidrigkeiten bei neuen Rechnungslegungs- und Prüfungsvorschriften des KonTraG und des KapAEG, in: Der Betrieb, 51 .Jg. (1998), S. 1873-1879.

Bötzel, S./Schwilling, A., 1998: Erfolgsfaktor [Wertmanagement], München 1998.

Bohne, A.,1998: Die neuen [Konglomerate] kommen, in: Handelsblatt, Nr.17, 26.01.1998

Bodie, Z./Kane, A./Marcus, A.J, 1996: [Investments], 3rd. Ed., Boston 1996.

Born, K., 1994: [Bilanzanalyse] international - Deutsche und ausländische Jahresabschlüsse lesen und beurteilen, Stuttgart 1994

Born, K., 1995: [Unternehmensanalyse] und Unternehmensbewertung, Stuttgart 1995

Borschberg, E., 1969: Die [Diversifikation] als Wachstumsform der modernen Unternehmung, Bern 1969.

Boston Consulting Group (Hrsg.), 1992: [Unternehmenswert] als Maßstab der Erfolgsmessung, unveröffentlichtes Manuskript, München 1992.

Buchmann, R./Chmielewicz, K. (Hrsg.), 1990: [Finanzierungsrechnung]. Empfehlungen des Arbeitskreises Finanzierungsrechnung der Schmalenbach-Gesellschaft – ZfbF-Sonderheft Nr.26, Düsseldorf/Frankfurt am Main 1990.

Buchner, R., 1985: Finanzwirtschaftliche Statistik und [Kennzahlenrechnung], München 1985.

Bühner, R., 1984: Rendite-Risiko-Effekte der [Trennung] von Eigentum und Leitung im diversifizierten Großunternehmen, in: ZfbF, 36.Jg. (1984), S. 812-824.

Bühner, R., 1990: Das [Management-Wert-Konzept] – Strategien zur Schaffung von mehr Wert im Unternehmen, Stuttgart 1990.

Bühner, R., 1993: [Strategie] und Organisation - Analyse und Planung der Unternehmensdiversifikation mit Fallbeispielen, 2. überarb. u. erw. Aufl., Wiesbaden 1993.

Bühner, R., 1994a: Der [Shareholder-Value-Report]: Erfahrungen, Ergebnisse, Entwicklungen, Landsberg/Lech 1994.

Bühner, R., 1994b: Betriebswirtschaftliche [Organisationslehre], 7 .Aufl. München/Wien 1994.

Bühner, R., 1996: Kapitalmarktorientierte [Unternehmenssteuerung] - Grundidee und Varianten des Shareholder Value, Wirtschafswissenschaftliches Studium, 25. Jg. (1996), S. 392-396.

Busse von Colbe, W., 1995: Zur Anpassung der [Rechnungslegung] von Kapitalgesellschaften an internationale Normen, in: Betriebswirtschaftliche Forschung und Praxis, 47. Jg. (1995), S. 373-391.

Busse von Colbe, W., 1995: Das [Rechnungswesen] im Dienste einer kapitalmarktorientierten Unternehmensführung, in: Die Wirtschaftsprüfung, 48 Jg. (1995), S. 713-720.

Carnegie (Ed.), 1997: Carnegie [Valuation Guide]- Winter 1997, 3rd Edition, Copenhagen et al. 1997.

Chan, K.C./Chen, N.F./Hsieh, D.A., 1991: An Exploratory [Investigation] of the Firm Size Effect, in: Journal of Financial Economics, Vol. 14 (1991), S .451-471.

Chandler, A.D., Jr., 1962: [Strategy] and Structure - Chapters in the History of the Industrial Enterprise, Camebridge, Massachusetts/London 1962.

Chen, N.F./Roll, R./Ross, S., 1986: Economic [Forces] and the Stock Market, in: Journal of Business, July 1986, S. 383-403.

Coase, R.H., 1937: The Nature of the [Firm], in: Economica, Vol. 4 (1937), S. 386-405.

Colvin, G., 1999: The Year of the [Megamerger], in: Fortune, Vol. 139 (1999), No. 1, S. 24-26.

Condon, J., Goldstein, J., 1998: Value based management - the only way to manage for value, in: Accountancy Ireland, Vol. 30, Issue 5, Dublin October 1998.

Copeland, T./Koller, T./Murrin, J., 1998: [Unternehmenswert] - Methoden und Strategien für eine wertorientierte Unternehmensführung, 2. Aufl., Frankfurt/New York 1998.

Cornell, B., 1993: Corporate [Valuation] - Tools for Effective Appraisal and Decision Making, Burr Ridge, Illinois 1993.

Cottle, S./Murray, R.F./Block, F.E., 1988: Graham and Dodd's [Security] Analysis, 5th Ed., New York 1988.

Credit Suisse First Boston (Ed.), 1999: [M&A Update]. 1998 Shatters M&A Records, Online im Internet: AVL: URL: http://www.corp.csfb.com/corp/ibd/assets/images/january99.pdf (22.03.1999).

Cyert, R.M./March, J.G., 1963: Behavioral [Theory] of the Firm, Englewood, Cliffs(N.J.) 1963.

Damodaran, A., 1996: Investment [Valuation]. Tools and techniques for determining the value of any asset, New York et al. 1996.

Damodaran, A., 1998: Value Creation and [Enhancement] – Back to the Future, Working Paper, Stern School of Business, New York University, New York 1998.

Damodaran, A., 1999: The Dark Side of Valuation: Firms with no Earnings, no History and no Comparables. Can Amazon.com be valued?, Working Paper, Stern School of Business, New York University, New York 1999.

Denis, D.J./Denis, D.K./Sarin, A., 1997: [Agency] Problems, Equity Ownership, and Corporate Diversification, in: Journal of Finance, Vol. 52 (1997), S. 135-158.

Deutsche Morgan Grenfell (Hrsg.), 1996: Shareholder Value in Germany. Revolution [Evolution] or Illusion, Frankfurt/London 1996.

Dirrigl, H., 1998: [Wertorientierung] und Konvergenz in der Unternehmensrechnung, in: Betriebswirtschaftliche Forschung und Praxis, Heft 5 (1998), S. 540-579.

Dörner, D. et al., 1998: [Wirtschaftsprüferhandbuch] 1998 – Handbuch für Rechnungslegung, Prüfung und Beratung, Bd. II, Düsseldorf 1998.

Downes, J./Goodman, J.E., 1995: Dictionary of Finance and [Investment] Terms, 4th ed., Hauppauge,New York 1995.

Drukarczyk, J., 1998: [Unternehmensbewertung], 2. Aufl., München 1998.

Drukarczyk, J./Richter, F., 1995: [Unternehmensgesamtwert], anteilsorientierte Finanzentscheidungen und APV-Ansatz, in: Die Betriebswirtschaft, 55. Jg. (1995), S. 559-580.

Fama, E.F., 1970: [Efficient] Capital Markets - A Revieew of Theory and Empirical Work, in: The Journal of Finance, Vol. 25 (1970), S. 383-417.

Fama, E.F.,1980: [Agency] Problems and the theory of the Firm, in: Journal of Political Economics, Vol. 88 (1980), S. 288-307.

Fama, E.F./French, K.R., 1992: The [Cross-section] of Expected stock Returns, in: Journal of Finance, Vol. 47 (1992), S. 427-465.

Financial Accounting Standards Board (FASB) (Ed.), 1993: Statement of Financial Accounting Concepts No.1, Objectives of Financial Reporting by Business Enterprises, in: FASB (Ed.), Original Pronouncements, Vol. 2 (1993), 4. Auflage, Norwalk 1993, S. 1005-1020.

Foster, G., 1986: [Financial] Statement Analysis, 2nd. Ed., Englewood Cliffs 1986.

Freygang, W., 1993: [Kapitalallokation] in diversifizierten Unternehmen, Wiesbaden, 1993.

Gebert, F., 1983: [Diversifikation] und Organisation, Frankfurt 1983.

General Electric Company (Ed.) 1998: [General Electric Annual Report 1997], Fairfield/Connecticut 1998.

Goldman Sachs Investment Research (Ed.), 1999: [Electrical Equipment], Research Report, 12.01.1999.

Gomez, P., 1993: [Wertmanagement].Vernetzte Strategien für Unternehmen im Wandel, Düsseldorf et al. 1993.

Grant, R., 1993: [Contemporary] Strategy Analysis - Concepts, Techniques, Applications, Oxford 1993.

Grimm, A., 1986: [Motive] konglomerater Zusammenschlüsse, Göttingen 1986.

Hachmeister, D., 1994: [Discounted] Cash Flow als Maß der Unternehmenswertsteigerung, Frankfurt am Main et al. 1994.

Hahn, D., 1991: Strategische [Führung] und Strategisches Controlling, in: ZfbF, Ergänzungsheft Nr. 3, Jg. 61 (1991), S. 121-146.

Hainzl, M., 1987: [Strategie] der Stärke, Wien 1987.

Hamada, R.S., 1969: [Portfolio] Analysis, Market Equilibrium and Corporate Finance, in: Journal of Finance, Vol. 24 (1969), S. 13-31

Hax, H., 1991: Theorie der Unternehmung - Information, Anreize und [Vertragsgestaltung], in: Ordelheide,D./Rudolph,B./Büsselmann,E. (Hrsg.), Betriebswirtschaftslehre und ökonomische Theorie, Stuttgart 1991, S. 51-72.

Herter, R., 1994: Unternehmenswertorientiertes [Management]. Strategische Erfolgsbeurteilung von dezentralen Organisationseinheiten auf Basis der Wertsteigerungsanalyse, München 1994.

Höfner, K./Pohl, A., 1993: Wer sind die Werterzeuger, wer die [Wertvernichter] im Portfolio?, in: Harvard Business Manager, 15. Jg. (1993), Nr. 1, S. 51-58.

Höfner, K./Pohl, A., 1994: [Wertsteigerungstechniken] für das Geschäftsfeld- und Beteiligungsportfolio, in: K. Höfner /A. Pohl (Hrsg.), Wertsteigerungs-Management: Das Shareholder-Value-Konzept: Methoden und erfolgreichre Beispiele, Frankfurt a.M./New York 1994.

Hofmann, J., 1999: Risikobörse mit hohen Gewinnchancen, in: Handelsblatt Special, Neuer Markt – Eine Erfolgsstory, Handelsblatt Nr. 46, 8.3.1999, S. 49.

Hoffmann, F., 1993: [Konzernhandbuch], Wiesbaden 1993.

Hostettler, S., 1997: Das Konzept des [EVA]. Maßstab für finanzielle Performance und Bewertungsinstrument im Zeichen des Shareholder Value – Darstellung und Anwendung auf Schweizer Aktiengesellschaften, Bern, Stuttgart, Wien 1997.

Hungenberg, H., 1995: Zentralisation und [Dezentralisation]: strategische Entscheidungsverteilung in Konzernen, Wiesbaden 1995.

Hutzschenreuter, T./Sonntag, A., 1998: Erklärungsansätze für die [Diversifikation] von Unternehmen, Handelshochschule Leipzig, Arbeitspapier Nr. 13, Leizpzig 1998.

Jackson, A./Mauboussin, M.J./Wolf, C.R., 1996: EVA® Primer – Targeting Value, Revised Edition, Memorandum Credit Suisse First Boston Corp.,New York 1996.

Jacobs, O.H., 1988: Jahresabschlußanalyse - EDV-gestützte Jahresabschlußanalyse als Planungs- und Entscheidungsrechnung. Lehrbuch und Anwendungsprogramm zur Beurteilung von Jahresabschlüssen mit Hilfe von Kennzahlen, München 1988.

Janisch, M., 1993: Das strategishe [Anspruchsgruppenmanagement] - Vom Stakeholder Value zum Shareholder Value, Bern, Stuttgart, Wien 1993.

Jensen, M.C., 1986: [Agency] costs of free cash flow, corporate finance, and takeovers, in: American Economic Review, Vol. 76 (1986), S. 323-329.

Jensen, M.C., 1988: [Takeovers]: Their Causes and Consequences, in: Journal of Economic Perspectives, Vol. 2 (1988), S. 21-48.

Jensen, M.C./Meckling, W.H., 1976: [Theory] of the Firm: Managerial Behavior, Agency Costs and Ownership Structure, in: Journal of Finance and Economics, Vol. 3 (1976), S. 305-360.

Kaplan, S.N./Ruback, R.S.,1995: The [Market] Pricing of Cash Flow Forecast: Discounted Cash Flow vs. The Method of "Comparables", in: Journal of Applied Corporate Finance, Vol. 8 (1995), Nr. 4, S. 45-60.

Kaplan, S.N./Weisbach, S., 1992: The Success of Acquisitions: Evidence from [Divestitures], Jornal of Finance, Vol. 47 (1992).

Kieser, A./Budde, A./Fleischer, M. et al., 1977: Auf dem Weg zu einer empirisch fundierten Theorie des [Unternehmenswachstums], in: Management International Review, Vol. 17 (1977), No. 1, S. 47-69.

Kilger, W., 1986: [Industriebetriebslehre], Bd.1, Wiesbaden 1986.

Kirsch, W., 1993: [Unternehmensführung]: Grundzüge einer organisationstheoretischen Betrachtung, in: Kirsch, W., Betriebswirtschaftslehre. Eine Annäherung aus der Perspektive einer Unternehmensführung, München, 1993, S. 205-330.

Klein, P.G., 1998: Were the Conglomerates [Inefficient]? - A Reconsideration, Working Paper, University of Georgia, Department of Economics, Athens 1998.

Klein, K.-G./Jonas, M., 1998: [Due Diligence] und Unternehmensbewertung, in: Berens, W./Brauner, H.U. (Hrsg.): Due Diligence bei Unternehmensakquisitionen, Stuttgart 1998.

Klien, W./Michel, U., 1994: Computerunterstützte, wertorientiert [Planung] - Konzeption und Methodik der Wertsteigerungsanalyse unter Einsatz von "The Value Planner", in: Controlling + Computer, Jg. Heft 3 (Mai/Juni), S. 158-65 1994.

Krawitz, N., 1997: Zur Erweiterung der [Segmentberichterstattung] unter Berücksichtigung internationaler Entwicklungen, in: Fischer, T./Hömberg, R. (Hrsg.): Jahresabschluss und Jahresabschlußprüfung – Festschrift zum 60. Geburtstag von Jörg Baetge, Düsseldorf, 1997, S. 551-599.

Küpper, H.-U., 1998: [Marktwertorientierung] – neue und realisierbare Ausrichtung für die interne Unternehmensrechnung?, in: Betriebswirtschaftliche Forschung und Praxis, Heft 5 (1998), S. 517-539.

Küting, K./Lorson, P., 1997: Messung der Profitabilität strategischer [Geschäftsfelder]. Grundsatzfragen einer Discounted Cash-flow-basierten strategischen Unternehmensbewertung in einem Konzern, in: Controlling, Heft 1 (1997), S. 4-13.

Lang, L./Stulz, R., 1994: Tobin's Q, Corporate Diversification, and Firm Performance, in: Journal of Finance, Vol. 52 (1997), S. 83-109.

Laux, C., 1993: Handlungsspielräume im Leistungsbereich des Unternehmens: Eine Anwendung der [Optionspreistheorie], in: ZfbF 1993, 45. Jg. (1993), Nr. 11, S. 933-958.

Laux, H., 1995: [Erfolgssteuerung] und Organisation. Anreizkompatible Erfolgsrechnung, Erfolgsbeteiligung, und Erfolgskontrolle, Berlin et al. 1995.

Lehmann, R., 1993: Kann [Diversifikation] Wert schaffen?, Bern/ Stuttgart/ Wien 1993.

Lev, B., 1974: On the Association between [Operating] Leverage and Risk, in: Journal of Financial and Quantitative Analysis, Vol. 9 (1974), S. 627-641.

Leven, F.-J., 1998: [Investor Relations] und Shareholder Value,in: Müller, M./Leven,F.-J. (Hrsg.), Shareholder Value Reporting. Veränderte Anforderungen an die Berichterstattung börsennotierter Unternehmen, Wien 1998.

Levy, H./Sarnat, M., 1990: [Capital] Investment & Financial Decisions, 4.ed., New York et al. 1990.

Lewis, Th.G., 1994: Steigerung des Unternehmenswertes - [Total Value Management], Landsberg/Lech 1994.

Lewis, Th.G./Lehmann, S., 1992: Überlegene Investitionsentscheidungen durch [CFROI], Betriebswirtschaftliche Forschung und Praxis, 44. Jg. (1992), Heft 1, S. 1-13.

Liessmann, K., 1997: Strategisches [Controlling], in: Sellien, R./Sellien, H., (Hrsg.) Gabler-Wirtschafts-Lexikon, Wiesbaden 1997.

Lintner, J., 1965: The [Valuation] of Risk Assets and the Selection of Risky Investments in Stock Portfolios and Capital Budgets, in: Review of Economics and Statistics 1965, Vol. 47, S. 13-37.

Lubatkin, M., 1983: Mergers and [performance] of the acquiring firm, in: Academy of Management Review, Vol. 8 (1983), S. 218-255.

Lücke, W., 1955: [Investitionsrechnung] auf Grundlage von Ausgaben oder Kosten?, in: Zeitschrift für betriebswirtschaftliche Forschung, Heft 7 (1955), S. 310-324.

Madden, B.J., 1999: CFROI Valuation, A Total System Approach to Valuing the Firm, Oxford et al. 1999.

Mandel, G./ Rabel, K., 1997: [Unternehmensbewertung] - eine Praxisorientierte Einführung, Wien/Frankfurt 1997.

Markowitz, H., 1952: [Portfolio Selection], in: Journal of Finance, Vol. 7 (1952), S. 77-91.

Mason, E.S., 1937: [Monopoly] in Law and Economics, in: The Yale Law Journal, Vol. 47 (1937-1938), No. 1, S. 34-49.

McCarter, M.B./Ashwald, K.F., 1992: The Market [Comparable] Approach Using Public Market Data, in: West, T.L./Jones, J.D. (Ed.): Handbook of Business Valuation, New York, 1992, S. 145-165.

Melicher, R.W./Rush, D.F., 1973: The [Performance] of conglomerate firms: Recent risk and return experience, in: Journal of Finance, Vol. 28 (1973), S. 381-388.

Merrill Lynch (Ed.), 1998: Bank Rozwoju Eksportu S.A.([BRE]), Research Report, London, 18.02.1998.

Michel, A./Shaked, I., 1984: Does business [diversification] affect performance?, in: Financial Management, Vol. 13 (1984), Nr. 4, S. 18-24.

Mossin,J.,1966: [Equilibrium] in a Capital Asset Market, Econometrica, Vol. 34, 1966, S. 768-783.

Nelson, R., 1959: Merger [Movements] in American Industry 1895 - 1956, Princeton 1959.

Ottosson, E./Weissenrieder, F., 1996: [CVA]. Cash Value Added – a new method for measuring financial performance, Working Paper, Department of Economics,Gothenburg University and Consultant with Value Based Management FWC AB, Göteborg 1996.

o.V., 1999: More Than 30 Years of [M&A Activity], Online im Internet: AVL: URL: http:\\www.mergerstat.com/media/MandA Activity.html (08.01.1999).

o.V., 1999: Top 10 Industry [Rankings], Online im Internet: AVL:URL: http:\\www.mergerstat.com/media/IndustryRankings. html (26.03.1999).

o.V., 1999: [Securities Data], Online im Internet: AVL: URL: http: \\ www.secdata.com (15.12.1999).

Pape, U.,1997: Wertorientierte [Unternehmensführung] und Controlling, Verlag Wissenschaft und Praxis, Berlin 1997.

Peemöller, V./Bömelburg, P./Denkmann, A. (1994): Unternehmensbewertung in Deutschland - Eine empirische Erhebung, in: Die Wirtschaftsprüfung, Jg. 47 (1994), S. 741-749.

Pellens, B., 1998: Internationale [Rechnungslegung], 2. Aufl., Stuttgart 1998.

Pellens, B./Rockholtz, C., 1997: [Konzerne] müssen sich neuen Marktgesetzen anpassen, in: Handelsblatt, Nr. 201, 20.10.1997.

Penrose, E., 1963: The [theory] of the growth of the firm, Oxford 1963.

Perridon, L./Steiner, M., 1995: [Finanzwirtschaft] der Unternehmung, 8. Aufl., München, 1995.

Piltz, D.J., 1994: [Unternehmensbewertung] in der Rechtssprechung, 3. Aufl., Düsseldorf, 1994.

Pfingsten, F., 1998: [Shareholder-Value] im Lebenszyklus - Methoden einer Marktwertorientierten Unternehmensführung, Wiesbaden 1998.

Pfyl, T./Scilingo, D., 1997: Die Finanzkennzahl [Enterprise Value] im Verhältnis zum EBITDA, in: Der Schweizer Treuhänder, Heft Nr. 8 (1997), S. 645-648.

Porter, M., 1985: Competitive [Advantage], New York 1985.

Pratt, S.P./Reilly, R.F./Schweihs, R.P., 1996: [Valuing] a Business: The Analysis and Appraisal of Closely-held Companies, 3. Edition, Chicago, Illionois 1996.

Puxty, A.G./Dodds, J.C., 1991: Finanacial [Management], London et al., 1991.

Rappaport, A., 1998: Creating [Shareholder Value] - A guide for Managers and Investors, 2nd ed., New York 1998.

Raster, M., 1995: [Shareholder-Value-Management] – Ermittlung und Steigerung des Unternehmenswertes, Wiesbaden 1995.

Ravenscraft, D./Scherer, F.M.,1987: Mergers, [Sell-offs], and Economic Efficiency, The Brookings Institution, Washington, 1987.

Reed, R./Luffman, G., 1986: Diversification - The growing [confusion], in: Strategic Management Journal, Vol. 7 (1986), S. 29-36.

Renshaw, E.F., 1968: The Theory of Financial Leverage and conglomerate Mergers, in: California Management Review, Fall 1968, S. 79-84.

Röttger, B., 1994: Das Konzept des Value Added als Maßstab für finanzielle [Performance], Kiel 1994.

Roll, R./Ross, S.A., 1980: An Empirical Investigation of the [Arbitrage] Pricing Theory, in: Journal of Finance, Vol. 35 (1980), S. 1073-1103.

Ross, S./Westerfield, W./Jaffe, J., 1996: Corporate [Finance], 4th Ed., Chicago 1996.

Roth, A./Behme, W. (Hrsg.), 1997: Organisation und [Steuerung] dezentraler Unternehmenseinheiten - Konzepte, Instrumente, Erfahrungsberichte, Wiesbaden 1997.

Rumelt, R.P., 1974: Strategy, [Structure] and Economic Performance, Division of Research, Graduate School of Business Administration, Harvard University, Boston 1974.

Rumelt,R.P.,1982: [Diversification] strategy and profitability, in: Strategic Management Journal, Vol. 3, 1982, S. 359-380.

Sautter, M.T., 1989: Strategische [Analyse] von Unternehmensakquisitionen, Entwurf, Bewertung von Akquisitionsstrategien, Frankfurt am Main et al. 1989.

Schander, A.A./Lucas, J.H., 1998: Veränderungen an den Börsen: Der zunehmende Stellenwert der [Information],in: Müller, M./Leven, F.J. (Hrsg.), Shareholder Value Reporting. Veränderte Anforderungen an die Berichterstattung börsennotierter Unternehmen, Wien 1998.

Scharlemann, U., 1996: Finanzwirtschaftliche [Synergiepotentiale] von Mergers und Acquisitions, Bern/Stuttgart, 1996.

Schmidt, R,H., 1992: [Grundzüge] der Investitions- und Finanzierungstheorie, Nachdruck der 2. Aufl., Wiesbaden 1992.

Schüle, F., 1992: [Diversifikation] und Unternehmenserfolg, Wiesbaden 1992.

Schulte-Zurhausen, M., 1995: [Organisation], München, 1995.

Servaes, H., 1996: The Value of Diversification During the [Conglomerate] Merger Wave, in: The Journal of Finance, Vol. 4 (1996), S. 1201-1221.

Sharpe, W.F., 1963: [Capital] Asset Prices: A Theory of Market Equilibrium under Conditions of Risk, in: Journal of Finance, Vol. 19 (1964), S. 425-442.

Siegert, T.,Strategische [Führung]: Die finanzielle Dimension, in: Siegwart, H./ Mahari, J./Abresch, M. (Hrsg.), Meilensteine im Management. Finanzielle

Führung, Finanzinnovation und Financial Engineering, Teilband 1: Finanzielle Führung, Stuttgart/Zürich/Wien 1994.

Smith, K.V./Schreiner, J.C., 1969: A [Portfolio] Analysis of Conglomerate Diversification, in: Journal of Finance, Vol. 24 (1969), S. 413-427.

Spremann, K., 1991: [Investition] und Finanzierung, 4. Aufl., München, Wien 1991.

Staudt, T., 1954: Program for product [diversification], in: Harvard Business Review, Vol. 32 (1954), Nr. 6, S. 121-131.

Staehle, W.H., 1990: [Management], 5. Aufl., München 1990.

Steinmann, H./Schreyögg, G., 1991: [Management] - Grundlagen der Unternehmensführung; Konzepte, Funktionen, Praxisfälle, 2. Aufl., Wiesbaden 1991.

Steiner, M./Bauer, C., 1992: Die fundamentale [Analyse] und Prognose des Marktrisikos deutscher Aktien, in: ZfbF, 44. Jg. (1992), S. 347-368.

Steiner, M./Bruns, C., 1996: [Wertpapiermanagement], 5. Aufl., Stuttgart 1996.

Stelter, D., 1996: Wertorientiertes [Management], Landsberg/ Lech 1996.

Stewart, G.B., 1991: The Quest for [Value], New York 1991.

Stickney, C.P./Weil, R.L., 1997: Financial [Accounting]. An Introduction to Concepts, Methods, and Uses, 8. Auflage, Fort Worth et al. 1997.

Stulz, R.M., 1990: [Managerial] discretion and optimal financing policies, in: Journal of Financial Economics, Vol. 26 (1990), S. 3-27.

Süchting, J., 1989: [Finanzmanagement], 5. Aufl., Wiesbaden 1989

Teece, D.J., 1980: [Economics] of Scale and Scope of the Enterprise, in: Journal of Economic Behavior and Organization, Vol. 1 (1980), S. 223-247.

Thomson, A., 1998: Gedeon Richter. Using [DCF] to Assess the Risk of the Russian Business, Dresdner Kleinwort Benson Research, London 1998.

Tobin, J., 1958: [Liquidity Preference] as Behavior Toward Risk, in: Review of Economic Studies, Vol.26 (1958), S. 65-86.

Unzeitig, E., 1995: Shareholder Value [Analyse]: Entscheidung zur unternehmerischen Nachhaltigkeit; wie Sie die Schlagkraft Ihres Unternehmens steigern, Stuttgart 1995.

Vigelius, C., 1998: [US-GAAP]. Vergleich deutscher und internationaler Rechnungslegungsstandards, Frankfurt/Main 1998.

Vogel, J., 1997: Marktwertorientiertes [Beteiligunscontrolling] – Shareholder Value als Maßstab der Konzernsteuerung, Wiesbaden 1997.

Volpert, V., 1989: [Kapitalwert] und Ertragssteuern. Die Bedeutung der Finanzierungsprämisse für die Investitionsrechnung, Wiesbaden 1989.

Weinberger, J., 1993: Marktwertsteigernde Diversifikation im [Mischkonzern], Frankfurt am Main 1993.

Weingartner, M.H., 1963: The [Excess] Present Value Index – A Theoretical Basis and Critique, in: Journal of Accounting Research, Vol. 1 (1963), S. 213-224.

Weinstein, M.I., 1983: Bond Systematic Risk and [Option] Pricing Model, in: The Journal of Finance, Vol.38 (1983), S. 1415-1429.

Weissenrieder, F., 1998: [Value] Based Management – Economic Value Added or Cash Value Added, Working Paper, Department of Economics,Gothenburg University and Consultant with Value Based Management FWC AB, Göteborg 1998.

Welge,K./Al-Laham, A., 1992: Planung: Prozesse, [Strategien], Maßnahmen, Wiesbaden 1992.

Welge,K./Al-Laham, A., 1993: Der Prozess der strategischen [Planung], in: Witschaft und Studium, 22. Jg. (1993), S. 193-200.

Wells, J., 1984: In search of [synergy]: Strategies for related diversification, Dissertation, Harvard Graduate School, Boston 1984.

Weston, J.F./Smith, K.V./Shrieves, R.E., 1972: Conglomerate [Performance] using the Capital Asset Pricing Model, in: The Review of Economics and Statistics, Vol. 54 (1972), S. 357-363.

Willig, R., 1979: [Multiproduct] technology and market structure, in: American Economic Review, Vol. 69 (1979), S. 346-351.

Yashimori, M., 1995: Whose [Company] is it?, in: Longe Range Planning, 08/1995, S. 33-41.

Zimmermann, P., 1997: Schätzung und Prognose von Betawerten - eine Untersuchung am deutschen Aktienmarkt, Bad Soden 1997.

Frank Richter

Konzeption eines marktwert-orientierten Steuerungs- und Monitoringsystems

2., überarbeitete und ergänzte Auflage

Frankfurt/M., Berlin, Bern, New York, Paris, Wien, 1999. XXIV, 370 S., zahlr. Abb. und Tab.
Regensburger Beiträge zur betriebswirtschaftlichen Forschung. Bd. 12
Verantwortlicher Herausgeber: Prof. Dr. Jochen Drukarczyk
ISBN 3-631-34208-X · br. DM 98.–*

Die Arbeit operationalisiert das Unternehmensziel der Marktwertmaximierung. Aufbauend auf den theoretischen Grundlagen, wird die integrierte Wertrechnung entwickelt, die den gesamten Führungsprozeß von der Strategiefindung bis zum Umsetzungscontrolling zielkonform unterstützt. Theoretisch fundiert und von einer realitätsnahen Fallstudie begleitet, wird gezeigt, wie moderne Discounted Cash-flow-Methoden unter deutschen Rahmenbedingungen angewendet werden können. Dabei werden aktuelle Themen der Investitionsrechnung unter Unsicherheit und derr Äquivalenzbedingungen von Discounted Cash-flow-Methoden praxisorientiert dargestellt. Erstmals wird die Kosten- und Leistungsrechnung in das Gesamtkonzept integriert. Wie die Instrumente der marktwertorientierten Unternehmensführung auf Basis öffentlich verfügbarer Daten angewendet werden können, wird detailliert ausgeführt.

Aus dem Inhalt: Die integrierte Wertrechnung zur Unterstützung der marktwertorientierten Führung · Realitätsnahe Fallstudie · Anwendung des Konzeptes auf Basis öffentlich verfügbarer Daten

Kolibri 360 GmbH
Ferdinand-Jühlke-Straße 7
99095 Erfurt, Deutschland
produktsicherheit@kolibri360.de

Druck:
CPI Druckdienstleistungen GmbH
im Auftrag der
Kolibri 360 GmbH
Ferdinand-Jühlke-Str. 7
99095 Erfurt

Conglomerate Valuation

Europäische Hochschulschriften
Publications Universitaires Européennes
European University Studies

Reihe V
Volks- und Betriebswirtschaft

Série V Series V
Sciences économiques, gestion d'entreprise
Economics and Management

Bd./Vol. 2588

PETER LANG
Frankfurt am Main · Berlin · Bern · Bruxelles · New York · Oxford · Wien